DIMITRI JELEZKY

ACCESSOIRES
DIGITAL ZEICHNEN MIT ADOBE ILLUSTRATOR

Techniken & Tipps

Jelezky Publishing, Hamburg 2019

Jelezky Publishing UG, Hamburg
www.jelezky-publishing.com

1. Auflage

Deutsche Erstausgabe, Februar 2018

© 2019 der deutschsprachigen Ausgabe
Jelezky Publishing UG, Hamburg
Dimitri Eletski (Herausgeber)

Bildernachweis
Sämtliche Illustrationen in diesem Buch stammen von Dimitri Jelezky

Layout, Cover Copyright© dimitridesign.org

Weitere Informationen zu den Inhalten und E-learning Angebote:

www.dimitridesign.org
info@dimitridesign.org

© 2014 Dimitri Jelezky,
© 2019 Jelezky publishing UG

Das vorliegende Werk ist urherberrechtlich geschützt, dies gilt für Vervielfältigungen, Übersetzungen, Mikroverfilmung, das Internet und für die Verarbeitung mit elektronischen Systemen jeglicher Art. Die Verwertung der Texte und Bilder, ist ohne Zustimmung des Verlags urheberrechtswidrig und strafbar.
Das vorliegende Werk wurde mit größter Sorgfalt erarbeitet, trotzdem sind Fehler nicht auszuschließen, daher übernehmen der Verlag und der Autor keine Verantwortung oder Haftung für Folgen auf fehlerhafte Angaben in der vorliegenden Ausgabe des Werkes.
Bei Handelsnamen, Gebrauchsnamen, Warenbezeichnungen die in diesem Werk verwendet werden, kann es sich auch ohne besondere Kennzeichnung um geschütze Marken handeln. Auch wenn diese nicht als solche gekennzeichnet sind, unterliegen sie den gesetzlichen Schutzbestimmungen.

© 2018
Herstellung und Verlag:
BoD – Books on Demand, Norderstedt.
ISBN: 9783748171584

INHALTSVERZEICHNIS

1.	**Einführung**	**04**
1.1	Einführung (Technische Zeichnung)	05
1.2	Einführung (Accessoires in der Mode)	05
2.	**Voraussetzung für die Arbeit mit diesem Buch**	**06**
2.1	Vorbereitende Schritte	06
2.2	Symbole Übersicht	06
3.	**Wichtige Tastenkurzbefehle**	**08**
4.	**Übersicht (Adobe Illustrator)**	**11**
4.1	Die Oberfläche	11
4.2	Handwerkzeug, Zoomwerkzeug	11
4.3	Werkzeuge (Übersicht über wichtige Werkzeuge)	12
4.4	Verborgene Werkzeuge	12
5.	**Grundlagen (Arbeiten mit Adobe Illustrator)**	**13**
5.1	Neues Dokument erstellen	13
5.2	Wichtige Voreinstellungen	14
5.3	Einheiten einstellen	14
5.4	Raster und Transparenzraster	14
5.5	Zeichenflächen hinzufügen	14
5.6	Hilfslinien und Raster einstellen	15
5.7	Ausrichten von Objekten an Ankerpunkten und Hilfslinien	15
5.8	Intelligente Hilslinien	15
5.9	Dokument speichern unter	16
5.10	Datei exportieren	16
5.11	Vektor und Pixelorientierte Grafik	17
5.12	Weitere wichtige Einstellungen	17
5.13	Menübefehle	17
5.14	Mit Linealen arbeiten	18
5.15	Bedienfelder	18
5.16	Flächen und Konturfarbe	19
5.17	Verschiedene Flächen und Konturfarben Einstellungen	19
5.18	Ebenen	20
5.19	Vektorgrafik	21
5.20	Pfade	21
5.21	Steuerungsbedienfeld-Optionen	22
5.22	Kontur Einstellungen	25
6.	**Formzeichen Werkzeuge**	**26**
6.1	Rechteck- Werkzeug	26
6.2	Abgerundetes Rechteck- Werkzeug	26
6.3	Ellipse- Werkzeug	27
6.4	Polygon- Werkzeug	27
6.5	Stern- Werkzeug	28
7.	**Auswahl- Werkzeuge**	**29**
7.1	Auswahltechniken	30
7.2	Objekte kopieren	32
7.3	Objekte spiegeln und gleichzeitig kopieren	34
7.4	Drehen-Werkzeug	35
7.5	Skalieren-Werkzeug	35
7.6	Verbiegen-Werkzeug	36
8.	**Tutorials**	**37**
8.1	Tutorial: Reißverschluss Schieber	37
8.2	Tutorial: Gürtelschnalle	39
8.3	Tutorial: Pumps	45
8.4	Tutorial: Pilotenbrille	56
8.5	Tutorial: Halskette	67
8.6	Tutorial: Laptop bag - Flache Skizze	74
8.7	Tutorial: Laptop bag - 3/4 Ansicht (3D)	80
8.8	Tutorial: Handschuhe	88
8.9	Tutorial: Chelsea Boots	96
8.10	Tutorial: Schal	112
8.11	Tutorial: Ring	115
8.12	Tutorial: Sneakers	117
8.13	Tutorial: Schuhsohle	133
8.14	Tutorial: Panama Hut	137
9.	**Tutorials: Musterpinsel**	**141**
9.1	Doppelte Steppnaht	142
9.2	Reißverschluss 1	143
9.3	Einfassung (Binding)	144
9.4	Reißverschluss 2	145
9.5	Zickzack Rapport	146
9.6	Overlocknaht	148
9.7	Seil	148
9.8	Kette	149
9.9	Handnaht	151
9.10	Perforation 1	151
9.11	Perforation 2	152
9.12	Reissverschluss 3	154

1. EINFÜHRUNG

Adobe Illustrator ist ein vektorbasiertes Zeichenprogramm mit dem Sie Computergrafiken ohne Qualitätsverlust erstellen können– im Unterschied zu pixelbasierten Bildbearbeitungsprogrammen. Adobe Illustrator hat sich seit langer Zeit als Standardanwendung auf dem Gebiet der Vektorgrafik etabliert. Unterschiedliche Programmfunktionen (Werkzeuge, Befehle, FIlter etc.) eröffnen Ihnen zahlreiche Gestaltungsmöglichkeiten, die eine schnelle und proffesionelle Realisierung unterschiedlichster Projekte (Illustrationen, technische Zeichnungen, Stoffmuster etc.) erlauben.

Dieses Buch bietet Ihnen zunächst eine kurze Einführung in die Programmstruktur (Werkzeuge, Bedienelemente und Programmfunktionen). Danach folgen unterschiedliche Projekte, die speziell für Mode-Accessoires zusammengestellt wurden. Überwiegend alle Projekte (Tutorials) werden schrittweise genau beschrieben. Deshalb können Sie sofort mit einem Projekt beginnen. Es wird aber trotzdem empfohlen, zunächst einige Einführungskapitel genau zu studieren.

Dieses Buch bietet Ihnen die Möglichkeit projektbezogen Ihre Ideen als Modedesigner/-in professionell zu realisieren, es ersetzt aber keine Einführung in sämtliche Funktionen von Adobe Illustrator.
Der Umgang mit digitalen Zeichenprogrammen erfordert viel Konzentration und Geduld, da jeder Arbeitsschritt bewusst durch Peripheriegeräte (Maus, Tastatur, Zeichentablett) eingegeben wird. Gleichzeitig können verschiedene Schritte in Adobe Illustrator jederzeit rückgängig gemacht werden, was natürlich den Umgang mit dem Programm erleichtert und enorm beschleunigt im Vergleich zum analogen Zeichnen wo schon eine fehlerhafte Entscheidung die ganze Arbeit ruinieren kann. Deshalb arbeiten viele Illustratoren unabhängig von ihrem Stil mit digitalen Zeichenprogrammen, denn Adobe Illustrator erlaubt Ihnen nicht nur die Schaffung einer Vektorästhetik sondern es besteht auch die Möglichkeit analoge Techniken zu simulieren. Das digitale Zeichnen kann zwar das analoge Zeichnen ausschließen, aber nicht ersetzten. Sinnvoller ist es die analoge Zeichnung mit digitaler Bearbeitung zu erweitern, wie es der Autor dieses Buches getan hat (siehe Illustration links, hier wurde eine Bleistiftzeichnungen mit digitalen Inhalten erweitert).

Gute analoge zeichnerische Fähigkeiten für die Arbeit mit Adobe-Illustrator sind von Vorteil, jedoch nicht zwingend notwendig, denn ein Objekt in Adobe Illustrator wird vielmehr digital aufgebaut als frei gezeichnet. Deshalb sollte stets gutes Empfinden der Form, Linie, Farbe und Struktur trainiert werden, ob Sie aber „geschwungen" analog zeichnen können oder nicht spielt keine große Rolle bei der Arbeit mit Adobe Illustrator.

Das Zeichnen mit Adobe Illustrator wird in der Modebranche zum Erstellen von technischen Zeichnungen sowie Mode-Illustrationen eingesetzt. Übungen, die in diesem Buch vorgestellt werden, bieten Ihnen Methoden, die von Modedesigner/-innen eingesetzt werden. Dabei werden in einigen Fällen alternative Vorgehensweisen für das Erzielen von gleichen Schritten vorgestellt, um eine Übersicht über verschiedene Techniken zu zeigen, die letztendlich zu einem Ergebnis führen.

Wenn Sie mit einer Illustration oder technischen Modezeichnung beginnen, wird empfohlen zuerst eine analoge Skizze zu erstellen, sie einzuscannen und auf einer Ebene in Adobe Illustrator zu platzieren. Denn ohne eine Vorlage eine saubere digitale Zeichnung zu erstellen, ist in einigen Fällen schwierig.

Dieses Buch basiert auf der Illustrator- Version CC 2018. Trotzdem können Sie die meisten Projekte aus diesem Buch in älteren Versionen realisieren, das Gleiche ist zu erwarten in Bezug auf künftige Versionen. Für einen schnellen Arbeitsablauf ist zu empfehlen stets die Tastenkurzbefehle zu benutzen, die in diesem Buch ausführlich beschrieben sind, denn die Arbeit mit den Tastenkurzbefehlen beschleunigt den Arbeitsprozess enorm.

Dieses Buch soll als eine dauerhafte Unterstützung für Modedesigner/-innen dienen. Es wurden viele wichtigen Techniken für Einsteiger und zum Teil für fortgeschrittene Anwender zusammengestellt, es gibt aber natürlich viel mehr Techniken, die zum Einsatz kommen können. Diese werden in den nächsten Büchern des Autors vorgestellt.

1.1 TECHNISCHE ZEICHNUNG

Technische Modezeichnungen sind unverzichtbar für exakte Umsetzung des Endprodukts.

Eine technische Modezeichnung ist ein Dokument, das die wichtigsten grafischen und schriftlichen Informationen für die Herstellung eines Kleidungsstücks enthält. Dieses Dokument wird in den meisten Fällen in Din A4 oder Din A3 Größe erstellt und besteht oft aus mehreren Seiten (z.B. auf einer Seite wird das gesamte Outfit dargestellt, auf der zweiten Seite verschiedene Details-Ansichten dieses Outfits und auf der dritten Seite verschiedene Farbvariationen).

Die technische Modezeichnung wird „flach" ohne Figurine sowohl schwarz&weiss, als auch farbig erstellt.
Die übermittelten Informationen in einer technischen Zeichnung haben für die Herstellung des jeweiligen Produktes höchste Priorität. Auf folgende Aspekte sollte man bei Erstellung von technischen Modezeichnungen immer hinweisen:

-Silhouette (die Außenkontur eines Kleidungsstücks wird etwas dicker dargestellt, um die Gesamterscheinung zu verdeutlichen);

-Erstellung von inneren Elementen: Abnäher, Teilungsnähte, Taschen, Absteppungen, Verschlüsse (z.B. Reißverschluss), Stoff-Muster, Verarbeitungshinweise;

-Detail-Ansicht: Bei komplizierteren Kleidungsstücken wird eine zusätzliche Detail-Ansicht erstellt, die in manchen Fällen aus mehreren Zeichnungen besteht, um bestimmte Fertigungsprozesse zu verdeutlichen;

-Maßangaben:
Eine technische Modezeichnung sollte immer die wichtigsten Maßangaben beinhalten, z.B. Breite und Länge eines Ärmels etc. Je mehr Maßangaben, desto präziser wird das Produkt hergestellt. Die Maßangaben werden durch spezielle Markierungen direkt auf der technischen Zeichnung dargestellt (siehe Seite 38 und 44).

1.2 ACCESSOIRES IN DER MODE

Mode ohne traumhafte Accessoires kann man sich Heute kaum vorstellen, sie sind Ausdruck der Persönlichkeit und verleihen der Kleidung das gewisse, individuelle Etwas. Accessoires werten den gesamten Outfit optisch auf und sind für das perfekte Styling unentbehrlich. Accessoires erfüllen auch einen praktischen Nutzen: Taschen sind dazu da um alle wichtigen Sachen immer überall zur Hand zu haben; Mützen, Hüte, Handschuhe sind für kalte Jahreszeiten ein Must-have, Uhren helfen immer am Ziel rechtzeitig zu sein.
Zu den Accessoires gehören nicht nur Schuhe und Taschen, sondern auch Schmuck, Uhren, Brillen, verschiedene Kopfbedeckungen, Handschuhe, Schals, Armbänder, Krawatten und sogar Manschettenknöpfe.

Dieses Buch behandelt das Thema Mode-Accessoires. Accessoires wie Schuhe und Taschen zu zeichnen, erfordert zunächst viel Geduld und Übung, da diese Objekte überwiegend dreidimensional gezeichnet werden. Ohne eine vorher erstellte Handskizze ist es äußerst schwierig sofort ein fehlerfreies, räumliches Objekt zu erstellen, das allen Anforderungen entspricht. Deshalb hat der Autor zu jedem schwierigen Tutorial eine vorgefertigte Handskizze bereitgestellt (link dazu finden Sie am Anfang eines solchen Tutorials).

WEITERE EMPFOHLENE LITERATUR

Digital Zeichnen mit Adobe Illustrator
Seiten: ca. 138 Seiten
ISBN: 978-3-945549-12-4
Preis: 24,90 EUR

Modedesign Figurinen für Modezeichnungen
Teil 1 Frauen Figurinen
Seiten: ca. 84 Seiten
ISBN: 978-3-943110-88-3
Preis: 24,90 EUR

Fashion Designer´s Sketchbook - women figures
Seiten: ca. 106 Seiten
ISBN: 978-3-945549-38-4
Preis: 24,90 EUR

2. VORAUSSETZUNGEN FÜR DIE ARBEIT MIT DIESEM BUCH

2.1 VORBEREITENDE SCHRITTE

-Aktivieren Sie immer folgende Einstellungen:
Ansicht > Lineale >Lineale einblenden, Ansicht > Hilfslinien > Hilfslinien einblenden, Ansicht > Hilfslinien > Hilfslinien sperren, Ansicht > Intelligente Hilfslinien, Ansicht > An Punkt ausrichten.

Alle Menübefehle, Tastenkurzbefehle sind fett hervorgehoben, oder grafisch dargestellt.

Beispiel: Menübefehl **Objekt >Anordnen >In den Hintergrund** (In dieser Reihenfolge durch den linken Mausklick anwählen).
Beispiel: Tastenkurzbefehlen **cmd + C, dann cmd + V** (Zuerst **cmd** Taste gedrückt halten und dann zusätzlich **C** aktivieren, gedrückt halten und erst dann beide Tasten loslassen).
Bei einem Tastenkurzbefehl bezieht sich der erste Teil auf Mac OS X Betriebssystem,der zweite Teil auf PC mit Windows Betriebssystem. Beispiel: **cmd + C / Strg + C**

Grafische Darstellung von Tastenkurzbefehlen:

 < Mac OS X Betriebssystem
/
 < PC mit Windows Betriebssystem

2.2 SYMBOLE ÜBERSICHT

Diese Symbole dienen dem besseren Verständnis der einzelnen Schritte in diesem Buch.

Die Reihenfolge der einzelner Schritte die in diesem Buch vorkommen, werden grafisch durch folgendes Symbol dargestellt:

1x
 Einfachklick (linke Maustaste)

2x
 Doppelklick (linke Maustaste)

1x
 Einfachklick (linke Maustaste gedrück halten) und den Mauszeiger in die jeweilige Richtung ziehen, dann loslassen.

 Hand:
Bestimmte Taste oder Option in einem Fenster mit linken Maustaste anklicken.

 Bestimmte Taste oder Button in einem Dialogfeld mit linker Maustaste anklicken. Die Zahlen geben die Reihenfolge der einzelner Schritte wieder.

 Auswahl aufheben: Aktivieren Sie das Auswahlwerkzeug (V) und klicken Sie mit der linken Maustaste auf die leere Arbeitsfläche oder aktivieren Sie alternativ den Tastenkurzbefehl: **cmd + shift + A / Strg + shift + A** .

 Zeichnen im **90° Winkel (rechter Winkel)**
Wird aktiviert durch anklicken der **Shift** Taste z.B. bei Zeichenstift-Werkzeug.

 Bedeutung: Auswahl Werkzeug (siehe Werkzeugbedienfeld).
Symbol bis Illustrator Version CC 2015 >
Symbol ab Illustrator Version CC 2017 >
Mit dem Auswahl Werkzeug können Sie z.B. ein Objekt oder Linie auswählen oder eine Hilflinie aus Linealen ziehen).

 Bedeutung: Direktauswahl Werkzeug (siehe Werkzeugbedienfeld). Mit dem Direktauswahl-Werkzeug können Sie Teile von Objekten, Pfaden oder einzelne Ankerpunkte auswählen.
Symbol bis Illustrator Version CC 2015 >
Symbol ab Illustrator Version CC 2017 >

 Bedeutung: Zeichenstift- Werkzeug (siehe Werkzeugbedienfeld) aktivieren und den ersten Punkt erstellen.

 Bedeutung: Zeichenstift Werkzeug im aktivierten Zustand (die linke Maustaste ist gedrückt)

 Bedeutung: Pfad wird durch das Zeichenstift Werkzeug geschlossen (ein kleiner Kreissymbol wird angezeigt)

 Bedeutung: An einem zuvor deaktivierten Pfad wird weitergezeichnet (es erscheint ein kleiner Strich)

 Bedeutung: Ankerpunkt Hinzufügen- Werkzeug (siehe Werkzeugbedienfeld)

 Bedeutung: Ankerpunkt Löschen- Werkzeug (siehe Werkzeugbedienfeld)

 Bedeutung: Ankerpunkt- Werkzeug (siehe Werkzeugbedienfeld)

 Bedeutung: Spiegeln-Werkzeug (im aktivierten Zustand), durch anklicken der **alt** Taste wird die Achse der Spiegelung festgelegt.

 Bedeutung: Schere- Werkzeug (im aktivierten Zustand), durch linksklick auf eine Linie, wird die Linie an dieser Stelle getrennt.

 Mit dem Auswahl- Werkzeug wird ein Auswahlrahmen erstellt (linke Maustaste gedrückt halten und ziehen), dann die Maustaste loslassen.

Mit dem Direktauswahl-Werkzeug einen Auswahlrahmen ziehen (linke Maustaste gedrückt halten und ziehen), dann loslassen.

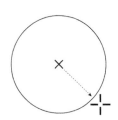 Mit dem Ellipse- Werkzeug einen Kreis von der Mitte aus ziehen. Dafür **alt + shift** aktivieren, beide Tasten gedrückt halten und den Mauszeiger ziehen, (linke Maustaste ist gedrückt). Wenn die Form fertig gezeichnet ist, zuerst **die Maustaste loslassen und erst dann die Tastaturtasten**.

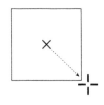 Mit dem Rechteck- Werkzeug ein Rechteck von der Mitte aus zeichnen. Dafür **alt + shift** aktivieren, beide Tasten gedrückt halten und den Mauszeiger ziehen, (linke Maustaste ist gedrückt). Wenn die Form fertig gezeichnet ist, zuerst **die Maustaste loslassen und erst dann die Tastaturtasten**.

Bei gedrückter **alt** Taste wird die Form von der Mitte aus gezeichnet. Bei gedrückter **shift** Taste wird die Form von allen Seiten proportional gezeichnet.
Dies gilt auch für andere Werkzeuge wie z.B. Abgerundetes-Rechteck Werkzeug, Polygon-Werkzeug, Stern-Werkzeug

 Auswahl Werkzeug im Kopiermodus (Drag&Drop)

Bedeutung: Das Auswahl-Werkzeug aktivieren, über ein Objekt platzieren, zusätzlich **alt** Taste gedrückt halten (nicht loslassen) und den Mauszeiger in beliebige Richtung ziehen.
Dann zuerst **die Maustaste loslassen und erst dann die Tastaturtasten**.

Bei dieser Kombination aus Symbolen und Kurztastenbefehlen wird ein Objekt oder Linie durch drag&drop Verfahren kopiert (Auswahl Werkzeug im Kopiermodus), durch zusätzliche Aktivierung der **Shift** Taste wird die Kopie auf der gleichen Linie wie das ursprüngliche Objekt ausgerichtet (Horizontal oder Vertikal).

Beachten Sie die Reihenfolge der Darstellung.
Zuerst **alt** Taste aktivieren und gedrückt halten, dann linke Maustaste aktivieren und gedrückt halten, dann den Mauszeiger in die jeweilige Richtung ziehen und erst dann zusätzlich die **Shift**- Taste aktivieren.
Dann zuerst **die Maustaste loslassen und erst dann die Tastaturtasten**.

 Tipp   Warnhinweis

 Fehler   Identische Schritte

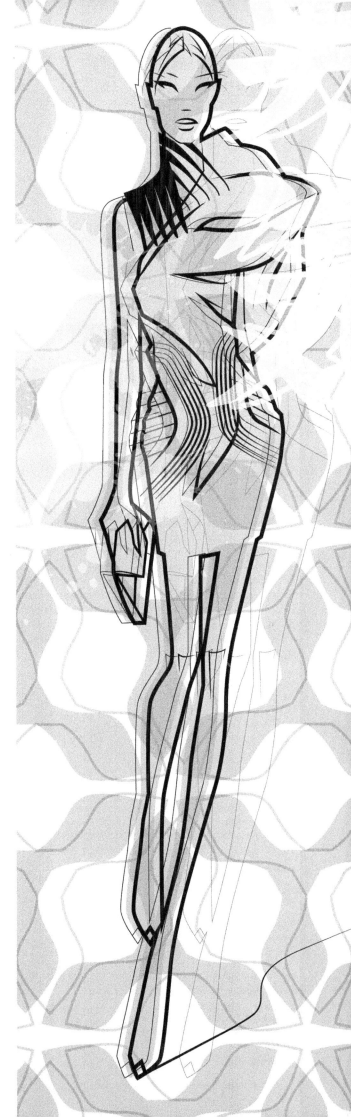

3. WICHTIGE TASTENKURZBEFEHLE (ÜBERSICHT)

Mac: **cmd** Taste / PC: **Strg** Taste

In Kombination mit anderen Tastaturtasten werden Werkzeugen und Funktionen aktiviert.

Shift-Taste bzw. Umschalt-Taste

- Bei der Arbeit mit dem **Zeichenstift-Werkzeug** (P) werden Linien in 45° bzw. 90° Winkel gezeichnet. Diese Taste wird oft beim Zeichnen eingesetzt um einen rechten Winkel zu erzeugen (senkrecht bzw. waagerecht).
-Bei der Arbeit mit dem **Zeichenstift-Werkzeug** (P) wenn die **Shift**- Taste gedrückt wird (nicht loslassen) kann z.B. eine gerade Linie gezeichnet werden.
-Bei Werkzeugen für geometrische Formen **Ellipse-Werkzeug** (L), **Rechteck-Werkzeug** (M) wenn die **Shift**- Taste gedrückt wird (nicht loslassen), werden z.B. Kreise und Quadrate gezeichnet.

Mac: **alt+cmd+J** / PC: **alt+Strg+J**

- Bei Aktivierung wird Durchschnitt für zwei Punkte berechnet. Im Dialogfenster bei der „Achse" auf „Beide" einstellen. Dieser Kurztastenbefehl wird eingesetzt um z.B. bei einer nicht ganz korrekten Spiegelung die offenen Endpunkte von zwei Linien genau übereinander zu bringen. Dadurch werden bei der späteren Verbindung (Zusammenfügen) die beiden Punkte sauber zusammengefügt. Es ist ein besonders wichtiger Tastenkurzbefehl und wird fast immer in Kombination mit Mac: **cmd+J** / PC: **Strg+J** (Zusammenfügen) eingesetzt.

Mac: **cmd+J** / PC: **Strg+J**

Um Endpunkte von zwei Linien (bzw. Objekten) zusammenzufügen (verbinden) wird dieser Kurztastenbefehl eingesetzt: **cmd+J** / PC: **Strg+J**, dadurch werden zwei Linien zu einer Linie zusammengefügt. Dieser Kurztastenbefehl wird oft eingesetzt um z.B. zwei Silhouette-Hälften einer technischen Zeichnung zu einem Objekt zusammenzufügen.

Mac: **cmd+A** / PC: **Strg+A**

Dieser Kurztastenbefehl wird eingesetzt um alle gezeichneten Objekte im Dokument auszuwählen.

Rückschritt-Taste

Löscht zuvor ausgewählte Objekte

Mac: **cmd+2** / PC: **Strg+2**

Dieser Tastenkurzbefehl wird eingesetzt um ausgewählte Objekte zu sperren. Wenn beim Zeichnen bestimmte Objekte stören um z.B. einen Ankerpunkt zu erstellen, wählen Sie diese Objekte mit dem **Auswahl- Werkzeug** (V) aus und aktiveren Sie den Tastenkurzbefehl Mac: **cmd+2** / PC: **Strg+2** .

Mac: **alt+cmd+2** / PC: **alt+Strg+2**

Dieser Tastenkurzbefehl wird eingesetzt um Objekte zu entsperren. Dabei werden alle Objekte im Dokument entsperrt.
Wichtig: Wenn das Dokument mehrere Ebenen enthält und eine Ebene gesperrt ist (siehe Seite 20), dann wird die gesperrte Ebene durch diesen Tastenkurzbefehl nicht entsperrt.
Sie sollten dann das Ebenen-Fenster öffnen und die jeweilige Ebene entsperren.

Mac: **cmd+Z** / PC: **Strg+Z**

Dieser Tastenkurzbefehl wird eingesetzt um einzelne Arbeitsschritte rückgängig zu machen.
Je nach verfügbaren Arbeitsspeicher können Sie eine unbegrenzte Anzahl von Vorgängen rückgängig machen, indem Sie wiederholt diesen Tastenkurzbefehl aktivieren. Der entsprechende Menübefehl ist **Bearbeiten > Rückgängig**.
Der Befehl **Bearbeiten > Wiederholen** ermöglicht es Ihnen, Vorgänge wiederherzustellen.

Leer- bzw. Space Taste

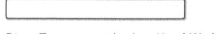

Diese Taste entspricht dem **Hand-Werkzeug** (H). Solange die Leertaste gedrückt wird, wird jedes aktivierte Werkzeug durch Hand-Werkzeug ersetzt. Dadurch können Sie immer wieder während der Arbeit die Arbeitsfläche verschieben.

Tabulatortaste

Aus- bzw. einblenden der Bedienfelder, Werkzeugbedienfeld und Steuerungsbedienfeld.

Mac: **cmd+Y** / PC: **Strg+Y**

Um das gesamte Bildmaterial in Form von Pfaden anzeigen zu lassen, wählen Sie **Ansicht > Pfadansicht**. Um alles wieder im Vorschau-Modus anzeigen zu lassen: Wählen Sie **Ansicht > Vorschau**.
Beim Zeichnen kommt oft vor, dass bestimmte Linien/Objekte die sich im Hintergrund befinden von Flächenfarbe bzw. Kontur eines anderen Objektes verdeckt werden. Um solche Objekte, Linien oder Punkte anzuzeigen und dann auszuwählen, aktivieren Sie den Kurztastenbefehl:
Mac: **cmd+Y** / PC: **Strg+Y**

⚠️ Dadurch wird das Bildmaterial ohne Grafikattribute angezeigt.
In der Pfadansicht kommt es auch vor, dass bei der Auswahl mit dem Direktauswahl-Werkzeug oder Gruppenauswahl- Werkzeug importierte Grafiken (verknüpfte Pixel Grafik) ausgewählt werden, die sich in der Nähe des Werkzeugzeigers befinden. Um das Auswählen von unerwünschten Grafiken zu vermeiden, sollten Sie diese Grafiken sperren Mac: **cmd+2** / PC: **Strg+2** oder ausblenden, bevor Sie mit dem Werkzeug eine Auswahl vornehmen.

Mac: **shift+cmd+S** / PC: **shift+Strg+S**

Dieser Kurztastenbefehl wird eingesetzt um ein neues Dokument zu speichern. Beim Format im Options-Fenster geben Sie „Adobe Illustrator (ai)" (ist Standartmäßig eingestellt) ein, dann „Sichern", bei „Format" soll „*Illustrator CC*" stehen, dann mit „OK" bestätigen.

⚠️ Wenn das Dokument in einer früheren Illustrator Version geöffnet werden soll, dann ist es notwendig bei „Format" die jeweilige Illustrator Version einzustellen in der das Dokument geöffnet werden soll (z.b. CS5), weil sonst beim Öffnen in einer früheren Adobe Illustrator Version passieren kann, dass Fehler auftretten (z.B. Musterpinsel werden nicht übernommen, Einstellungen für Objekte gehen verloren usw.).
Dieses Problem tritt nicht auf, wenn ein Dokument von einer früheren Version von Illustrator (z.B. CS5) in einer neueren Version von Illustrator (z.B. CC) geöffnet wird.

Mac: **cmd+S** / PC: **Strg+S**

Dieser Tastenkurzbefehl wird eingesetzt um einzelne Schritte die Sie während der Arbeit ausführen abzuspeichern. Am besten aktivieren Sie nach jedem Schritt diesen Tastenkurzbefehl.

Mac: **cmd+C** / PC: **Strg+C**

Dieser Tastenkurzbefehl wird eingesetzt um Objekte in die Zwischenablage zu kopieren.

Mac: **cmd+F** / PC: **Strg+F**

Dieser Tastenkurzbefehl wird eingesetzt um das kopierte Objekte auf die gleiche Position wie das ursprüngliche Objekt einzufügen.
Der entsprechende Menübefehl ist **Bearbeiten > Davor einfügen.**

⚠️ Bei allen Übungen in diesem Buch zum Kopieren und Einfügen von Objekten, wurden eben diese beiden Tastenkurzbefehle eingesetzt.
KOPIEREN-> Mac: **cmd+C** / PC: **Strg+C**
DAVOR EINFÜGEN-> Mac: **cmd+F** / PC: **Strg+F**

Mac: **cmd+G** / PC: **Strg+G**

Dieser Tastenkurzbefehl wird eingesetzt um veschiedene Objekte zu gruppieren, sodass sie als Einheit behandelt werden (z.b.: ein Knopf der aus mehreren Elementen besteht und der immer wieder kopiert, verschoben werden muss usw.). In so einem Fall macht es Sinn alle Elemente des Knopfes zu gruppieren, damit es leichter fällt damit zu arbeiten).
Der entsprechende Menübefehl ist **Objekt > Gruppieren.**

Mac: **Shift+cmd+G** / PC: **Shift+Strg+G**

Dieser Tastenkurzbefehl wird eingesetzt um eine Gruppierung von Objekten wieder aufzuheben.
Der entsprechende Menübefehl ist **Objekt > Gruppieren aufheben.**

Mac: **cmd+7** / PC: **Strg+7**

Dieser Tastenkurzbefehl wird eingesetzt um Objekte zu maskieren. Eine Schnittmaske ist ein Objekt, dessen Form anderes Objekt so abdeckt, dass nur Bereiche sichtbar sind, die innerhalb der Form des Maskenobjekts liegen. Das jeweilige Objekt wird also auf die Maskenform zugeschnitten. Objekte innerhalb der Schnittmaske und die Schnittmakse selbst werden als *Schnittsatz* bezeichnet. Sie können eine Schnittmaske aus einer Auswahl von zwei oder mehr Objekten bilden. Der entsprechende Menübefehl ist **Objekt > Schnittmaske > Erstellen.**
Schnittsätze auf Objektebene sind im Ebenenbedienfeld als Gruppe zusammengefasst. Wenn Sie Schnittsätze erstellen, beschneidet **das oberste Objekt der Ebene** alle darunter liegenden Objekte. Deshalb ist es wichtig das Objekt welches als Schnittmaske definiert werden soll, immer auf der obersten Unterebene (Ebenen) zu platzieren. Dafür aktivieren Sie das Objekt mit dem **Auswahl-Werkzeug** (V) und klicken Sie **Objekt > Anordnen > In den Vordergrund**. Alle Schritte, die Sie auf einen Schnittsatz auf der Objektebene anwenden, z. B. Ausrichtung, Transformationen, Verbiegen basieren auf der Schnittmaskenbegrenzung, nicht der unmaskierten Begrenzung. Sobald Sie eine Schnittmaske auf Objektebene erstellt haben, können Sie den zugeschnittenen Inhalt nur noch über das Ebenenbedienfeld, das **Direktauswahl-Werkzeug** oder durch Isolieren des Schnittsatzes auswählen.

Mac: **alt+cmd+7** / PC: **alt+Strg+7**

Dieser Tastenkurzbefehl wird eingesetzt um eine Schnittmaske wieder zurückzuwandeln.
Dabei erscheint das als Maske eingesetzte Objekt ohne Kontur und ohne Flächenfarbe. Sichtbar wird es nur, wenn Sie die Pfadansicht (**cmd > Y** Taste / PC: **Strg > Y**) aktivieren.

Mac: **cmd+R** / PC: **Strg+R**

Lineale ein-bzw. ausblenden.

Mac: **cmd+,** / PC: **Strg+,**

Hilfslinien ein-bzw. ausblenden.

Mac: **cmd+alt+Shift+2**
PC: **Strg+alt+Shift+2**

[cmd ⌘] [alt ⌥] [⇧] [2]

[Strg] [alt ⌥] [⇧] [2]

Nicht ausgewähltes Bildmaterial sperren.

Mac: **cmd+0** / PC: **Strg+0**

[cmd ⌘] [0]

[Strg] [0]

Aktivierte Zeichenfläche im Fenster anpassen.

Mac: **cmd+1** / PC: **Strg+1**

[cmd ⌘] [1]

[Strg] [1]

Originalgröße der Zeichenfläche einstellen.

Mac: **X** Taste / PC: **X** Taste

[X]

Zwischen Fläche und Kontur wechseln.

Mac: ⌥ + **mit Mauszeiger ziehen**
(linke Maustaste gedrückt halten) /
PC: ⌥ + **mit Mauszeiger ziehen**
(linke Maustaste gedrückt halten)

[><]

Muster vom Objekt unabhängig transformieren, wenn das Auswahl-, Skalieren-, Spiegeln- oder Verbiegen-Werkzeug verwendet wird.

Muster verschieben:
Schritt 1. Objekt mit dem **Auswahl-Werkzeug** (V) auswählen.
Schritt 2. Halten Sie die ⌥ Taste gedrückt und ziehen Sie mit dem Mauszeiger innerhalb des ausgewählten Objektes (Objekt muss mit Flächenmuster gefüllt sein).
Muster drehen:
Schritt 1. Objekt mit dem **Auswahl-Werkzeug** (V) auswählen.
Schritt 2. Aktivieren Sie das **Drehen-Werkzeug** (R)
Schritt 3. Halten Sie die ⌥ Taste gedrückt und ziehen Sie mit dem Mauszeiger (linke Maustaste gedrückt halten) innerhalb des ausgewählten Objektes (Objekt muss mit Flächenmuster gefüllt sein).
Muster skalieren:
Vorgehensweise ist identisch, diesmal aber **Skalieren-Werkzeug** (S) aktivieren.

Mac: **cmd+Shift+A** Taste / PC: **Strg+Shift+A** Taste

[cmd ⌘] [⇧] [A]

[Strg] [⇧] [A]

Auswahl aufheben.

4. ÜBERSICHT (ADOBE ILLUSTRATOR)
4.1 DIE OBERFLÄCHE

Dateien und Dokumente werden mit Symbolleisten, Bedienfeldern und Fenstern erstellt und bearbeitet. Die Anordnung dieser Elemente wird als Arbeitsbereich bezeichnet. Es besteht die Möglichkeit den Arbeitsbereich an Ihre spezifische Arbeitsweise anzupassen. Verschiedene vordefinierte Arbeitsbereiche finden Sie in der Menüleiste:
Fenster>Arbeitsbreich

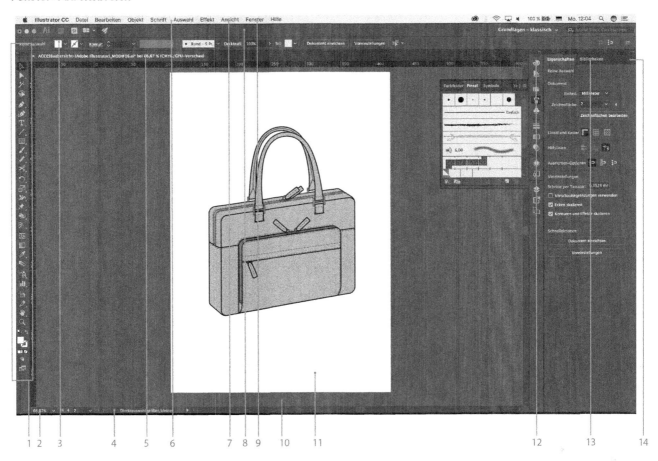

1. Werkzeugbedienfeld
2. Aktueller Zoomfaktor
3. Steuerungsbedienfeld
4. Statusleiste
5. Dokumentfenster mit Registerkarten
6. Menüleiste
7. Menüpunkt **Ansicht**: Aktivieren Sie hier „Intelligente Hilfslinien", „An Punkt ausrichten", „Liniale einblenden" und „Hilfslinien>Hilfslinien sperren".
8. Anwendungsleiste
9. Menüpunkt **Fenster:** Hier können Sie verschiedene Bedienfelder aktivieren und verschiedene Arbeitsbereiche festlegen.

 Sie können auch einen eigenen Arbeitsbereich festlegen:
Fenster > Arbeitsbereich > Neuer Arbeitsbereich...

10. Arbeitsfläche
11. Zeichenfläche
12. Bedienfelder sind auf Symbole minimiert. Wird auf ein Symbol geklickt, öffnet sich das zugehörige Bedienfeld.
13. Bedienfeld- Titelleiste
14. Bedienfeldgruppen in vertikalem Verankerungsbereich

 Um die Bedienfelder, Werkzeugbedienfeld und Steuerungsbedienfeld – aus- bzw. einzublenden, betätigen Sie die Tabulatortaste →

4.2 HANDWERKZEUG, ZOOMWERKZEUG

Mit dem **Handwerkzeug** (H) können Sie die Illustrator-Zeichenfläche innerhalb des Zeichenfensters verschieben.

Mit dem **Zoomwerkzeug** (Z) können Sie die Darstellungsgröße im Zeichenfenster vergrößern oder verkleinern.

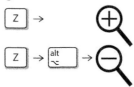

cmd + 1 / Strg + 1 Originalgröße einstellen
cmd + 0 / Strg + 0 Zeichenfläche in Fenster einpassen

4.3 WERKZEUGE
ÜBERSICHT ÜBER WICHTIGE WERKZEUGE

Das Werkzeugbedienfeld (**Fenster > Werkzeuge > Standart**) wird standartmäßig links auf dem Bildschirm angezeigt. Mit den Werkzeugen im Werkzeugbedienfeld können Sie Objekte erstellen, auswählen und verändern. Bei einigen Werkzeugen durch einen doppelklick werden weitere Optionen angezeigt. Dazu gehören z.b. Werkzeuge zum Auswählen, Malen, Zeichnen, Erfassen, Bearbeiten und weitere.

Einige Werkzeuge sind verborgen (wird durch ein kleines **Dreieck** rechts unten angezeigt), um diese Werkzeuge anzuzeigen, klicken Sie auf das Werkzeug, dabei die linke Maustaste nicht loslassen bis die verborgenen Wekzeuge angezeigt werden.

Im Werkzeugbedienfeld können Sie zwischen „Normal zeichnen", „Dahinter zeichnen" oder „Innen zeichnen" wechseln.

1. „Normal zeichnen" (Standartmäßig)
2. „Dahinter zeichnen"
3. „Innen zeichnen"

Alle Übungen in diesem Buch wurden im „Normal zeichnen" Modus erstellt.

Bedienfeld ein- zweispaltig anzeigen

1. **Auswahl-Werkzeug** (V)
2. **Direktauswahl-Werkzeug** (A)
3. **Zauberstab-Werkzeug** (Y)
4. **Lasso-Werkzeug** (Q)
5. **Zeichenstift-Werkzeug** (P)
6. **Textwerkzeug** (T)
7. **Liniensegment- Werkzeug** (Umschalt + :)
8. **Rechteck-Werkzeug** (M)
9. **Shaper-Werkzeug** (Umschalt+N)
10. **Drehen-Werkzeug** (R)
11. **Skalieren-Werkzeug** (S)
12. **Verlauf-Werkzeug** (G)
13. **Pipette-Werkzeug** (I)
14. **Angleichen-Werkzeug** (W)
15. **Zeichenflächenwerkzeug** (Umschalt + O)
16. **Handwerkzeug** (H)
17. **Zoomwerkzeug** (Z)
18. **Ankerpunkthinzufügen- Werkzeug** (+)
19. **Ankerpunkt-löschen-Werkzeug** (-)
20. **Ankerpunkt-Werkzeug** (Umschalt + C)

Um den Bildschirmmodus zu ändern, wird auf **F** Taste geklickt. Oder auf das Symbol „Bildschirmmodus ändern. Es gibt:
- *Normaler Bildschirmmodus*
- *Vollbildmodus mit Menüleiste*
- *Vollbildmodus*

4.4 VERBORGENE WERKZEUGE

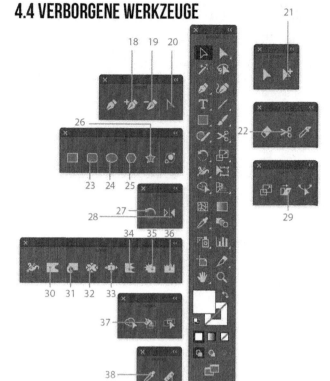

21. **Gruppenauswahl-Werkzeug**
22. **Schere- Werkzeug** (C)
23. **Abgerundetes- Rechteck-Werkzeug**
24. **Ellipse-Werkzeug** (L)
25. **Polygon-Werkzeug**
26. **Stern-Werkzeug**
27. **Drehen-Werkzeug** (R)
28. **Spiegeln-Werkzeug** (O)
29. **Verbiegen-Werkzeug**
30. **Verkrümmen-Werkzeug** (Umschalttaste + R)
31. **Strudel-Werkzeug**
32. **Zusammenziehen-Werkzeug**
33. **Aufblasen-Werkzeug**
34. **Ausbuchten-Werkzeug**
35. **Kristalisieren-Werkzeug**
36. **Zerknittern-Werkzeug**
37. **Interaktiv-malen-Werkzeug**
38. **Pipette-Werkzeug** (I)
39. **Mess-Werkzeug**

Sie können auch eigene Tastenkurzbefehle definieren, die auf Ihre individuelle Arbeitsweise abgestimmt sind. Dazu wählen Sie **Bearbeiten>Tastaurbefehle**. Durch die Arbeit mit Tastenkurzbefehlen wird der Arbeitsprozess enorm beschleunigt. Sie haben die Möglichkeit für Bedienfelder und für Werkzeuge Tastenkurzbefehle einzustellen.

Es wird empfohlen für folgende Menübefehle Tastenkurzbefehle einzustellen, da diese oft eingesetzt werden:

Datei > Exportieren
Objekt > Umwandeln
Objekt > Pfad > Pfad verschieben...

5. GRUNDLAGEN
(ARBEITEN MIT ADOBE ILLUSTRATOR)

5.1 NEUES DOKUMENT ERSTELLEN

Um ein neues Dokument zu erstellen, wählen Sie **Datei > Neu**. Es erscheint folgendes Fenster (siehe Abbildung). Nach dem Erstellen des Dokuments können Sie diese Einstellungen ändern, indem Sie „Datei" > „Dokument einrichten" > „Zeichenflächen bearbeiten" wählen und neue Einstellungen festlegen.

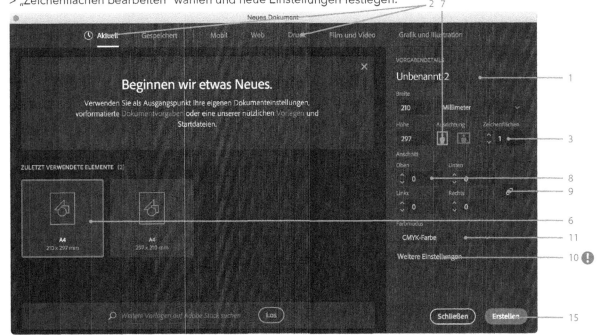

1. Geben Sie einen Namen für das Dokument ein.
2. Stellen Sie bei Profil „Druck" ein.
3. Legen Sie für das Dokument die Anzahl von Zeichenflächen z.B. 1, Format z.B. A4 und die Reihenfolge fest, in der sie auf dem Bildschirm angezeigt werden sollen.
4. Punkt 4 wird nur aktivert bei zwei oder mehr Zeichenflächen. **Raster nach Zeile:** Mehrere Zeichenflächen werden in der festgelegten Anzahl von Zeilen angeordnet. **Raster nach Spalte:** Mehrere Zeichenflächen werden in der festgelegten Anzahl von Spalten angeordnet. **Nach Zeile anordnen:** Zeichenflächen werden in einer geraden Zeile angeordnet. **Nach Spalte anordnen:** Zeichenflächen werden in einer geraden Spalte angeordnet. **Ändern in Layout von rechts nach links:** Mehrere Zeichenflächen werden im festgelegten Zeilen- bzw. Spaltenformat angeordnet, es wird von rechts nach links angezeigt.
Punkt 5 wird nur aktiviert bei zwei oder mehr Zeichflächen. Legen Sie den Standardabstand zwischen Zeichenflächen fest. Diese Einstellung wirkt sich sowohl auf den horizontalen als auch auf den vertikalen Abstand aus.
6. Legen Sie Standardgröße, Maßeinheiten alle Zeichenflächen fest. Sie können nachträglich während der Arbeit die Zeichenflächen durch Verschieben und Skalieren beliebig anpassen.
7. Legen Sie die Ausrichtung des Dokumentes fest.
8. Legen Sie die Anschnittposition für jede Seite der Zeichenfläche fest. Bei Aktivierung des Schlosssymbols (Punkt 9) werden automatisch gleiche Werte eingegeben.
10. Klicken Sie auf „Weitere Einstellungen", um ein weiteres Fenster zu öffnen.
11. Farbmodus: legt den Farbmodus des neuen Dokuments fest. Wenn Sie den Farbmodus ändern, werden die Elemente: Farbfelder, Pinsel, Symbole, Grafikstile des ausgewählten neuen Dokumentprofils auf einen neuen Farbmodus eingestellt, dadurch ändern sich die Farben.

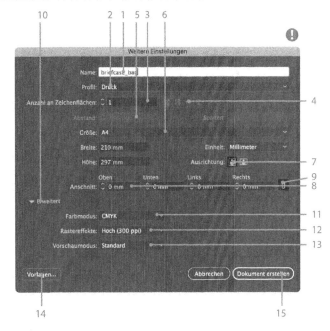

12. Rastereffekte: legt die Auflösung für Rastereffekte im Dokument fest. Beim Profil „Druck" ist diese Option standardmäßig auf „Hoch" eingestellt.
13. Vorschau-Modus: legt den standardmäßigen Vorschaumodus für das Dokument fest („Standart" ist optimal).
„Standard" zeigt im Dokument erstelltes Bildmaterial in der Vektoransicht in Farbe an. Die Glättung von Kurven bleibt beim Zoomen erhalten.
14. Vorlagen ermöglichen Ihnen, neue Dokumente mit bestimmten vorgegebenen Einstellungen und Designelemente zu erstellen. Wenn Sie beispielsweise eine Kollektion entwerfen, können Sie eine Vorlage mit dem gewünschten Zeichenflächenformat sowie den geeigneten Anzeige-

einstellungen (wie Hilfslinien) und Druckoptionen erstellen.
15. Mit „Erstellen" oder „Dokument erstellen" die Eingaben bestätigen.

5.2 WICHTIGE VOREINSTELLUNGEN

Um Änderungen bei den Voreinstellungen für eine bequemere Arbeit mit Illustrator vorzunehmen, wählen Sie **Illustrator > Voreinstellungen > Allgemein**

Legen Sie hier Schritte per Tastatur fest: (1 pt) ist optimal. Hinweis: Während der Arbeit bei gedrückter **Shift** Taste, verzehnfacht sich die Distanz von der Ausgangsposition des Objektes.

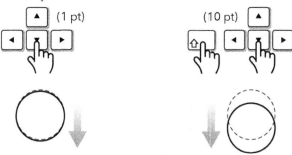

Beim Zeichnen werde Objekte verschoben, unter anderem um Zugriff auf Fragmente eines anderen Objektes zu erhalten und dadurch eine saubere Auswahl mit dem Direktauswahl-Werkzeug zu gewährleisten (z.B. um 2 Endpunkte zusammenzufügen um zwei Pfade zu verbinden).

1. „Muster transformieren"
Aktivieren Sie „Muster transformieren" damit während des Transformierens von Objekten die Muster auch vergrößert, verkleinert, gedreht und verzerrt werden.

2. „Ecken skalieren"
Aktivieren Sie „Ecken skalieren" damit während des Transformierens von Objekten die Ecken des Objektes auch vergrößert und verkleinert werden.

3. „Kontur und Effekte skalieren"
Aktivieren Sie „Kontur und Effekte skalieren" damit während des Transformierens von Objekten die Kontur und Effekte auch vergrößert oder verkleinert werden.
Diese Einstellungen machen Sinn, wenn Sie im Nachhinein eine technische Zeichnung verkleinern oder vergrößern möchten (siehe Beispiel) ohne dabei das Objekt und seine Einstellungen wie z.B. Flächenmuster zu deformieren.

Die Konturstärke wird verändert *Die Konturstärke bleibt bestehen*

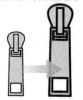

„Kontur und Effekte skalieren" ist **aktiviert**.

„Kontur und Effekte skalieren" ist **deaktiviert**.

5.3 EINHEITEN EINSTELLEN

Für Modezeichnungen bei **Illustrator > Voreinstellungen > Allgemein** ist es sinnvoll Millimeter einzustellen. Bei Kontur und Schrift ist es sinnvoll Punkt einzustellen.

5.4 RASTER UND TRANSPARENZRASTER

Raster:

1. Wählen Sie **Ansicht > Raster einblenden**.
2. Wählen Sie **Ansicht > Am Raster ausrichten**.

Transparenzraster:

1. Wählen Sie **Ansicht > Transparenzraster einblenden**.

Raster und Transparenzraster kommt zum Einsatz, wenn Sie viel mit rechteckigen Formen arbeiten (z.B. Taschen).

Es wird aber empfohlen mit **Intelligenten Hilfslinien (Ansicht>Intelligenten Hilfslinien)** und **(Ansicht>An Punkt ausrichten)** zu arbeiten, da diese Einstellungen flexibler sind und es ist bequemer damit zu arbeiten.

5.5 ZEICHENFLÄCHEN HINZUFÜGEN

Um weitere Zeichenflächen hinzuzufügen wählen Sie das Zeichenflächenwerkzeug (**Shift + O**).

1. Im Steuerungsbedienfeld aktivieren Sie das Symbol „Neue Zeichenfläche".
2. Platzieren Sie die Zeichenfläche an einer beliebigen Stelle.

5.6 HILFSLINIEN UND RASTER EINSTELLEN

Um Text und Grafikobjekte auszurichten, werden Hilfslinien eingesetzt.
Sie können gerade vertikale oder horizontale Linien (Linealhilfslinien) und in Hilfslinien konvertierte Vektorobjekte (Hilfslinienobjekte) erstellen. **Raster und Hilfslinien werden nicht gedruckt.**

Sie können zwischen zwei Hilfslinienarten - Punkte und Linien - wählen. Sie können auch die Farbe von Hilfslinien ändern: Mac: **Illustrator > Voreinstellungen > Hilfslinien und Raster** / PC: **Bearbeiten > Voreinstellungen > Hilfslinien und Raster.**

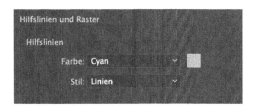

Während der Arbeit müssen die Hilfslinien immer gesperrt sein um einen fehlerlosen Arbeitsablauf zu gewährleisten. Deshalb prüfen Sie immer ob die Hilfslinien gesperrt sind. **Ansicht > Hilfslinien > Hilfslinien sperren** muss aktiviert sein. Tastenkurzbefehl „Hilfslinien sperren/entsperren": Mac **alt + cmd + ,** / PC **alt + Strg + ,**
Wenn Hilfslinien nicht gesperrt werden, werden Objekte und Hilfslinien mitausgewählt (wenn z.B. Auswahl- oder Direktauswahl-Werkzeug benutzt werden). Dies führt zu Problemen bei der Erstellung von Flächenmuster oder Musterpinsel.

Wenn Hilfslinien nicht sichtbar sind , dann wählen Sie **Ansicht > Hilfslinien > Hilfslinien einblenden**.
Tastenkurzbefehl „Hilfslinien ein/ausblenden":
Mac **cmd + ,** / PC **Strg + ,**
Um Hilfslinien auf der Zeichenfläche zu platzieren, müssen zuerst die Lineale aktiviert werden. Wählen Sie **Ansicht > Lineale > Lineale einblenden**.
Tastenkurzbefehl Lineale ein/ausblenden:
cmd + R / PC: **Strg + R**

Hilfslinien platzieren:
1. Setzen Sie den Mauszeiger auf das senkrechte Lineal (vertikale Hilfslinie erstellen), oder auf das waagerechte Lineal (horizontale Hilfslinie erstellen).
3. Ziehen Sie die Hilfslinie an die gewünschte Position.
Sie können auch Vektorobjekte in Hilfslinien umwandeln, wenn Sie das Objekt mit dem **Auswahl-Werkzeug** (V) auswählen, dann auf die Kontur oder Flächenfarbe (falls vorhanden) mit der **rechten Maustaste** klicken und „Hilfslinien erstellen" aktivieren. Alternativ aktivieren Sie **Ansicht > Hilfslinien > Hilfslinien erstellen**.
4. Wenn die Hilfslinien auf eine Zeichenfläche begrenzt bleiben und sich nicht über die gesamte Arbeitsfläche erstrecken sollen, wählen Sie das **Zeichenflächenwerkzeug** (Shift+O) und ziehen Sie die Hilfslinien anschließend auf die Zeichenfläche.

Löschen, Verschieben, oder Zurückwandeln von Hilfslinien:
1. Wenn Hilfslinien gesperrt sind, deaktivieren Sie **Ansicht > Hilfslinien > Hilfslinien sperren**.
2. Klicken Sie auf die Hilfslinie (oder ziehen Sie um die Hilfslinie ein Auswahlrechteck), dann sollte die Hilfslinie eine andere Farbe annehmen und anschließend Löschen Sie die Hilfslinie, indem Sie die **Rückschritt**-Taste betätigen oder **Bearbeiten >Ausschneiden** bzw. **Bearbeiten > Löschen** wählen.
Löschen Sie alle Hilfslinien, indem Sie **Ansicht > Hilfslinien > Hilfslinien löschen** wählen.
Wählen Sie **Ansicht > Hilfslinien > Hilfslinien zurückwandeln**, um das Hilfslinienobjekt wieder in ein normales Grafikobjekt zurückzuwandeln.

5.7 AUSRICHTEN VON OBJEKTEN AN ANKERPUNKTEN UND HILFSLINIEN

1. Wählen Sie **Ansicht > An Punkt ausrichten**.
2. Wählen Sie das zu verschiebende Objekt aus oder ziehen Sie eine Hilfslinien und platzieren Sie den Mauszeiger auf genau die Stelle, an der Sie es an Ankerpunkten und Hilfslinien ausrichten möchten.
Wenn Sie **An Punkt ausrichten** aktivieren, richtet sich die Ausrichtung nach der Position des Mauszeigers, nicht nach den Kanten des gezogenen Objekts.
3. Ziehen Sie das Objekt/ Hilfslinie an die gewünschte Position.
Wenn der Mauszeiger einen Abstand von 2 Pixel oder weniger zum Ankerpunkt oder zur Hilfslinie hat, wird er am Punkt ausgerichtet. Wenn eine Ausrichtung erfolgt, wird der Zeiger von einem ausgefüllten Pfeil zu einem Pfeilumriss verändert.

5.8 INTELLIGENTE HILFSLINIEN

Intelligente Hilfslinien sind temporäre Hilfslinien, sie werden beim Erstellen und Bearbeiten von Objekten oder Zeichenflächen angezeigt. Sie richten automatisch beim Bearbeiten, Ausrichten und Transformieren von Objekten oder Zeichenflächen relativ zu anderen Objekten aus, es werden auch X- und Y-Positions- oder Deltawerte angezeigt.

Um Intelligente Hilfslinien zu aktivieren, wählen Sie **Ansicht > Intelligente Hilfslinien**.
Tastenkurzbefehl Mac **cmd + U** / PC **Strg + U**

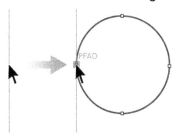

In diesem Beispiel wird die Hilfslinie
an einem Ankerpunkt automatisch ausgerichtet
(magnetisch angekoppelt).

5.9 DOKUMENT SPEICHERN UNTER

Das Dokument wird immer als Ai (Adobe Illustrator Format) gespeichert, um es immer wieder zu öffnen und bearbeiten zu können. Wenn Sie technische Zeichnungen oder Illustrationen an Ihre Kunden (z.B. per Email) verschicken, werden die Dokumente in vielen Fällen auch als **.jpg** oder **.pdf** Dateien exportiert, denn das **.ai** Format lässt sich problemlos nur mit Adobe Illustrator öffnen.

Speichern im Illustrator-Format (Ai):
1. Wählen Sie **Datei > Speichern unter** oder **Datei > Kopie speichern**.
2. Geben Sie einen Dateinamen ein und wählen Sie einen Speicherort für die Datei.
3. Wählen Sie als Dateiformat „Illustrator" (.ai) und bestätigen Sie mit **Sichern** (Mac) bzw. **Speichern** (PC).
4. Legen Sie im Dialogfeld **Illustrator-Optionen** die gewünschten Optionen fest und bestätigen Sie mit **OK**.

❗ 1. Mit der Option **Version** legen Sie die Illustrator-Version fest, mit der die Datei kompatibel sein soll. Wenn das Dokument in einer älteren Version geöffnet wird, sollten Sie beim Speichern der Datei in einer neueren Version (z.B. CC) die jeweilige Version in der später die Datei geöffnet werden soll einstellen (z.B. CS5), denn ältere Formate unterstützen nicht alle Funktionen der aktuellen Version von Illustrator. Wenn Sie also in einer älteren Version von Illustrator (z.B. CS5) eine Datei öffnen die mit/ für Illustrator CC (neuere Version) gespeichert wurde, werden bestimmte Arten von Daten verändert (z.B. Musterpinsel werden umgewandelt und können nicht mehr richtig eingesetzt werden usw.).

2. **PDF-kompatible Datei erstellen** speichert eine PDF-Version des Dokuments in Illustrator. Aktivieren Sie diese Option, wenn die Illustrator-Datei mit anderen Adobe-Anwendungen kompatibel sein soll.

3. **Verknüpfte Dateien einschließen** bettet Dateien ein, die mit dem Bildmaterial verknüpft sind.

4. **ICC-Profil einbetten** erstellt ein Dokument mit Farbmanagement.

5. **Komprimierung verwenden** komprimiert PDF-Daten in der Illustrator-Datei.

6. **Jede Zeichenfläche in einer separaten Datei speichern**
Jede Zeichenfläche wird in einer separaten Datei gespeichert. Gleichzeitig wird eine separate Masterdatei erstellt, die alle Zeichenflächen beinhaltet.

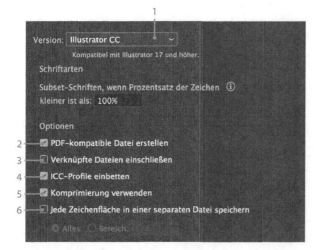

5.10 DATEI EXPORTIEREN

Speichern im .jpg oder .pdf Format:

1. Wählen Sie **Datei > Exportieren > Exportieren als...**
2. Geben Sie einen Dateinamen ein und wählen Sie einen Speicherort für die Datei.
3. Wählen Sie als Dateiformat .jpg und klicken Sie auf **Zeichenflächen verwenden**.
4. Wenn **Alle** aktiviert ist, werden alle Zeichenflächen des Dokumentes exportiert. Wenn **Bereich** aktiviert ist, können Sie eingeben welcher Bereich exportiert wird. (siehe Beispiel unten).

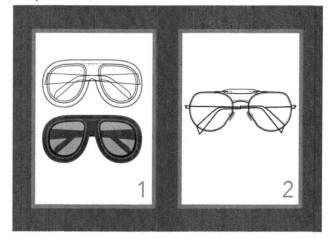

Wenn **Alle** aktiviert ist, werden alle Zeichenflächen exportiert (Fläche 1 und 2).

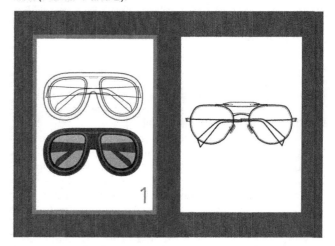

Wenn **Bereich** aktiviert ist, können Sie angeben welcher Bereich exportiert wird. (z.B. Fläche 1). Dann wird nur dieser Bereich exportiert.

5. Wählen Sie **Exportieren**
6. Mit der Option **Farbmodell** legen Sie den Farbraum fest (für den Druck CMYK einstellen, für Web z.B. wenn Sie die exportierte Datei per email versenden, stellen Sie am besten RGB ein).
7. Mit der Option **Qualität** wird die Qualität der .jpg Datei eingestellt. Es wird empfohlen die Qualität auf 8-10 einzustellen.
8. Bei **Komprimierungsmethode** „Grundlinie" (Standart) belassen.
9. Mit der Option **Auflösung** werden die „Pixels per inch" eingestellt. Es geht hier auch um die Qualität. Für den professionellen Druck 300 ppi oder höher einstellen, für einen „Proof" würde 150 ppi ausreichen, wenn Sie z.B. mit einem herkömmlichen Drucker arbeiten.

5.11 VEKTOR UND PIXELORIENTIERTE GRAFIK

Adobe Illustrator ist ein vektororientiertes Grafikprogramm. Adobe Photoshop z.b. ist ein pixelorientiertes Grafikprogramm

Bei einer Vektorgrafik besteht die Beschreibung z.B. einer geraden Linie aus Anfangs- und Endpunkt, ggf. noch Farbe und Strichstärke.

Eine Pixelgrafik besteht aus vielen kleinen Rechtecken.

Pixelorientiert: haben eine definierte Größe in Pixel, jeder Pixel ist quadratisch und hat nur eine Farbe. Beim Vergrößern werden diese Pixel sichtbar und das Bild wird unscharf.
Vektororientiert: Linien, Flächen werden durch Vektoren mathematisch definiert, dadurch sind die Objekte beliebig skalierbar ohne Qualitätsverlust (siehe Abbildung).

5.12 WEITERE WICHTIGE EINSTELLUNGEN

Achten Sie bitte darauf, dass folgende Optionen **immer** eingeblendet sein müssen, damit die Arbeit mit Illustrator nicht eingeschränkt wird.

Ansicht > Zeichenflächen einblenden
(Tastenkurzbefehl Mac: **shift + cmd + H** / PC: **shift + Strg + H**).

Ansicht > Begrenzungsrahmen einblenden
(Tastenkurzbefehl Mac: **shift + cmd + B** / PC: **shift + Strg + B**).

Ansicht > Ecken einblenden
(Tastenkurzbefehl Mac: **cmd + H** / PC: **Strg + H**)

Ansicht > Ecken- Widget einblenden

Unter Mac: **Illustrator > Voreinstellungen > Benutzeroberfläche** / PC: **Bearbeiten > Voreinstellungen > Benutzeroberfläche** können Sie die Helligkeit Ihrer Benutzeroberfläche einstellen.

5.13 MENÜBEFEHLE

Menübefehle werden verwendet um verschiedene Programmfunktionen, Anweisungen zu aktivieren (z.B. Pfad >Pfad verschieben), Bedienfelder zu öffnen, Arbeitsbereich zu ändern. Viele Tastenkurzbefehle in diesem Buch verweisen eben auf Programmfunktionen die unter Menübefehlen zu finden sind.

Sollte die Menübefehlsleiste nicht sichtbar sein, dann betätigen Sie (eventuell mehrmals) die **F** Taste (dadurch wird der Bildschirmmodus geändert).

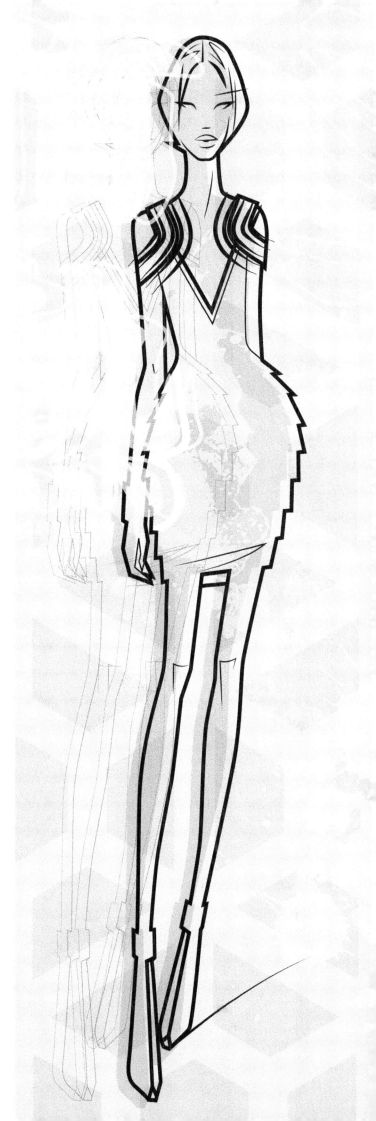

5.14 MIT LINEALEN ARBEITEN

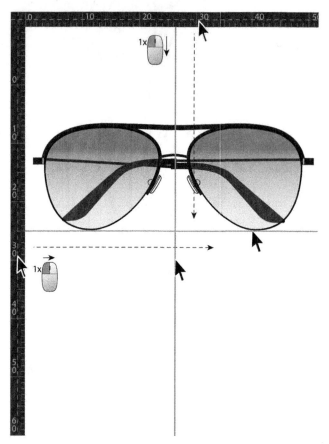

- Im Bedienfeld **Ebenen** können Sie die Anordnung von Objekten innerhalb des Dokumentes ändern, sperren usw.

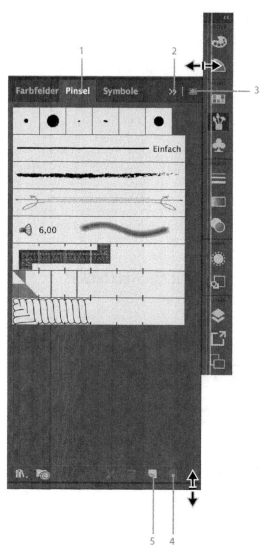

Um präzise Objekte in der Arbeitsfläche oder Zeichenfläche zu platzieren und abzumessen, können Sie dafür Lineale benutzen. Aktivieren Sie **Ansicht > Lineale > Lineale einblenden** (Tastenkurzbefehl Mac: **cmd + R** / PC: **Strg + R**). Die Stelle in der oberen linken Ecke des Zeichenfensters, an der „0" steht, wird als Linealnullpunkt bezeichnet.
Im Illustrator gibt es getrennte Lineale für Dokumente und Zeichenflächen.
„Globale Lineale": **Ansicht > Lineale > Lineale einblenden** sind Fensterlineale die auf der oberen und der linken Seite des Zeichenfensters angezeigt werden. Der Standard-Linealnullpunkt befindet sich oben links im Zeichenfenster.
„Zeichenflächenlineale": **Ansicht > Lineale > In Zeichenflächenlineale ändern** werden auf der oberen und der linken Seite der aktivierten Zeichenfläche angezeigt. Der Standard- Zeichenflächenlinealnullpunkt befindet sich oben links in der Zeichenfläche.
Unterschied zwischen den Zeichenflächenlinealen und den globalen Linealen besteht darin, dass der Ursprungspunkt bei Auswahl der Zeichenflächenlineale von der jeweils aktivierten Zeichenfläche abhängt. Es besteht auch die Möglichkeit unterschiedliche Ursprungspunkte für Zeichenflächenlineale festzulegen.

5.15 BEDIENFELDER

Unterschiedliche Bedienfelder finden Sie unter **Fenster**
In den Bedienfeldern können Sie verschiedene Einstellungen für Objekte und für unterschiedliche Illustrator Funktionen festlegen und verändern.
z.B.:
- Im Bedienfeld **Kontur** u.a. können Sie die Konturstärke für eine Linien oder „gestrichelte Linie" für eine Absteppung einstellen.
- Im Bedienfeld **Farbefelder** u.a. können Sie die Flächenfarbe eines Objektes einstellen (z.B. ein Kleid mit Farbe, Muster oder einem Verlauf ausfüllen).

1. **Bedienfeldbezeichnung**
Wenn mit der linken Maustaste darauf geklickt (Maustaste nicht loslassen) und gezogen wird, wird das Bedienfeld aus seiner Verankerung gelöst und kann frei im Arbeitsbereich platziert werden.

2. **Bedienfeld erweitern**
Durch einen Mausklick auf den Doppelpfeil wird das Bedienfeld/Bedienfeldgruppe verkleinert oder vergrössert.

3. Hier können Sie weitere **Optionen** für das jeweilige Bedienfeld einblenden.

4. Bedienfeldspezifischer Befehl **Löschen** (z.B. im Bedienfeld „Pinsel" wird dadurch ein bestimmter Pinselrapport gelöscht).
5. Bedienfeldspezifischer Befehl **Neu** (z.B. im Bedienfeld „Farbfelder" wird dadurch eine neue Farbe angelegt).

Sie können die Fenstergröße anpassen, indem Sie rechts bzw. links unten oder auf der Seite mit der gedrückten linken Maustaste den Mauszeiger ziehen und dadurch die Fenstergröße verändern.

5.16 FLÄCHEN UND KONTURFARBE

Im Modedesign werden überwiegend technische Zeichnungen und Mode- Illustrationen mit Adobe Illustrator erstellt. Einem Objekt kann eine Kontur ohne **Flächenfarbe** zugewiesen werden (z.B. eine schwarz/ weiß technische Zeichnung) oder auch ein Muster mit **Flächenfarbe** aber ohne **Kontur** (z.B. Rapport für ein Karomuster). Einem Objekt kann aber auch beides **Kontur** und **Flächenfarbe** zugewiesen werden (z.B. eine farbige technische Zeichnung/ Illustration).

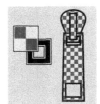

Kontur: „Schwarz"
Flächenfarbe: „ohne"

Kontur: „ohne"
Flächenfarbe: „Schwarz"

Kontur: „Schwarz"
Flächenfarbe: mit „Muster" gefüllt

Eine Fläche in einem Objekt kann entweder eine Farbe, ein Muster oder ein Verlauf sein. Der sichtbare Umriss eines Objekts ist eine Kontur. Kontur kann aber auch die Kante einer interaktiven Malgruppe oder ein Pfad sein.

Einer Kontur können verschiede Stärken, Farben und Muster zugewiesen werden. Auf Konturen (Pfade) können Sie auch verschiedene Musterpinsel anwenden (z.b. Overlocknaht, Blindstich usw.)

Flächen (Farbe, Muster, Verlauf) können sowohl auf offene als auch auf geschlossene Objekte sowie auf Teilflächen von interaktiven Malgruppen angewendet werden.

Fläche ist aktiviert   **Kontur ist aktiviert**

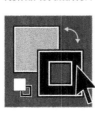

Möglichkeit 1:
Um eine Flächen- oder Kontur- Farbe einzustellen doppelklicken Sie mit der linken Maustaste im **Werkzeugbedienfeld** entweder auf Fläche oder Kontur.

Möglichkeit 2:
Um Farben oder *Muster* für eine Fläche oder Kontur einzustellen wählen Sie **Fenster > Farbfelder**

Achten Sie immer während der Arbeit darauf, ob bei Änderung einer Farbe „Fläche" oder „Kontur" aktiviert ist (im Vordergrund sich befinden). Denn wenn Sie vorhaben Konturfarbe zu ändern, aber die „Fläche" im Vordergrund ist, dann wird die Flächen- und nicht die Konturfarbe geändert. **Taste X stellt Fläche oder Kontur in den Vordergrund.**

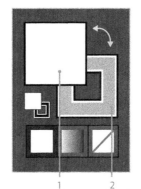
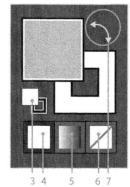

1. Bei *Einfachklick (linke Maustaste)* wird die Fläche in den Vordergrund geholt, dann **Fenster > Farbfelder** öffnen und eine Farbe/Muster auswählen. Bei einem *Doppelklick* wird **Farbwähler** geöffnet, hier können Sie Farben individuell mischen.

2. Bei einem *Einfachklick (linke Maustaste)* wird die Kontur in den Vordergrund geholt, dann **Fenster > Farbfelder** öffnen und eine Farbe/Muster auswählen. Bei einem *Doppelklick* wird **Farbwähler** geöffnet, hier können Sie Farben individuell mischen.

Unter **Fenster > Farbfeldbibliotheken > ...** können Sie viele interessante **Farbfelder** finden (nach Themen zusammengestellt). Die ausgewählte Farbe aus einem dieser Farbfelder wird automatisch in das Farbfeld des Dokumentes kopiert.

3. Standardeinstellung für Fläche und Kontur (S/W) werden aktiviert (D).

4. Aktiviert die zuletzt ausgewählte Füllfarbe auf ein Objekt mit einer Verlaufsfläche oder ein Objekt ohne Flächenfarbe oder Konturfarbe (,) .

5. Aktiviert den S/W Verlauf (.) .

6. Deaktiviert Flächenfarbe oder Konturfarbe des ausgewählten Objektes (#) .

7. Flächen und Konturfarbe wird umgetauscht (Shift + X).

5.17 VERSCHIEDENE FLÄCHEN UND KONTURFARBEN EINSTELLUNGEN

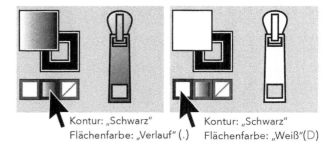

Kontur: „Schwarz"
Flächenfarbe: „Verlauf" (.)

Kontur: „Schwarz"
Flächenfarbe: „Weiß"(D)

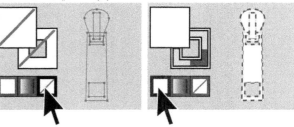

Kontur: „ohne" (#)
Flächenfarbe: „ohne" (#)

Kontur: mit einem „Muster" gefüllt
Flächenfarbe: „Weiß"

5.18 EBENEN

Um den Überblick über alle Objekte im Dokument zu behalten, wird „Ebenen" Bedienfeld verwendet. Jedes Dokument kann z.B. hunderte Objekte wie Pfade, Formen, Ankerpunkte usw. enthalten, für jedes Objekt wird automatisch eine neue „Unterebene" in einer „Ebene" geschaffen. Da die Auswahl von bestimmten Bildmaterial schwieriger wird, wenn z.B. mehrere Kopien übereinander liegen oder kleinere Elemente von größeren verdeckt werden, wird empfohlen mit mehreren Ebenen zu arbeiten. Dadurch können Sie die Ordnung des Bildmaterials viel leichter steuern und die Stapelreihenfolge der Objekte ändern.
Sie können auch nachträglich Objekte zwischen Ebenen verschieben. Über das Ebenenbedienfeld können Sie die Objekte auswählen, ausblenden, sperren und ändern.

Öffnen Sie **Fenster > Ebenen**

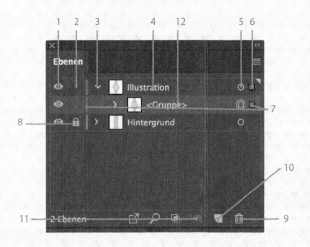

1. **Sichtbarkeitsspalte:** Zeigt an, ob Elemente in den Ebenen sichtbar oder ausgeblendet sind.
2. **Bearbeitungsspalte:** Zeigt an, ob Elemente gesperrt (Schlosssymbol wird angezeigt) oder entsperrt sind.
3. Ebene aufklappen (Unterebenen werden sichtbar) oder zuklappen.
4. Ebenenname bzw. Unterebenenname

5. **Zielspalte:** Objekte wurden als Ziel für das Anwenden von Effekten und Bearbeiten von Attributen im Aussehenbedienfeld ausgewählt > ◎   oder wurden nicht ausgewählt > ○
6. **Auswahlspalte:** Zeigt an, ob ein Objekt ausgewählt ist oder nicht. Bei „ausgewählt" wird die Ebenenfarbe angezeigt.
7. **Ebenenfarbe:** Jede Ebene erhält automatisch eine eigene Farbe. Doppelklicken Sie auf das Farbfeld, um die Farbe zu ändern.
8. Ebene ist gesperrt.
9. Ebene bzw. Unterebene löschen.
10. Eine neue Ebene erstellen.
11. Eine neue Unterebene erstellen (nur wenn eine Ebene aktiviert ist).
12. Eine Unterebene wird als „<Gruppe>" angezeigt, mehrere Elemente sind gruppiert.

Alle Ebenen bzw. Unterebenen können frei durch klicken und ziehen mit der Maus verschoben werden.

Ebenen Aufteilung am Beispiel einer Illustration

 Wenn Sie versuchen auf einer Ebene zu arbeiten und es erscheint folgendes Symbol 🖉, dann ist diese Ebene gesperrt. Sie müssen die Ebene entsperren (auf das Schlosssymbol klicken) bevor Sie weiterarbeiten können.

5.19 VEKTORGRAFIK

Linien und Kurven in Illustrator sind Vektorobjekte, die durch mathematische Berechnungen definiert werden. Eine Vektorgrafik ist auflösungsunabhängig, deshalb können Sie alle Objekte beliebig verschieben, verändern (z.b. verkleinern, vergrössern, Kopieren usw.), die Qualität der Grafik wird nicht verändert. Die Qualität der Grafik bleibt auch unverändert, wenn das Dokument als PDF gespeichert wird.

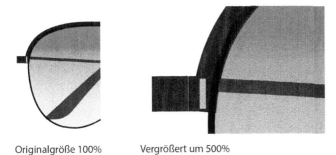

Originalgröße 100%   Vergrößert um 500%

5.20 PFADE

Linien werden in Illustrator überwiegend mit **Zeichenstiftwerkzeug** (P) erstellt. Linien werden als Pfade bezeichnet und haben gekrümmte oder gerade Segmente. Segmente bestehen aus Punkten, diese werden als Ankerpunkte bezeichnet.

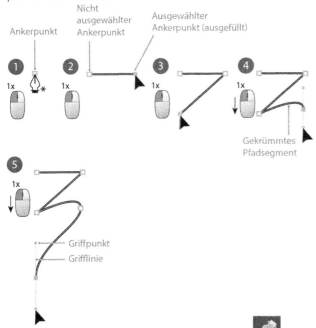

Wählen Sie das **Zeichenstift-Werkzeug** (P) aus.

Schritt 1. Zeichenstift-Werkzeug (P) auf eine beliebige Stelle in der Zeichenfläche an der die Linie beginnen soll platzieren, und mit der linken Maustaste klicken (nicht ziehen!), um den ersten Ankerpunkt zu definieren. (Der Pfad wird erst sichtbar, wenn Sie einen zweiten Ankerpunkt durch Klicken erstellen).

Schritt 2. Klicken Sie erneut an der Stelle, an der die Linie enden soll (bei gedrückter Umschalttaste (**Shift**), wird der Winkel des Pfades auf 45° eingeschränkt).

Schritt 3. Setzen Sie durch einen weiteren Klick einen Ankerpunkt.

Schritt 4. Positionieren Sie das Werkzeug an der Stelle, an der die Kurve beginnen soll, halten Sie die linke Maustaste gedrückt und ziehen Sie mit dem Mauszeiger (erst dann loslassen, wenn Sie mit der Kurve zufrieden sind). Bei gedrückter Umschalttaste (Shift), wird der Winkel des Pfades auf 45° eingeschränkt.

Der Zeiger des Zeichenstift-Werkzeugs wird dabei zu einer Pfeilspitze.

Sie können auch die Grifflinie von beiden Seiten durch Ziehen an den Griffpunkten anpassen.

Schritt 5. Positionieren Sie das Werkzeug an der Stelle, an der die Kurve weitergehen soll, und halten Sie die linke Maustaste gedrückt. Bei gedrückter Umschalttaste, wird wieder der Winkel des Pfades auf 45° eingeschränkt).

Pfade können geöffnet oder geschlossen sein (siehe Beispiel).

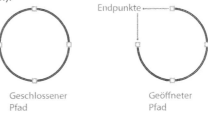

Geschlossener Pfad   Geöffneter Pfad

Wenn Sie an den Griffpunkten einer Grifflinie ziehen, drehen oder das Pfadsegment mit Direktauswahl-Werkzeug ziehen, wird die Form des Pfads veräderrt. Die Form und Größe der Kurvensegmente bestimmt den Winkel und Länge einer Richtungslinie.

Pfade haben zwei Arten von Ankerpunkten: **Übergangspunkte** und **Eckpunkte** (siehe Beispiel unten). An einem Übergangspunkt werden Pfadsegmente zu einer durchgehenden Kurve verbunden, an einem Eckpunkt wird die Richtung eines Pfads verändert. Ein Übergangspunkt verbindet nur Kurvensegmente. Ein Eckpunkt verbindet sowohl gerade Segmente als auch Kurvensegmente oder beides in Kombination. Ein Übergangspunkt hat immer zwei Richtungslinien, sie werden als eine gerade Einheit gemeinsam verschoben.

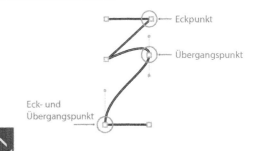

Mit dem **Ankerpunkt-Werkzeug** (Shift + C) können Sie aus einem Eckpunkt einen Übergangspunkt (Kurve) erstellen oder umgekehrt. Wenn beim Zeichnen mit dem **Zeichenstift-Werkzeug** (P) Fehler entstehen, können Sie diese jederzeit mit dem **Direktauswahl-Werkzeug** (A) und in einigen schwierigen Fällen mit dem **Ankerpunkt-Werkzeug** (Shift + C) korrigieren.

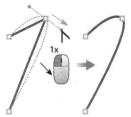
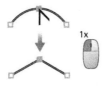
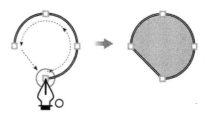

Aus einem Eckpunkt wird ein Übergangspunkt

Aus einem Übergangspunkt wird ein Eckpunkt

Der Strich eines Pfades wird als **Kontur** bezeichnet. Pfade können Muster, Farben oder Verläufe, auf ihrem Innenbereich enthalten, dieser Bereich wird als **Fläche** bezeichnet. Auf einen Pfad kann Kontur angewendet werden, die Kontur kann eine Stärke, Farbe oder ein Muster haben.

Innenbereich eines Pfades

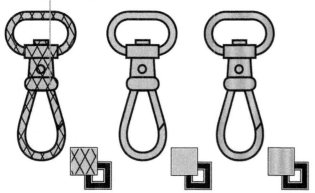

Wenn Sie einen Ankerpunkt mit dem **Direktauswahl-Werkzeug** (A) anklicken, werden Grifflinien an allen verbunden Kurvensegmente angezeigt.

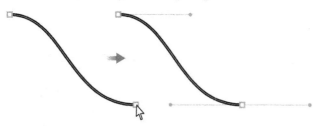

Wenn Sie das **Zeichenstift- Werkzeug** (P) über einen Anfang- oder Endpunkt eines zuvor *nicht* ausgewählten Pfads platzieren (nicht klicken) erscheint das Werkzeug mit einem Schrägstrich, das bedeutet, dass von diesem Ankerpunkt der Pfad weiter gezeichnet werden kann.

Wenn der bestehende Pfad mit einem aktuellen Pfad am Anfang- oder Endpunkt verbunden wird, erschein das **Zeichenstift- Werkzeug** (P) mit einem Rechteck.

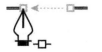

Wenn das **Zeichenstift- Werkzeug** (P) beim Zeichnen eines Pfads zum Anfangspunkt bewegt wird, erschein ein kleines Kreissymbol, das bedeutet, dass die Form mit einem Klick (linksklick) geschlossen werden kann.

Ankerpunkt-hinzufügen Werkzeug (+)

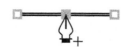

Mit **Ankerpunkt-hinzufügen Werkzeug** (+) können Sie auf einem Pfad neue Ankerpunkte hinzufügen.

Hinweis: Zeichenstift-Werkzeug (P) wird automatisch durch **Ankerpunkt-hinzufügen Werkzeug** ersetzt, wenn Sie den Mauszeiger über einen Pfad bewegen.

Ankerpunkt-löschen Werkzeug (-)

Mit **Ankerpunkt-löschen Werkzeug** (-) können Sie auf einem Pfad Ankerpunkte löschen.

Hinweis: Zeichenstift-Werkzeug (P) wird automatisch durch **Ankerpunkt-löschen Werkzeug** ersetzt, wenn Sie den Mauszeiger über einen Ankerpunkt platzieren. Es funktioniert aber **nicht** bei einem Anfangs- oder Endpunkt des Pfades!

5.21 STEUERUNGSBEDIENFELD- OPTIONEN

Wählen Sie **Fenster > Steuerung** (Standartmäßig ist immer aktiviert).
Wenn Ankerpunkte mit dem **Direktauswahl- Werkzeug** (A) ausgewählt werden, erscheint oben das Steuerungsbedienfeld. Hier können Sie verschiedene Einstellungen für Ankerpunkte festlegen, dieser Bedienfeld erfüllt einen schnellen Zugriff auf Funktionen z.B. aus der Zeichenstift-Werkzeuggruppe.

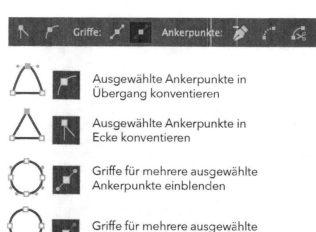

Ausgewählte Ankerpunkte in Übergang konventieren

Ausgewählte Ankerpunkte in Ecke konventieren

Griffe für mehrere ausgewählte Ankerpunkte einblenden

Griffe für mehrere ausgewählte Ankerpunkte ausblenden

Ausgewählte Ankerpunkte entfernen

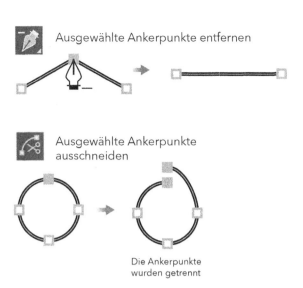

 Ausgewählte Ankerpunkte ausschneiden

Die Ankerpunkte wurden getrennt

 Ausgewählte Endpunkte ausschneiden

2 Ankerpunkte wurden zusammengefügt, entspricht dem Kurztastenbefehl:
Mac: cmd +J / PC: Strg + J

Mit dem **Liniensegment- Werkzeug** (Umschalttaste + :) werden gerade Liniensegmente gezeichnet. Im Grunde genommen werden gerade Liniensegmente fast immer mit dem **Zeichenstift-Werkzeug** (P) erstellt. Nur in seltenen Fällen wird **Liniensegment-Werkzeug** eingesetzt.
Das gleiche gilt für das **Bogenwerkzeug**, da **Zeichenstift-Werkzeug** (P) die Funktionen dieser beiden Werkzeuge schon erfüllt.

Mit dem **Buntstift-Werkzeug** (N) können Sie mit freier Hand Pfade zeichnen und bearbeiten. Sie können mit diesem Werkzeug beliebige Pfade bearbeiten z.B. erweitern, verbinden zweier Pfade, verändern der Form von Pfaden.

Nach loslassen der Maustaste wird die Linie automatisch geglättet.

Schritt 1. Linie zeichnen: **Buntstift-Werkzeug** (N) auf beliebige Stelle in der Zeichenfläche an der die Linie beginnen soll platzieren, linke Maustaste betätigen (nicht loslassen!) und den Mauszeiger bewegen, erst dann loslassen.

Form wird geschlossen (Punkte werden zusammengefügt)

Schritt 2. Geschlossene Form zeichnen: **Buntstift-Werkzeug** (N) auf beliebige Stelle in der Zeichenfläche an der die Linie beginnen soll platzieren, linke Maustaste betätigen (nicht loslassen!) und den Mauszeiger bewegen, beim Anfangspunkt ankommend, erscheint ein kleines Kreissymbol, jetzt Maustaste loslassen.

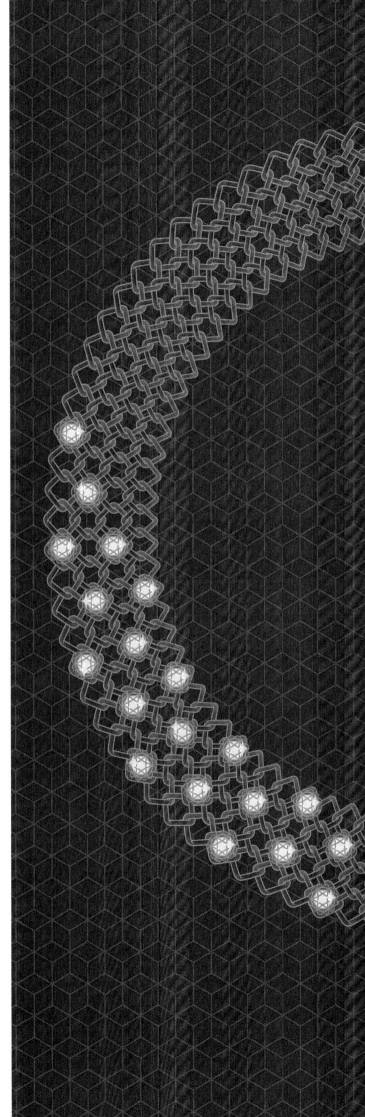

Verbinden zweier Pfade

Schritt 3. Verbinden zweier Pfade: Um zwei Pfade zu verbinden, mit dem **Auswahl-Werkzeug** (V) beide Pfade auswählen (siehe Arbeiten mit dem Auswahl-Werkzeug). Den Zeiger des Buntstift-Werkzeug auf den Anfang- oder Endpunkt (Ankerpunkt) setzten (linke Maustaste betätigen, nicht loslassen) und zum anderen Pfad (Anfang- oder Endpunkt) ziehen, dann loslassen.

Verändern der Form von Pfaden

Schritt 4. Verändern der Form von Pfaden: Um die Form eines Pfads zu ändern, wählen Sie den Pfad zuerst mit dem **Auswahl-Werkzeug** (V) aus. Den Zeiger des Buntstift-Werkzeugs auf den Pfad setzten (X Symbol am Werkzeug soll verschwinden, dann sind sie nahe genug an dem Pfad). Dann linke Maustaste betätigen (nicht loslassen) und zur gewünschten Stelle ziehen, dann Maustaste loslassen.

Mit den Optionen für das Buntstift-Werkzeug können Sie verschiedene Einstellungen für Buntstift-Werkzeug festlegen.
Auf den Buntstift-Werkzeug doppelklicken um folgende Optionen festzulegen:

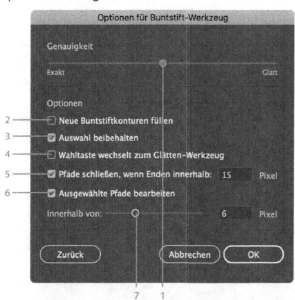

1.Genauigkeit: Je höher der Wert, desto glatter und weniger komplex ist der Pfad.
2.Neue Buntstiftkonturen: Wendet auf Buntstiftkonturen eine Füllung an.
3.Auswahl beibehalten: Nach dem Zeichnen bleibt der Pfad ausgewählt.
4.Wahltaste wechselt zum Glätten-Werkzeug: Bei der Aktivierung der **Shift** Taste wird zu Glätten-Werkzeug gewechselt.
5.Pfade schließen, wenn Enden innerhalb: Bestimmt den Abstand zwischen zwei Segmenten bei dem der Pfad geschlossen wird.
6.Ausgewählte Pfade bearbeiten: Bestimmt, ob Sie einen ausgewählten Pfad ändern können oder nicht.

7.Innerhalb von: Bestimmt, wie nahe die Maus (Pixel Abstand) an einem Pfad sein muss, um einen Pfad mit dem Buntstift-Werkzeug bearbeiten zu können.

Mit dem **Glätten-Werkzeug** können Sie Pfade glätten.

Wählen Sie zuerst den Pfad mit **Auswahlwerkzeug** (V) aus. Dann ziehen Sie das Werkzeug entlang des gesamten Pfadsegments.

Doppelklicken Sie auf das **Glätten-Werkzeug** um den Grad der Glättung zu ändern.

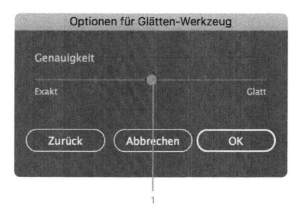

1.Genauigkeit: Je höher der Wert, desto glatter und weniger komplex ist der Pfad.

Mit dem **Schere-Werkzeug** (C) können Sie Pfade teilen.

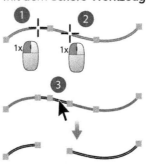

Schritt 1 und 2. Um einen Pfad zu teilen, klicken Sie an zwei Stellen auf dem Pfad.
Schritt 3. Klicken Sie mit dem **Auswahl- Werkzeug** (V) oder **Direktauswahl Werkzeug** (A) auf das Segment zwischen den beiden neuen Ankerpunkten.

Schritt 4. Betätigen Sie die Rückschritt-Taste um das ausgewählte Segment zu löschen.

Das **Schere-Werkzeug** (C) eignet sich besser um Pfade zu trennen und Segmente zu löschen als **Radiergummi-Werkzeug** (Shift+E) oder **Messer-Werkzeug**, da Radiergummi- und Messer-Werkzeuge die Form des Pfads verändern, so dass präzises Trennen nicht möglich ist.

5.22 KONTUR EINSTELLUNGEN

Im Kontur- Bedienfeld können Sie die Konturstärke einstellen, bei technischen Zeichnungen werden unterschiedliche Konturstärken verwendet um eine technische Modezeichnung ästhetischer wirken zu lassen.

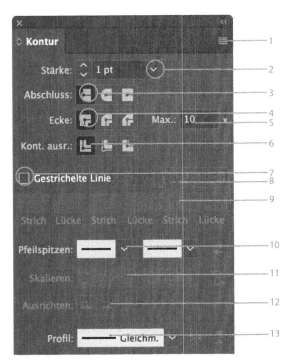

Schritt 1. Wählen Sie ein Objekt mit dem **Auswahl-Werkzeug** (V) aus (Auswahltechniken siehe Seite 30).

Schritt 2. Öffnen Sie das Kontur-Bedienfeld:
Fenster > Kontur

1. Optionen anzeigen
2. Konturstärke entspricht der Dicke der Kontur (siehe Beispiel)

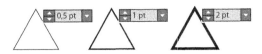

3. Bei „Abschluss" können Sie bestimmen wie der Pfad am Anfang- oder Endpunkt aussehen soll. Sie haben drei Möglichkeiten: „Abgeflacht", „Abgerundet", „Überstehend".

Bei Aktivierung der „Gestrichelten Linien" (Punkt 7) wird der eingestellte „Abschluss" automatisch auf die Linie angewendet. Wenn bei „Abschluss" „Abgerundet" eingestellt ist und der Abstand zwischen Strich und Lücke zu klein ist, besteht die Gefahr, dass nach dem Export der Zeichnung (z.B.jpg Format) „gestrichelte Linie" nicht mehr klar von einer normalen Linie zu unterscheiden ist. Was zu Missverständnis führen kann, denn „gestrichelte Linie" wird in der technischen Modezeichnung u.a. verwendet um eine einfache Steppnaht darzustellen. Deshalb stellen Sie lieber bei „Abschluss" > „Abgeflacht" ein.

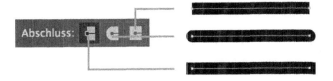

4. Bei „Ecke" können Sie bestimmen wie Ecken eines zuvor ausgewählten Pfades aussehen sollen. Sie haben drei Möglichkeiten: „Gehrungsecken", „Abgerundete Ecken", „Abgeflachte Ecken".

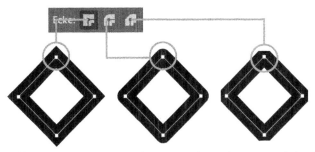

5. Die Gehrungsgrenze bestimmt (zwischen 1 und 500) wann das Programm von einer spitzen zu einer abgeflachten Ecke umschaltet. Die Standard-Gehrungsgrenze ist 10.

6. Bei „Kontur ausrichten" können Sie die Kontur entlang des Pfades ausrichten (möglich nur bei geschlossenen Objekten). Sie haben wieder drei Möglichkeiten: „Kontur mittig ausrichten", „Kontur innen ausrichten", „Kontur außen ausrichten".

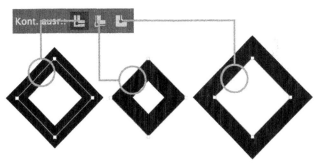

7. Einstellung „Gestrichelte Linie" wird überwiegend verwendet um bei technischen Modezeichnungen eine einfache Steppnaht darzustellen.

8. Einstellung „Länge von Strichen und Lücken exakt beibehalten" und
„Richtet Striche an Ecken und Pfaden aus"

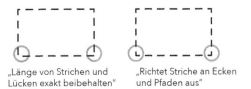

„Länge von Strichen und Lücken exakt beibehalten"   „Richtet Striche an Ecken und Pfaden aus"

Bei technischen Modezeichnungen kommen beide Einstellungen zum Einsatz.

9. Durch Eingeben der Strich- und Lückenlänge in die entsprechenden Felder wird ein Linienmuster (z.B. Steppnaht) festgelegt.

Verwenden Sie am besten abhängig von der Größe der Zeichnung folgende Einstellungen:
- Strich: **5** / Lücke: **3,5**, Strich: **3** / Lücke: **2**, Strich: **2** / Lücke: **1,5**.

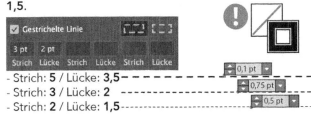

10. „Pfeilspitzen" können Sie für Bemaßungen der technischen Zeichnungen einsetzten (siehe dazu Beispiel auf Seite 44).

11. Sie können den Anfang und das Ende der Pfeilspitzen unabhängig voneinander skalieren.

12. Sie können Pfeilspitze am Pfadende platzieren.

13. Mit der Einstellung „Profil" können Sie für Kontur unterschiedliche Konturprofile einstellen, um z.B. eine Linie interessanter aussehen zu lassen.

6. FORMZEICHEN WERKZEUGE

Mit den Formzeichen-Werkzeugen können Sie z.B. eckige und abgerundete Taschen, Knöpfe, verschiedene Accessoires erstellen.

Diese Werkzeuge sind im Werkzeugbedienfeld zusammengefasst. Zur Auswahl stehen folgende Werkzeuge zur Verfügung:

- **Rechteck- Werkzeug** (M)

- **abgerundetes Rechteck- Werkzeug**

- **Ellipse- Werkzeug** (L)

- **Polygon- Werkzeug**

- **Stern- Werkzeug**

- **Blendenflecke- Werkzeug**

Die Werkzeuge sind zu einer gemeinsamen Gruppe zusammengefasst, klicken Sie auf die Gruppe mit der linken Maustaste und halten Sie die Taste ca. 1 Sekunde lang gedrückt, dann wird die Gruppe geöffnet und Sie haben Zugriff auf andere Werkzeuge. Übringens gilt es für alle Werkzeuge mit einem kleinen Dreieck unten rechts.

6.1 RECHTECK- WERKZEUG

Mit dem **Rechteck- Werkzeug** (M) werden Quadrate und Rechtecke gezeichnet.
Wählen Sie das Recheck- Werkzeug aus und stellen Sie die Konturfarbe „Schwarz" und Flächenfarbe „ohne" ein.

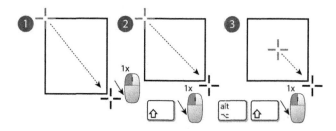

Schritt 1. Um ein Rechteck zu zeichnen, ziehen Sie den Mauszeiger (wird als Kreuz angezeigt) bei gedrückter linken Maustaste in diagonaler Richtung, bis das Rechteck die gewünschte Form und Größe annimmt.
Schritt 2. Um ein Quadrat zu zeichnen, halten Sie die **Shift** Taste gedrückt und ziehen Sie den Mauszeiger bei gedrückter linken Maustaste in diagonaler Richtung, bis das Quadrat die gewünschte Größe annimmt.

Schritt 3. Um ein Quadrat von der Mitte aus zu zeichnen, halten Sie die **alt + Shift** Taste gedrückt und ziehen Sie den Mauszeiger bei gedrückter linken Maustaste in diagonaler Richtung, bis das Quadrat die gewünschte Größe annimmt.

Wenn ein Rechteck durch Eingabe von Werten erstellt werden soll, klicken Sie auf eine beliebige Stelle im Dokument, im Optionsfenster legen Sie die Breite und Höhe fest, dann auf „OK" klicken.
Ab Version **„Illustrator CC"** können Sie aus einem Rechteck ein abgerundetes Rechteck oder einen Kreis erstellen.

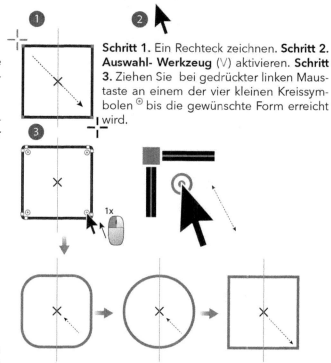

Schritt 1. Ein Rechteck zeichnen. **Schritt 2.** Auswahl- Werkzeug (V) aktivieren. **Schritt 3.** Ziehen Sie bei gedrückter linken Maustaste an einem der vier kleinen Kreissymbolen bis die gewünschte Form erreicht wird.

6.2 ABGERUNDETES RECHTECK- WERKZEUG

Das **abgerundete Rechteck- Werkzeug** kommt zum Einsatz beim Zeichnen von abgerundeten Taschenformen, Gürtelschnallen usw.
Wählen Sie das abgerundete Recheck- Werkzeug aus und stellen Sie die Konturfarbe „Schwarz" und Flächenfarbe „ohne" ein.

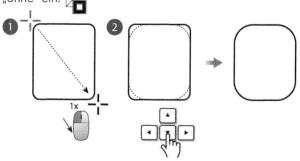

Schritt 1. Um ein abgerundetes Rechteck zu zeichnen, ziehen Sie den Mauszeiger bei gedrückter linken Maustaste in diagonaler Richtung, bis das Rechteck die gewünschte Form und Größe annimmt.
Schritt 2. Die linke Maustaste *nicht* loslassen und die Tastatur Pfeiltasten klicken (▲ erhöht die Rundung, ▼ verringert die Rundung).
Bei zusätzlich gedrückter **Shift** Taste wird ein gleichschenkliges Viereck gezeichnet und bei gedrückter **alt** Taste wird von der Mitte aus gezeichnet. Bei **alt + Shift** wird von der Mitte aus ein gleichschenkliges Viereck gezeichnet.

Sie können auch jede Ecke individuell abrunden.

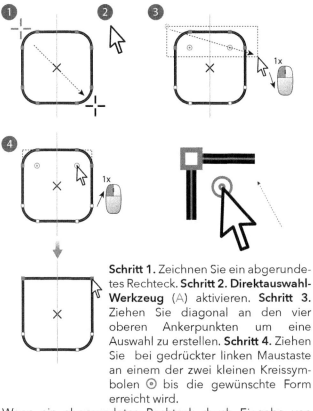

Schritt 1. Zeichnen Sie ein abgerundetes Rechteck. **Schritt 2. Direktauswahl-Werkzeug** (A) aktivieren. **Schritt 3.** Ziehen Sie diagonal an den vier oberen Ankerpunkten um eine Auswahl zu erstellen. **Schritt 4.** Ziehen Sie bei gedrückter linken Maustaste an einem der zwei kleinen Kreissymbolen ⊙ bis die gewünschte Form erreicht wird.

Wenn ein abgerundetes Rechteck durch Eingabe von Werten erstellt werden soll, klicken Sie mit dem **abgerundete Rechteck- Werkzeug** auf eine beliebige Stelle im Dokument, im Optionsfenster legen Sie die Breite, Höhe und Eckenradius fest, dann mit „OK" bestätigen.

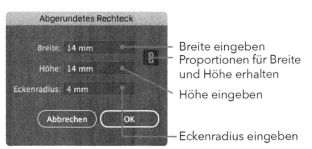

6.3 ELLIPSE- WERKZEUG

Mit dem **Ellipse- Werkzeug** (L) werden Kreise und Ellipsen gezeichnet. Das **Ellipse- Werkzeug** kommt zum Einsatz beim Zeichnen von Knöpfen, verschiedenen Metall-Elementen usw.
Wählen Sie das Ellipse- Werkzeug aus und stellen Sie die Konturfarbe „Schwarz" und Flächenfarbe „ohne" ein.

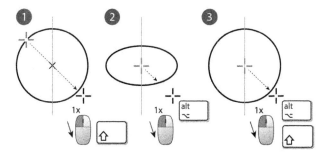

Schritt 1. Um eine Ellipse zu zeichnen, ziehen Sie den Mauszeiger bei gedrückter linken Maustaste in diagonaler Richtung, bis die Ellipse die gewünschte Form und Größe aufweist. Um einen Kreis zu zeichnen, halten Sie die **Shift** Taste gedrückt und ziehen Sie den Mauszeiger bei gedrückter linken Maustaste in diagonaler Richtung.
Schritt 2. Bei Aktivierung der **alt** Taste wird die Ellipse von der Mitte aus gezogen.
Schritt 3. Um einen Kreis proportional von der Mitte aus zu zeichnen, halten Sie die **alt + Shift** Taste gedrückt und ziehen Sie den Mauszeiger bei gedrückter linken Maustaste in diagonaler Richtung, bis die Ellipse die gewünschte Größe annimmt.

6.4 POLYGON- WERKZEUG

Wählen Sie das **Polygon- Werkzeug** aus und stellen Sie die Konturfarbe „schwarz" und Flächenfarbe „ohne" ein.

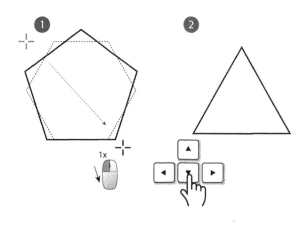

Schritt 1. Ziehen Sie den Mauszeiger bei gedrückter linken Maustaste im Uhr- oder gegen Uhrzeigersinn, bis das Polygon die gewünschte Form und Größe annimmt.
Schritt 2. Die linke Maustaste *nicht* loslassen und die Tastatur Pfeiltasten klicken (die Anzahl der Seiten im Polygon erhöhen ▲, die Anzahl der Seiten im Polygon verringern ▼).
Bei zusätzlich gedrückter **Shift** Taste wird das Objekt im 90° Winkel ausgerichtet und bei gedrückter **alt** Taste wird von der Mitte aus gezeichnet.

Sie können auch ein Polygon durch Eingabe von Werten erstellen. Klicken Sie auf eine beliebige Stelle im Dokument, wählen Sie den Radius und die Anzahl der Seiten für das Polygon aus und klicken Sie auf „OK".

6.5 STERN- WERKZEUG

Wählen Sie das **Stern- Werkzeug** aus und stellen Sie die Konturfarbe „schwarz" und Flächenfarbe „ohne" ein.

Schritt 1. Ziehen Sie den Mauszeiger bei gedrückter linken Maustaste im Uhr- oder gegen Uhrzeigersinn, bis der Stern die gewünschte Form und Größe annimmt.
Schritt 2. Die linke Maustaste *nicht* loslassen und die Tastatur Pfeiltasten klicken (die Anzahl der Zacken des Sterns erhöhen ▲, die Anzahl der Zacken des Sterns verringern ▼).
Bei zusätzlich gedrückter **Shift** Taste wird das Objekt im 90° Winkel ausgerichtet.

Sie können auch ein Stern durch Eingabe von Werten erstellen. Klicken Sie auf eine beliebige Stelle im Dokument, unter „Radius 1" wird die Entfernung zwischen der Mitte und den inneren Punkten des Sterns eingegeben, und unter „Radius 2" wird die Entfernung zwischen der Mitte und den äußeren Punkten des Sterns eingegeben. Unter „Zacken" können Sie die gewünschte Anzahl der Zacken eingeben. Bestätigen Sie Ihre Eingaben mit „OK".

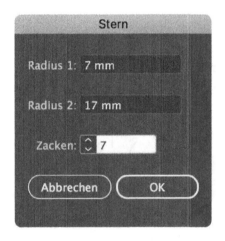

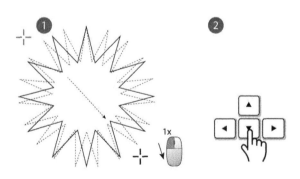

7. AUSWAHLWERKZEUGE

Um ein Objekt (Form, Kontur, Farbe, Ankerpunkt usw.) in Adobe Illustrator zu verändern, muss es zuvor ausgewählt sein.

Dafür stehen verschiedene Auswahltechniken zur Verfügung.

Unter Menüpunkt Ansicht müssen folgende Punkte immer aktiviert werden: **Ansicht > Ecken einblenden** und **Ansicht >Begrenzungsrahmen einblenden**.

Auswahlwerkzeuge

Es stehen Ihnen fünf Auswahlwerkzeuge zur Verfügung:

1. **Auswahl-Werkzeug** (V)

2. **Direktauswahl-Werkzeug** (A)

3. **Gruppenauswahl-Werkzeug**

4. **Lasso-Werkzeug** (Q)

5. **Zauberstab-Werkzeug** (Y)

Überwiegend zum Einsatz kommt das Auswahl-Werkzeug und das Direktauswahl-Werkzeug

1. Auswahl-Werkzeug (V)
Mit dem Auswahl-Werkzeug können Sie nur das ganze Objekt oder Objektgruppe auswählen. Es werden also alle Punkte des Objektes ausgewählt.
Überwiegend wird Auswahl-Werkzeug verwendet um ganze Objekte zu transformieren, zu verschieben und zu löschen.

2. Direktauswahl-Werkzeug (A)
Mit dem Direktauswahl-Werkzeug können Sie präzise einzelne Ankerpunkte eines Objektes oder Objektgruppe auswählen. Es können also einzelne Punkte des Objektes ausgewählt werden.
Überwiegend wird das Direktauswahl-Werkzeug verwendet um Korrekturen an Objekten (Pfaden) vorzunehmen, einzelne Punkte zu löschen oder Fragmente eines Pfades zu kopieren.

3. Gruppenauswahl-Werkzeug
Mit dem Gruppenauswahl-Werkzeug können Sie einzelne Objektes in einer Objektgruppe auswählen. Es werden immer alle Punkte eines Objektes ausgewählt.

4. Lasso-Werkzeug (Q)
Mit dem Lasso-Werkzeug können Sie präzise einzelne Punkte eines Objektes oder Objektgruppe auswählen. Lasso-Werkzeug erfüllt die gleichen Funktionen wie das Direktauswahl-Werkzeug. Überwiegend kommt zum Einsatz bei sehr komplizierten Objekten, wenn die Auswahl mit einem Rechteck (Direktauswahl-Werkzeug) schwer fällt.

5. Zauberstab-Werkzeug (Y)
Mit dem Zauberstab-Werkzeug können Sie Objekte mit ähnlicher Flächenfarbe, Konturfarbe, Konturstärke auswählen. Mit einem Doppelklick auf das Werkzeug können Sie im Optionsfenster die Toleranz für die Auswahl einstellen.

7.1 AUSWAHLTECHNIKEN

Gesamte Objekte mit dem Auswahl-Werkzeug (V) auswählen.

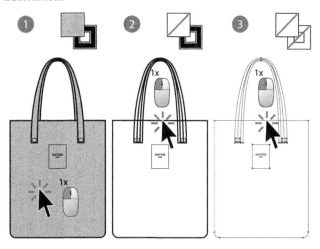

Schritt 1. Um das ganze Objekt auszuwählen, klicken Sie mit der linken Maustaste auf die Flächenfarbe des Objektes (Maustaste drücken und loslassen).

Schritt 2. Um das ganze Objekt auszuwählen, klicken Sie mit der linken Maustaste auf die Konturfarbe des Objektes (Maustaste drücken und loslassen).

Schritt 3. Um das ganze Objekt auszuwählen, klicken Sie auf den Pfad des Objektes, wenn keine Kontur oder Flächenfarbe vorhanden ist, aktivieren Sie die Pfadansicht: **Ansicht > Pfadansicht** (cmd + Y / Strg + Y)

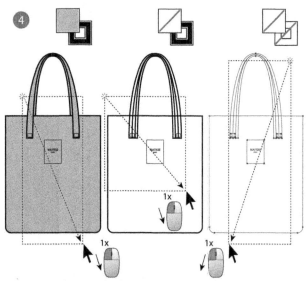

Wie der Auswahlrahmen mit dem Auswahl-Werkzeug gezogen wird, spielt keine Rolle. Im Endergebnis wird das gesamte Objekt (alle einzelne Objekte) ausgewählt.

Schritt 4. Mit dem Auswahl-Werkzeug können Sie ein Auswahlrechteck bei gedrückter linken Maustaste um das Objekt ziehen. Der Auswahlrechteck kann das Objekt nur an einer Stelle berühren, muss also nicht über das ganze Objekt gezogen werden. (Maustaste drücken, ziehen und loslassen).

Einzelne Ankerpunkte mit dem **Direktauswahl-Werkzeug** (A) auswählen.

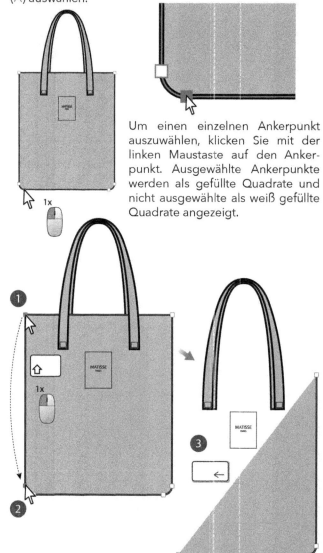

Um einen einzelnen Ankerpunkt auszuwählen, klicken Sie mit der linken Maustaste auf den Ankerpunkt. Ausgewählte Ankerpunkte werden als gefüllte Quadrate und nicht ausgewählte als weiß gefüllte Quadrate angezeigt.

Schritt 1. Um den ersten Ankerpunkt auszuwählen, klicken Sie mit der linken Maustaste auf einen Ankerpunkt.
Schritt 2. Shift Taste betätigen (nicht loslassen) und einen weiteren Ankerpunkt anklicken.
Schritt 3. Rückschritt-Taste (oder **entf./delete** Taste) klicken um ausgewählte Ankerpunkte zu löschen (der Pfad, der durch die Verbindung der Ankerpunkte entsteht, wird gelöscht).

Einzelne Ankerpunkte mit dem Lasso-Werkzeug (Q) auswählen.

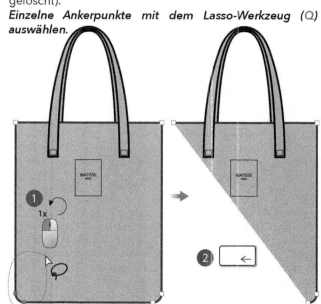

Schritt 1. Um einen einzelnen oder mehrere Ankerpunkte auszuwählen, bewegen Sie die Maus bei gedrückter linken Maustaste um die Ankerpunkte die ausgewählt werden sollen.
Schritt 2. Rückschritt-Taste klicken um ausgewählte Ankerpunkte zu löschen (der Pfad, der durch die Verbindung der Ankerpunkte entsteht, wird gelöscht).

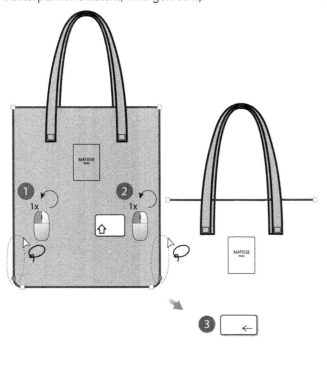

Je höher der Toleranzwert, desto mehr Objekte mit einer ähnlichen z.B. Flächenfarbe werden ausgewählte.

Objekte im Ebenen- Bedienfeld auswählen.

Öffnen Sie Ebenen- Bedienfeld: **Fenster > Ebenen**
Wird auf den Kreis geklickt, der neben der Ebenen- oder Unterebenenname sich befindet, so werden alle Objekte auf dieser Ebene oder Unterebene ausgewählt.

Wenn Sie bei der Auswahl im Ebenen- Bedienfeld zusätzlich die **Shift** Taste gedrückt halten und weitere Kreise anklicken, haben Sie die Möglichkeit weitere Ebenen und Unterebenen zur bestehenden Auswahl hinzuzufügen.

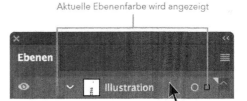

Doppelklicken Sie auf die Ebenen- Vorschau um die Auswahlfarbe dieser Ebene zu ändern.

Schritt 1. Um einen einzelnen oder mehrere Ankerpunkte auszuwählen, bewegen Sie den Mauszeiger bei gedrückter linken Maustaste um die Ankerpunkte die ausgewählt werden sollen.
Schritt 2. Shift Taste betätigen (nicht loslassen) und einen weiteren Ankerpunkt auswählen.
Schritt 3. Rückschritt-Taste betätigen um ausgewählte Ankerpunkte zu löschen (der Pfad, der durch die Verbindung der Ankerpunkte entsteht, wird gelöscht).

Wird die **Shift** Taste nicht gedrückt, wird die vorherige Auswahl deaktiviert.

Mit dem **Zauberstab-Werkzeug** (Y) können Sie ähnliche Objekte auswählen.

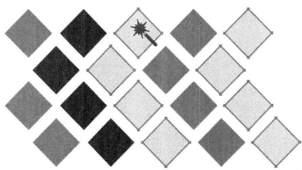

Klicken Sie mit dem Zauberstab-Werkzeug auf ein Objekt, wenn es im Dokument Objekte mit ähnlicher „Flächenfarbe" gibt, werden diese ausgewählt.
Um die Objekte anhang der Konturfarbe, Konturstärke, Deckkraft oder Füllmethode auszuwählen, doppelklicken Sie auf das Zauberstab-Werkzeug (Optionsfenster wird geöffnet).

Weitere Auswahltechniken.

Sie haben auch weitere Möglichkeiten Objekte auszuwählen:
Auswahl >Gleich ... und **Auswahl > Objekt ...**
Hier werden verschiedene Möglichkeiten angeboten Objekte z.B. nach Füllmethode, Pinselkonturen, Schnittmaske usw. auszuwählen.
Diese Auswahlmöglichkeiten sind sehr präzise (es gibt keine Toleranzeinstellung wie beim Zauberstab-Werkzeug).

Bei der Auswahl von Objekten, die unterschiedliche Flächen- bzw. Konturfarben haben, erscheint ein Fragezeichen um Uneinheitlichkeit der Farben zu markieren (siehe Beispiel).

Objekte und einzelne Ankerpunkte verschieben.

Mit dem **Auswahl-Werkzeug** (V) können Sie gesamte Objekte verschieben: Bei gedrückter linken Maustaste ziehen Sie das Objekt in eine beliebige Richtung.

Alternativ können Sie die Pfeiltasten benutzen (das Objekt muss aber vorher mit dem Auswahl-Werkzeug ausgewählt werden).

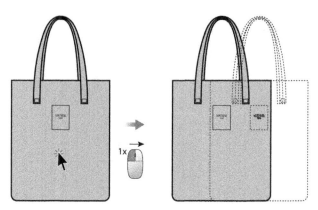

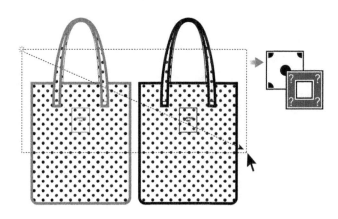

Mit dem **Direktauswahl-Werkzeug** (A) können Sie einzelne Ankerpunkte verschieben: Platzieren Sie das Werkzeug über einen Ankerpunkt, klicken Sie den Punkt an, linke Maustaste nicht loslassen und ziehen Sie mit dem Mauszeiger.

Alternativ können Sie die Pfeiltasten benutzen (die Ankerpunkte müssen aber vorher mit dem Direktauswahl- Werkzeug ausgewählt werden).

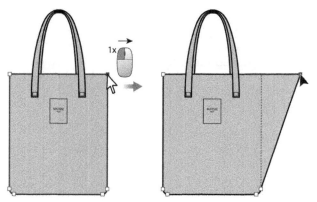

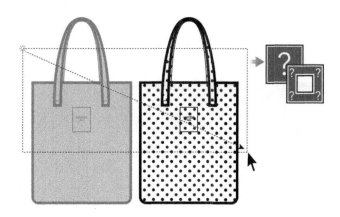

7.2 OBJEKTE KOPIEREN

Aufheben einer Auswahl

Möglichkeit 1:
Um eine Auswahl aufzuheben, klicken Sie mit dem **Auswahl-Werkzeug** (V) oder **Direktauswahl- Werkzeug** (A) (linke Maustaste) auf die leere Zeichenfläche.

Möglichkeit 2:
Aktivieren Sie den folgenden Tastenkurzbefehl:
Mac: **cmd + Shift + A** Taste / PC: **Strg + Shift + A** Taste

Möglichkeit 3:
Auswahl > Auswahl aufheben.

 Bevor Sie beginnen ein neues Objekt (Pfad) zu zeichnen, ist es immer besser die Auswahl des vorherigen Objektes aufzuheben!

Adobe Illustrator verfügt über eine Vielzahl verschiedener Möglichkeiten Objekte zu duplizieren (Kopieren und Einfügen).

Möglichkeit 1:

Es wird überwiegend der Befehl „Erzeugen einer platzidentischen Kopie" eingesetzt. Das Duplikat wird in diesem Fall oberhalb des Ursprungsobjektes erzeugt.

Zuerst muss das Objekt ausgewählt werden.
Dann aktivieren Sie den folgenden Tastenkurzbefehl:
cmd + C / Strg + C (Bearbeiten > Kopieren)

Dann **Bearbeiten > Davor Einfügen: cmd + F / Strg + F**

Das Duplikat wird platzidentisch auf das Ursprungsobjekt gelegt, dadurch ist nicht deutlich erkennbar ob ein Duplikat vorhanden ist.
Im **Ebenen-Bedienfeld** ist es aber sichtbar, da für jedes Duplikat eine neue Unterebene erzeugt wird.

zwei Duplikate liegen übereinander

Möglichkeit 2:

Sie haben auch die Möglichkeit das Duplikat platzidentisch hinter das Ursprungsobjekt einzufügen.
Bearbeiten > Kopieren: cmd + C / Strg + C
Bearbeiten > Dahinter Einfügen: cmd + B / Strg + B

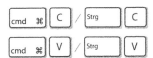

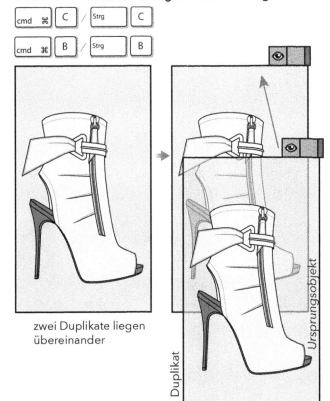

zwei Duplikate liegen übereinander

Möglichkeit 3:

Sie haben die Möglichkeit das Duplikat an einer versetzten Stelle einzufügen (wird aber selten eingesetzt, da dieser Kopiervorgang ungenau ist).
Bearbeiten > Kopieren: cmd + C / Strg + C
Bearbeiten > Einfügen: cmd + V / Strg + V

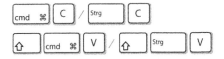

Möglichkeit 4:

Sie haben die Möglichkeit das Duplikat an der Originalposition einzufügen. Diese Kopiermethode ist identisch mit „Davor einfügen".
Bearbeiten > Kopieren: cmd + C / Strg + C
Bearbeiten > An Originalposition einfügen:
Shift + cmd + V / Shift + Strg + V

Möglichkeit 5:

Sie haben die Möglichkeit das Duplikat mit der Maus durch ziehen zu erzeugen (Drag&Drop Verfahren).

Dafür drücken Sie die **alt** Taste (während des Vorgangs nicht loslassen) und ziehen Sie das Objekt bei gedrückter linken Maustaste mit dem **Auswahl-Werkzeug** (V). An einem möglichen Ziel lassen Sie **zuerst die Maustaste los und erst dann die alt Taste** (siehe Beispiel A).

Wenn Sie dabei zusätzlich die **Shift**-Taste gedrückt halten, wird das Duplikat senkrecht oder waagerecht am Ursprungsobjekt ausgerichtet (siehe Beispiel B).

A   B

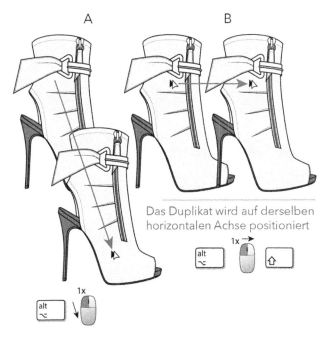

Das Duplikat wird auf derselben horizontalen Achse positioniert

Beim Kopieren wird der Auswahl-Werkzeugpfeil durch einen Doppelpfeil ersetzt.

Möglichkeit 6:

Sie haben die Möglichkeit mit Pfeiltasten ein Duplikat zu erzeugen.

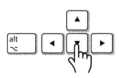

Wählen Sie ein Objekt aus, drücken Sie die **alt** Taste (während des Vorgangs nicht loslassen), Pfeiltaste drücken und loslassen, dann die alt Taste loslassen.

Möglichkeit 7:

Sie haben die Möglichkeit Duplikate über Ebenen-Bedienfeld zu erstellen.
Öffnen Sie das Ebenen- Bedienfeld **Fenster > Ebenen**
Das Objekt sollte nicht ausgewählt sein.

Schritt 1. Ebene bzw. Unterebene auswählen.
Schritt 2. Aktivieren Sie das Begleitmenü.
Schritt 3. Klicken Sie auf „..." duplizieren.

7.3 OBJEKTE SPIEGELN UND GLEICHZEITIG KOPIEREN

Mit dem **Spiegeln-Werkzeug** (O) werden Objekte entlang einer festen Achse gespiegelt. Das Objekt wird an einer festgelegten unsichtbaren Achse gespiegelt. Sie haben auch die Möglichkeit Objekte mit dem Menübefehl „Spiegeln" **Objekt > Transformieren > Spiegeln** zu spiegeln. Bei technischen- Modezeichnungen wird viel mit Spiegeln-Werkzeug gearbeitet, da in den meisten Fällen nur eine Hälfte der technischen Zeichnung erstellt wird und danach eine gespiegelte „Kopie" davon erzeugt wird.

Schritt 1. Wählen Sie mit dem **Auswahl-Werkzeug** (V) ein oder mehrere Objekte aus.

Schritt 2. Aktivieren Sie das **Spiegeln-Werkzeug** (O) (es befindet sich in einer gemeinsamen Gruppe mit dem Drehen-Werkzeug). Der Cursor wird in ein Fadenkreuz -¦- umgewandelt. Betätigen Sie die **alt** Taste (nicht loslassen) und klicken Sie mit der linken Maustaste auf die Stelle wo die Spiegelachse sein soll (es wird ein Dialogfenster geöffnet), dann **alt** Taste und Maustaste loslassen.

Schritt 3. Im Dialogfenster wählen Sie die Option „Vertikal" und klicken Sie auf „Kopieren". Aktivieren Sie grundsätzlich immer die „Vorschau" um das Ergebnis sofort zu sehen.
Hinweis: Wenn das Objekt Horizontal gespiegelt werden soll, dann wählen Sie die Option „Horizontal".

Bevor das Objekt gespiegelt wird, muss es immer mit dem **Auswahl-Werkzeug** (V) ausgewählt werden! Wenn Sie z.B. versuchen nach Erstellen des letzten Ankerpunktes sofort zu spiegeln, dann wird nur dieser einzelner Ankerpunkt gespiegelt und nicht das ganze Objekt.
Siehe weitere Informationen zu „Fehler- Checkliste" unter: www.dimitridesign.org/tutorials

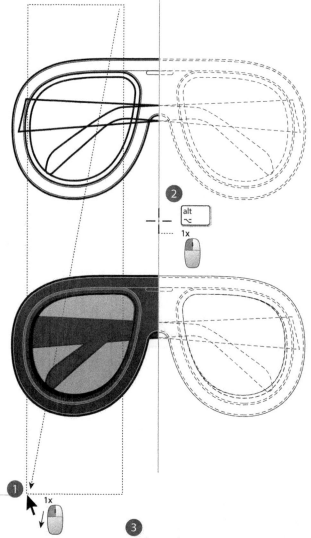

7.4 DREHEN- WERKZEUG

Mit dem **Drehen-Werkzeug** (R) werden Objekte um einen festen Punkt gedreht. Sie haben auch die Möglichkeit Objekte gleichzeitig zu drehen und zu kopieren.

Schritt 1. Wählen Sie mit dem **Auswahl-Werkzeug** (V) ein oder mehrere Objekte aus.
Schritt 2. Aktivieren Sie das **Drehen-Werkzeug** (R) (es befindet sich in einer gemeinsamen Gruppe mit dem Spiegeln-Werkzeug). Der Cursor wird durch ein Fadenkreuz –¦– ersetzt. Betätigen Sie die **alt** Taste (nicht loslassen) und klicken Sie mit der linken Maustaste auf die Stelle wo die Drehachse sein soll (es wird ein Dialogfenster geöffnet), dann die **alt** und Maustaste loslassen.
Schritt 3. Im Dialogfenster geben Sie bei der Option „Winkel" 30° ein und klicken Sie auf „Kopieren". Aktivieren Sie grundsätzlich immer die „Vorschau" um das Ergebnis sofort zu sehen.
Schritt 4. Jetzt können Sie eine weitere Kopie mit den gleichen Einstellungen erzeugen, dafür aktivieren Sie den folgenden Kurztastenbefehl: **cmd + D / Strg + D** oder **Objekt > Transformieren > Erneut Transformieren**.

Weitere Möglichkeiten mit dem Drehen-Werkzeug zu arbeiten:

- Das Objekt können Sie auch um seinen Mittelpunkt drehen, dafür ziehen Sie den Zeiger in einer kreisförmigen Bewegung an einer beliebigen Stelle im Dokumentfenster.

- Wenn Sie für die Drehung einen neuen Ursprung festlegen möchten, klicken Sie im Dokumentfenster einmal an einer beliebigen Stelle, dann bewegen Sie den Zeiger vom Ursprung weg und ziehen Sie ihn in einer kreisförmigen Bewegung.

Objekten können auch mit dem Begrenzungsrahmen gedreht werden.

1. Wählen Sie mit dem **Auswahl-Werkzeug** (V) ein oder mehrere Objekte aus.
2. Platzieren Sie den Zeiger über eine Stelle außerhalb des Begrenzungsrahmens in der Nähe eines Griffs, sodass der Zeiger als ein Doppelpfeil angezeigt wird, und bewegen Sie dann den Mauszeiger.

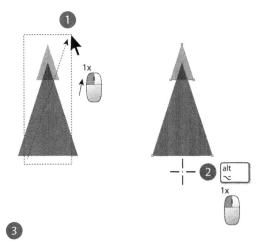

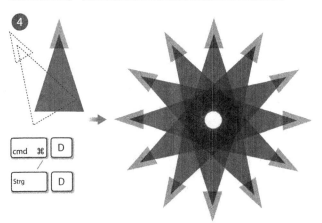

7.5 SKALIEREN- WERKZEUG

Mit dem **Skalieren-Werkzeug** (S) werden Objekte um einen festen Punkt skaliert. Ein Objekt wird dabei horizontal (X-Achse) und/oder vertikal (Y-Achse) vergrößert oder verkleinert. In Modezeichnungen wird Skalieren-Werkzeug im vollen Umfang eher selten eingesetzt, da die Objekte mit dem **Auswahl-Werkzeug** (V) unkompliziert skalieren werden können. Deshalb werden Ihnen an dieser Stelle drei wichtigsten Methoden die Sie in Ihrer Arbeit einsetzten können vorgestellt.

Möglichkeit 1: Skalieren mit dem **Auswahl-Werkzeug** (V)
Schritt 1. Wählen Sie mit dem **Auswahl-Werkzeug** (V) ein oder mehrere Objekte aus.
Schritt 2. Betätigen Sie die **Shift** Taste (während des Vorgangs nicht loslassen), platzieren Sie den Zeiger auf eine Ecke (siehe Abbildung) und ziehen Sie mit der Maus bei gedrückter linken Maustaste in diagonaler Richtung. Dadurch bleiben die Proportionen des Objektes erhalten. **Lassen Sie zuerst die Maustaste los und erst dann die Shift Taste** (sonst bleiben die Proportionen des Objektes nicht erhalten). Wenn beim Skalieren zusätzlich die **alt** Taste betätigt wird, wird das Objekt von der Mitte aus skaliert.

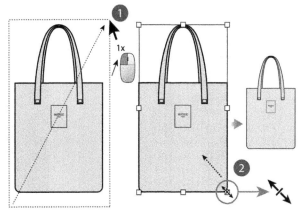

Möglichkeit 2: Skalieren mit dem „Skalieren" Bedienfeld.

Schritt 1. Wählen Sie mit dem **Auswahl-Werkzeug** (V) ein oder mehrere Objekte aus.
Schritt 2. Doppelklicken Sie auf Skalieren-Werkzeug in der Werkzeugleiste (es wird ein Dialogfeld geöffnet), aktivieren Sie die Option „Gleichmäßig und geben Sie einen Prozentwert in das Feld ein und klicken Sie auf "OK" oder „Kopieren" um ein Duplikat mit den neuen Maßen zu erstellen.

Ausgangsgröße ist 100%, wenn z.B. 150% eingegeben wird, wird das Objekt um 50% vergrößert.

Möglichkeit 3: Skalieren mit dem „Transformieren" Bedienfeld". Diese Möglichkeit wird sehr oft bei technischen Modezeichnungen eingesetzt (um z.B. genaue Höhe und Breite für Taschen, Knöpfe usw. einzugeben).

Schritt 1. Wählen Sie mit dem **Auswahl-Werkzeug** (V) ein oder mehrere Objekte aus. Standartmäßig sollte im Steuerungsbedienfeld (ganz oben) „Transformieren"- Bedienfeld erscheinen, falls nicht, öffnen Sie **Fenster > Transformieren**.

Schritt 2. Stellen Sie die Breite (1) und Höhe (2) ein. Sie können auch „Proportionen für Höhe und Breite erhalten" (3) aktivieren um Proportionen zu sperren.

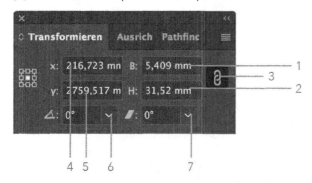

1. „Breite" eingeben (möglich auch als cm, px Eingabe, es wird dann automatisch auf die voreingestellte Einheit geändert). Die Einheiten können Sie in den Voreinstellungen „Einheiten" ändern.
2. „Höhe" eingeben.
3. „Proportionen für Höhe und Breite erhalten".
4. Position des Objektes in der Arbeitsfläche: Horizontal (X-Achse)
5. Position des Objektes in der Arbeitsfläche: Vertikal (Y-Achse)
6. „Drehen" siehe **Drehen-Werkzeug** (R)
7. „Verbiegen" siehe **Verbiegen-Werkzeug**

7.6 VERBIEGEN- WERKZEUG

Mit dem **Verbiegen-Werkzeug** werden Objekte um einen festen Punkt verbogen. Ein Objekt wird dabei entlang der horizontalen oder vertikalen Achse oder auch durch Eingabe eines bestimmten Winkels relativ zu einer bestimmten Achse verbogen oder geneigt. In Modezeichnungen wird Verbiegen-Werkzeug auf unterschiedliche Weise eingesetzt, z.B. bei der Erstellung von Mustern, Musterpinseln oder auch Accessoires (Taschen, Schmuck) die in 3/4 Ansicht dargestellt werden.

Möglichkeit 1:

Schritt 1. Wählen Sie mit dem **Auswahl-Werkzeug** (V) ein oder mehrere Objekte aus.
Schritt 2. Wählen Sie das **Verbiegen-Werkzeug** aus (es befindet sich in einer gemeinsamen Gruppe mit dem Skalieren-Werkzeug). Ziehen Sie den Zeiger bei gedrückter linken Maustaste beliebig im Dokumentfenster bis das Objekt die gewünschte Neigung hat. Wenn Sie zusätzlich die **Shift** Taste aktivieren, behält das Objekt die ursprüngliche Breite bzw. Höhe. **Lassen Sie zuerst die Maustaste los und erst dann die Shift Taste** (sonst gehen die Einstellungen verloren).

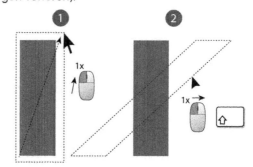

Möglichkeit 2:

Schritt 1. Wählen Sie mit dem **Auswahl-Werkzeug** (V) ein oder mehrere Objekte aus.
Schritt 2. Doppelklicken Sie in der Werkzeugleiste auf das Verbiegen-Werkzeug (es wird ein Dialogfeld geöffnet), aktivieren Sie die Option „Horizontal" oder „Vertikal" und geben Sie einen Prozentwert in das Feld „Biegungswinkel" ein und klicken Sie auf "OK" oder „Kopieren" um ein Duplikat zu erstellen.

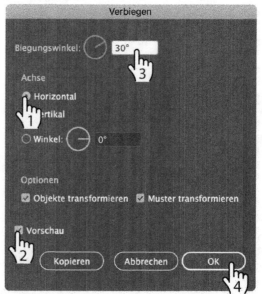

8 TUTORIALS
8.1 TUTORIAL: REISSVERSCHLUSS SCHIEBER
VORAUSSETZUNGEN

-Stellen Sie im Werkzeugbedienfeld Konturfarbe „schwarz" und Flächenfarbe „ohne" ein.
-Stellen Sie im Kontur-Bedienfeld (**Fenster > Kontur**) die Konturstärke auf **1pt** bis **2pt** ein.
-Aktivieren Sie folgende Einstellungen: **Ansicht > Lineale >Lineale einblenden, Ansicht > Hilfslinien > Hilfslinien einblenden, Ansicht > Hilfslinien > Hilfslinien sperren, Ansicht > Intelligente Hilfslinien, Ansicht > An Punkt ausrichten** und platzieren Sie eine vertikale Hilfslinie.

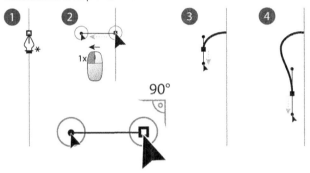

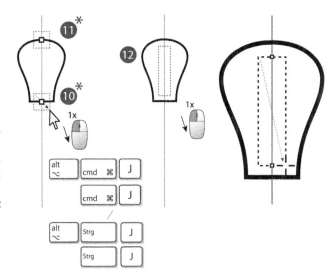

Schritt 1. Aktivieren Sie das **Zeichenstift-Werkzeug** (P) und erstellen Sie auf der Hilfslinie bei gedrückter linken Maustaste einen Ankerpunkt (Maustaste gedrückt halten).
Schritt 2. Betätigen Sie zusätzlich die **Shift** Taste (90° Winkel), **Shift** Taste auch gedrückt halten und ziehen Sie den Griffpunkt nach links, dann **zuerst** die Maustaste loslassen und erst dann die **Shift** Taste.
Schritt 3. Erstellen Sie einen weiteren Ankerpunkt, **Shift** Taste gedrückt halten und ziehen Sie den Griffpunkt nach unten, dann zuerst die Maustaste loslassen und erst dann die **Shift** Taste.

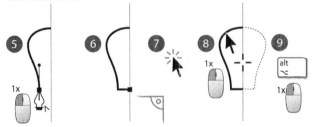

Schritt 4. Erstellen Sie einen weiteren Ankerpunkt, **Shift** Taste gedrückt halten und ziehen Sie den Griffpunkt nach unten, dann zuerst die Maustaste loslassen und erst dann die **Shift** Taste.
Schritt 5. Klicken Sie auf den Ankerpunkt um eine Ecke zu erstellen. Zeichenstift-Werkzeug erfüllt in diesem Fall die Funktionen des Ankerpunkt-Werkzeuges.
Schritt 6. Erstellen Sie bei gedrückter **Shift** Taste einen weiteren Punkt.
Schritt 7. Betätigen Sie die V Taste (Auswahl- Werkzeug) und klicken Sie auf die leere Zeichenfläche um die Auswahl aufzuheben und den Zeichnenvorgang abzuschließen. Alternativ können Sie den Kurztastenbefehl **cmd+Shift+A / Strg+Shift+A** aktivieren.
Schritt 8. Klicken Sie mit dem **Auswahl- Werkzeug** (V) auf den Pfad.
Schritt 9. Aktivieren Sie das **Spiegeln-Werkzeug** (O). Positionieren Sie den Mauszeiger auf der vertikalen Hilfslinie, drücken Sie die **alt** Taste (alt Taste gedrückt halten) und betätigen Sie die linke Maustaste (drücken und loslassen). Es wird das Bedienfeld des Spiegeln-Werkzeuges geöffnet (**alt** Taste jetzt loslassen).

Aktivieren Sie die Option „Vertikal", dann „Vorschau", schauen Sie ob alles stimmt und klicken Sie auf „Kopieren". Es wird ein gespiegeltes Duplikat erstellt.
Schritte 10. Ziehen Sie mit dem **Direktauswahl- Werkzeug** (A) bei gedrückter linken Maustaste einen Auswahlrahmen. Dadurch wird jeweils ein Endpunkt von jedem Pfad ausgewählt. Aktivieren Sie dann den Kurztastenbefehl **alt+cmd+J /alt+Strg+J**. Im Bedienfeld „Durchschnitt berechnen" stellen Sie die Option auf „Beide" ein, dadurch werden die Punkte exakt übereinander gelegt (Vertikal und Horizontal) und aktivieren Sie dann den Kurztastenbefehl **cmd+J / Strg+J** (Zusammenfügen). Zwei Pfade wurden zu einem Pfad zusammengefügt.
Schritte 11. Wiederholen Sie Schritt 10.

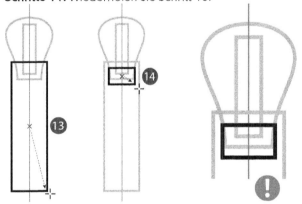

Schritt 12. Aktivieren Sie das **Rechteck-Werkzeug** (M) und erstellen Sie ein Rechteck.
Schritt 13. Erstellen Sie mit dem **Rechteck-Werkzeug** (M) ein weiteres Rechteck.
Schritt 14. Erstellen Sie mit dem **Rechteck-Werkzeug** (M) ein weiteres Rechteck.
Schritt 15. Klicken Sie mit dem **Auswahl- Werkzeug** (V) bei gedrückter **Shift** Taste auf beide Objekte. (Bei gedrückter **Shift** Taste können Sie mit dem **Auswahl- Werkzeug** (V) gleichzeitig mehrere Objekte auswählen).

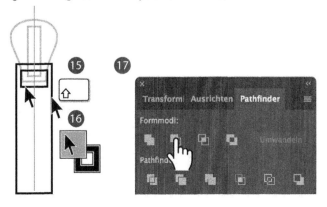

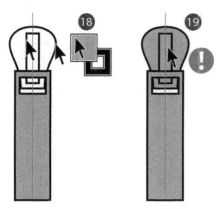

Schritt 16. Stellen Sie die Flächenfarbe „grau" ein.
Schritt 17. Klicken Sie im Bedienfeld „Pathfinder" (**Fenster>Pathfinder**) oben links auf „Vorderes Objekt abziehen".
Schritt 18. Stellen Sie die Flächenfarbe für das andere Objekt auch „grau" ein.
Schritt 19. Klicken Sie mit dem **Auswahl- Werkzeug** (V) auf das Objekt und betätigen Sie den Befehl **Objekt>Anordnen>In den Vordergrund**.
Schritt 20. Wählen Sie mit dem **Auswahl- Werkzeug** (V) alle Objekte aus und betätigen Sie den Kurztastenbefehl **cmd+G / Strg+G** um diese Objekte zu gruppieren.

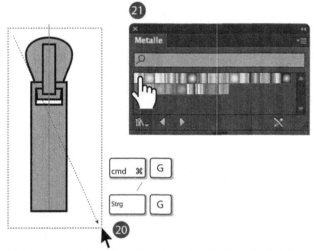

Schritte 21. Stellen Sie einen Metalverlauf für die Fläche ein (**Fenster>Farbfeldbibliotheken>Verläufe>Metalle**).
Schritte 22. Aktivieren Sie dann das **Verlaufwerkzeug** (G).
Schritt 23. Und ziehen Sie den Mauszeiger bei gedrückter Maustaste z.B. diagonal nach unten rechts um die Verlaufsrichtung zu ändern.
Schritt 24. Klicken Sie mit dem **Auswahl- Werkzeug** (V) auf das Objekt und drehen Sie das Objekt z.B. nach rechts.

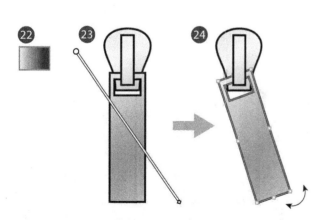

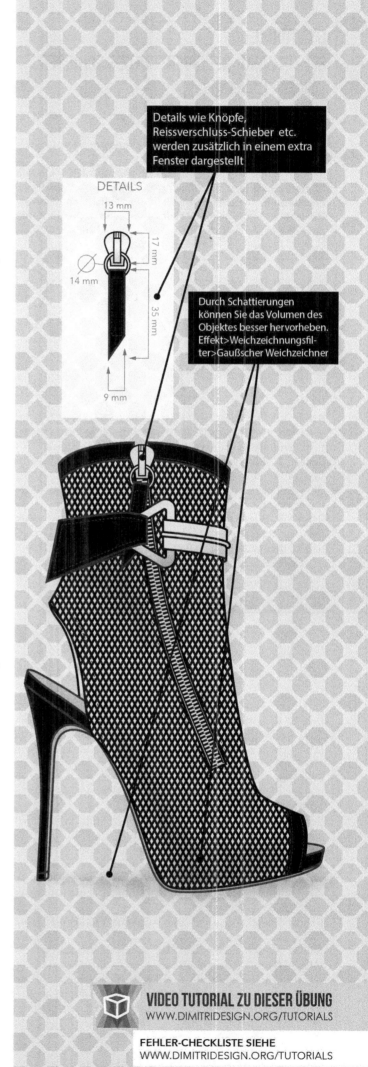

38 | Accessoires - Digital Zeichnen mit Adobe Illustrator

8.2 TUTORIAL: GÜRTELSCHNALLE

VORAUSSETZUNGEN

-Stellen Sie im Werkzeugbedienfeld Konturfarbe „schwarz" und Flächenfarbe „ohne" ein.

-Stellen Sie im Kontur-Bedienfeld (**Fenster > Kontur**) die Konturstärke auf **1pt** bis **2pt** ein.

Aktivieren Sie folgende Einstellungen: **Ansicht > Lineale >Lineale einblenden, Ansicht > Hilfslinien > Hilfslinien sperren, Ansicht > Hilfslinien > Hilfslinien einblenden, Ansicht > Intelligente Hilfslinien, Ansicht > An Punkt ausrichten.**

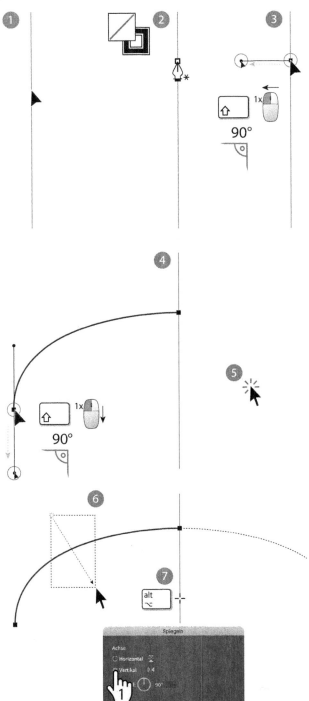

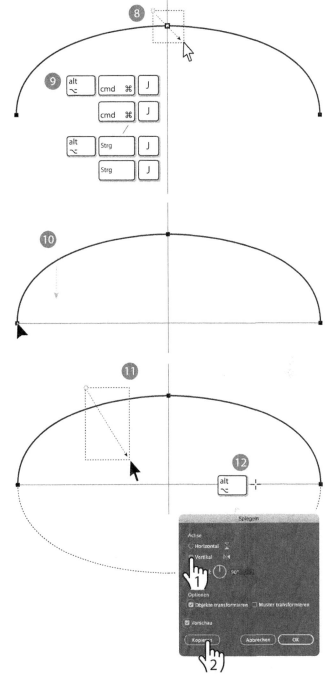

Schritt 1. Platzieren Sie eine vertikale Hilfslinie.
Schritt 2. Aktivieren Sie das **Zeichenstift-Werkzeug** (P) und erstellen Sie auf der Hilfslinie bei gedrückter linken Maustaste einen Ankerpunkt (Maustaste gedrückt halten).
Schritt 3. Betätigen Sie zusätzlich die **Shift** Taste (90° Winkel) und ziehen Sie den Griffpunkt nach links, dann **zuerst** die Maustaste loslassen und erst dann die **Shift** Taste.
Schritt 4. Erstellen Sie einen weiteren Punkt, halten Sie zusätzlich die **Shift** Taste gedrückt und ziehen Sie mit der Maus den Griffpunkt nach unten, dann zuerst die Maustaste loslassen und erst dann die **Shift** Taste.
Schritt 5. Betätigen Sie die **V** Taste (Auswahl- Werkzeug) und klicken Sie auf die leere Zeichenfläche um die Auswahl aufzuheben und den Zeichnenvorgang abzuschließen. Alternativ können Sie den Kurztastenbefehl **cmd+Shift+A / Strg+Shift+A** aktivieren.
Schritt 6. Ziehen Sie mit dem **Auswahl- Werkzeug** (V) einen Auswahlrahmen um das gezeichnete Objekt.

Accessoires - Digital Zeichnen mit Adobe Illustrator | 39

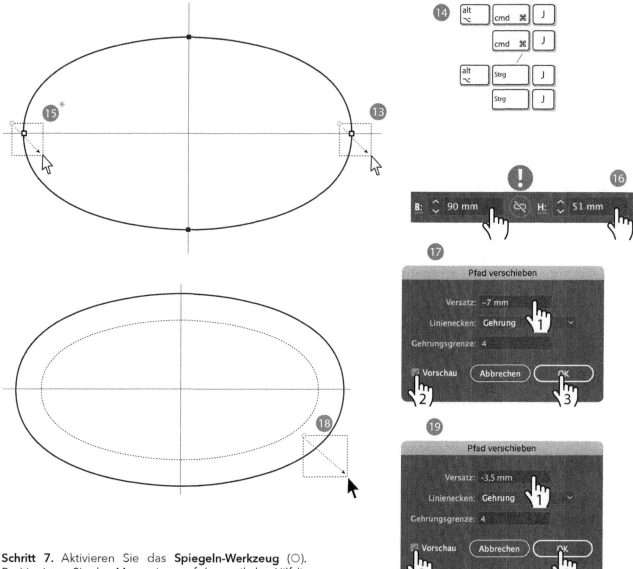

Schritt 7. Aktivieren Sie das **Spiegeln-Werkzeug** (O). Positionieren Sie den Mauszeiger auf der vertikalen Hilfslinie, drücken Sie die **alt** Taste (**alt** Taste nicht loslassen) und betätigen Sie die linke Maustaste (drücken und loslassen). Es wird das Bedienfeld des Spiegeln-Werkzeuges geöffnet (**alt** Taste jetzt loslassen).
Aktivieren Sie die Option „Vertikal", dann „Vorschau", schauen Sie ob alles stimmt und klicken Sie auf „Kopieren". Es wird ein gespiegeltes Duplikat erstellt.
Schritt 8. Ziehen Sie mit dem **Direktauswahl- Werkzeug** (A) bei gedrückter linken Maustaste einen Auswahlrahmen (siehe Abbildung). Dadurch wird jeweils ein Endpunkt von jedem Pfad ausgewählt.
Schritt 9. Betätigen Sie dann den Kurztastenbefehl **alt+cmd+J** /**alt+Strg+J**. Im Bedienfeld „Durchschnitt berechnen" stellen Sie die Option auf „Beide" ein, dadurch werden die Punkte exakt übereinander gelegt (Vertikal und Horizontal) und betätigen Sie dann den Kurztastenbefehl **cmd+J** / **Strg+J** (Zusammenfügen). Zwei Pfade wurden zu einem Pfad zusammengefügt.
Schritt 10. Platzieren Sie eine horizontale Hilfslinie.
Schritt 11. Ziehen Sie mit dem **Auswahl- Werkzeug** (V) einen Auswahlrahmen um das Objekt.
Schritt 12. Aktivieren Sie das **Spiegeln-Werkzeug** (O). Positionieren Sie den Mauszeiger auf der horizontalen Hilfslinie, drücken Sie die **alt** Taste (**alt** Taste nicht loslassen) und betätigen Sie die linke Maustaste (drücken und loslassen). Es wird das Bedienfeld des Spiegeln-Werkzeuges geöffnet (**alt** Taste jetzt loslassen).
Aktivieren Sie die Option „Horizontal", dann „Vorschau", schauen Sie ob alles stimmt und klicken Sie auf „Kopieren". Es wird ein gespiegeltes Duplikat erstellt.

Schritt 13. Ziehen Sie mit dem **Direktauswahl- Werkzeug** (A) bei gedrückter linken Maustaste einen Auswahlrahmen. Dadurch wird jeweils ein Endpunkt von jedem Pfad ausgewählt.
Schritt 14. Betätigen Sie dann den Kurztastenbefehl **alt+cmd+J** /**alt+Strg+J**. Im Bedienfeld „Durchschnitt berechnen" stellen Sie die Option auf „Beide" ein, dadurch werden die Punkte exakt übereinander gelegt (Vertikal und Horizontal) und betätigen Sie dann den Kurztastenbefehl **cmd+J** / **Strg+J** (Zusammenfügen). Zwei Pfade wurden zu einem Pfad zusammengefügt.
Schritt 15. Wiederholen Sie die Schritte 13 und 14.
Schritt 16. Betätigen Sie kurz die **V** Taste (**Auswahl- Werkzeug**). Stellen Sie jetzt im Bedienfeld „Transformieren" (**Fenster>Transformieren**) folgende Einstellungen ein (schalten Sie dabei die „Proportionen für Breite und Höhe erhalten" aus).
Schritt 17. Wählen Sie **Objekt>Pfad>Pfad verschieben...** und geben Sie beim Versatz -7mm ein. Minus bedeutet das Duplikat wird nach Innen verschoben, bei Verschiebung nach Außen stellen Sie den Wert ohne „Minus" Zeichen ein. Linienecken auf „Gehrung" und Gehrungsgrenze auf 4 belassen, dann mit „Ok" bestätigen.
Beachten Sie, dass der Versatzabstand immer von der Größe der Zeichnung abhängt.
Schritt 18. Ziehen Sie mit dem **Auswahl- Werkzeug** (V) einen Auswahlrahmen um das Objekt.
Schritt 19. Wiederholen Sie den Schritt 17, stellen Sie aber diesmal den Versatz auf -3,5 mm ein.

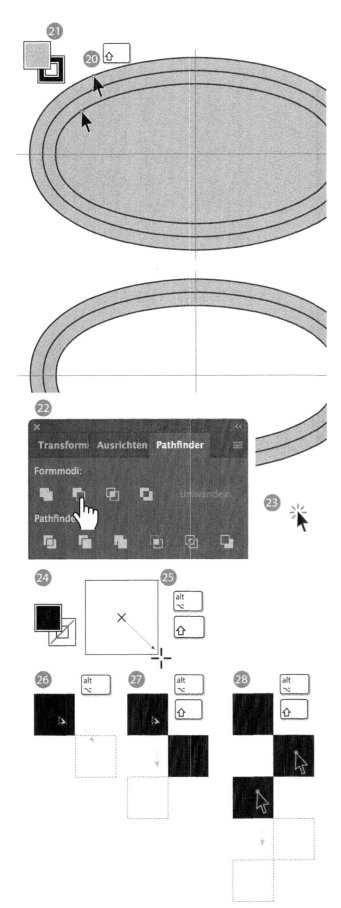
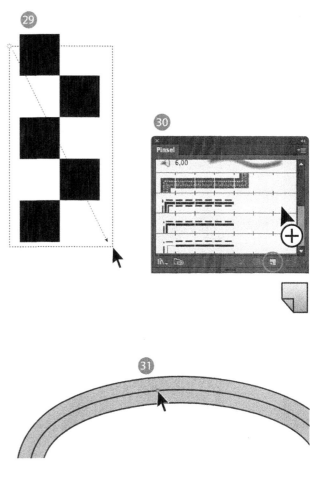

Schritt 22. Klicken Sie im Bedienfeld „Pathfinder" (**Fenster>Pathfinder**) oben links auf „Vorderes Objekt abziehen".

Schritt 23. Betätigen Sie die **V** Taste (Auswahl- Werkzeug) und klicken Sie in die leere Zeichenfläche um die Auswahl aufzuheben und den Zeichnenvorgang abzuschließen. Alternativ können Sie den Kurztastenbefehl **cmd+Shift+A / Strg+Shift+A** aktivieren.

Schritt 24. -Stellen Sie im Werkzeugbedienfeld Konturfarbe „ohne" und Flächenfarbe „schwarz" ein.

Schritt 25. Aktivieren Sie das **Rechteck-Werkzeug** (M) und erstellen ein Quadrat bei gedrückter **alt** und **Shift** Taste.

Schritt 26. Kopieren Sie das Objekt bei gedrückter **alt** Taste (am Zielort **zuerst** die linke Maustaste loslassen und erst dann die **alt** Taste).

Schritt 27. Kopieren Sie das Objekt nach dem gleichen Prinzip, diesmal bei gedrückter **alt** das Objekt nach unten ziehen und zusätzlich die **Shift** Taste aktivieren (rechter Winkel), (am Zielort **zuerst** die linke Maustaste loslassen und erst dann die **alt** und **Shift** Taste).

Schritt 28. Klicken Sie mit dem **Auswahl- Werkzeug** (V) bei gedrückter **Shift** Taste auf beide Objekte und kopieren Sie die beiden Objekte nach unten (siehe Schritt 27).

Schritt 29. Wählen Sie mit dem **Auswahl- Werkzeug** (V) alle Objekte aus.

Schritt 30. Dann öffnen Sie das Bedienfeld **Pinsel** (**Fenster>Pinsel**) und ziehen Sie die Objekte in das Bedienfeld „Pinsel" (Drag&Drop Verfahren) oder alternativ klicken Sie auf das Symbol „Neu", dann aktivieren Sie im Dialogfeld „Musterpinsel" und bestätigen Sie mit „OK". Im „Musterpinsel-Optionen" Dialogfeld die Einstellungen auch mit „OK" bestätigen.

Schritt 31. Klicken Sie mit dem **Auswahl- Werkzeug** (V) auf das Objekt.

Schritt 20. Klicken Sie mit dem **Auswahl- Werkzeug** (V) bei gedrückter **Shift** Taste auf beide Objekte. (Bei gedrückter **Shift** Taste können Sie mit dem **Auswahl- Werkzeug** (V) gleichzeitig mehrere Objekte auswählen).

Schritt 21. Stellen Sie die Flächenfarbe „grau" ein. Bei technischen Modezeichnungen können verschiedene Metall-Elemente allgemein grau gefüllt werden.

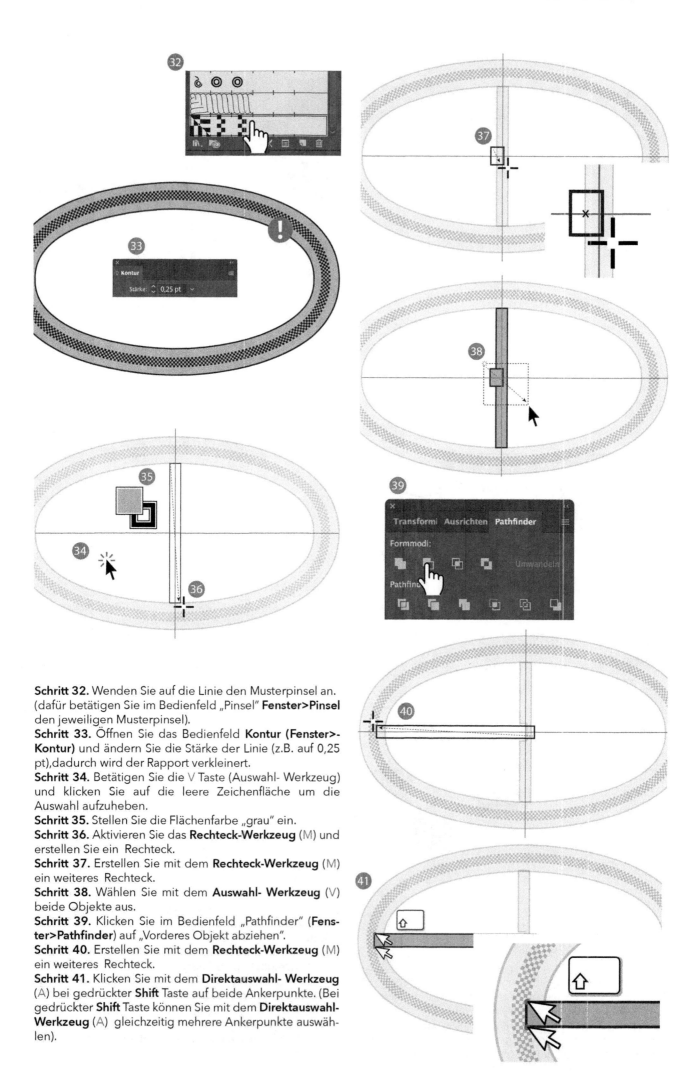

Schritt 32. Wenden Sie auf die Linie den Musterpinsel an. (dafür betätigen Sie im Bedienfeld „Pinsel" **Fenster>Pinsel** den jeweiligen Musterpinsel).
Schritt 33. Öffnen Sie das Bedienfeld **Kontur (Fenster>Kontur)** und ändern Sie die Stärke der Linie (z.B. auf 0,25 pt),dadurch wird der Rapport verkleinert.
Schritt 34. Betätigen Sie die V Taste (Auswahl- Werkzeug) und klicken Sie auf die leere Zeichenfläche um die Auswahl aufzuheben.
Schritt 35. Stellen Sie die Flächenfarbe „grau" ein.
Schritt 36. Aktivieren Sie das **Rechteck-Werkzeug** (M) und erstellen Sie ein Rechteck.
Schritt 37. Erstellen Sie mit dem **Rechteck-Werkzeug** (M) ein weiteres Rechteck.
Schritt 38. Wählen Sie mit dem **Auswahl- Werkzeug** (V) beide Objekte aus.
Schritt 39. Klicken Sie im Bedienfeld „Pathfinder" (**Fenster>Pathfinder**) auf „Vorderes Objekt abziehen".
Schritt 40. Erstellen Sie mit dem **Rechteck-Werkzeug** (M) ein weiteres Rechteck.
Schritt 41. Klicken Sie mit dem **Direktauswahl- Werkzeug** (A) bei gedrückter **Shift** Taste auf beide Ankerpunkte. (Bei gedrückter **Shift** Taste können Sie mit dem **Direktauswahl-Werkzeug** (A) gleichzeitig mehrere Ankerpunkte auswählen).

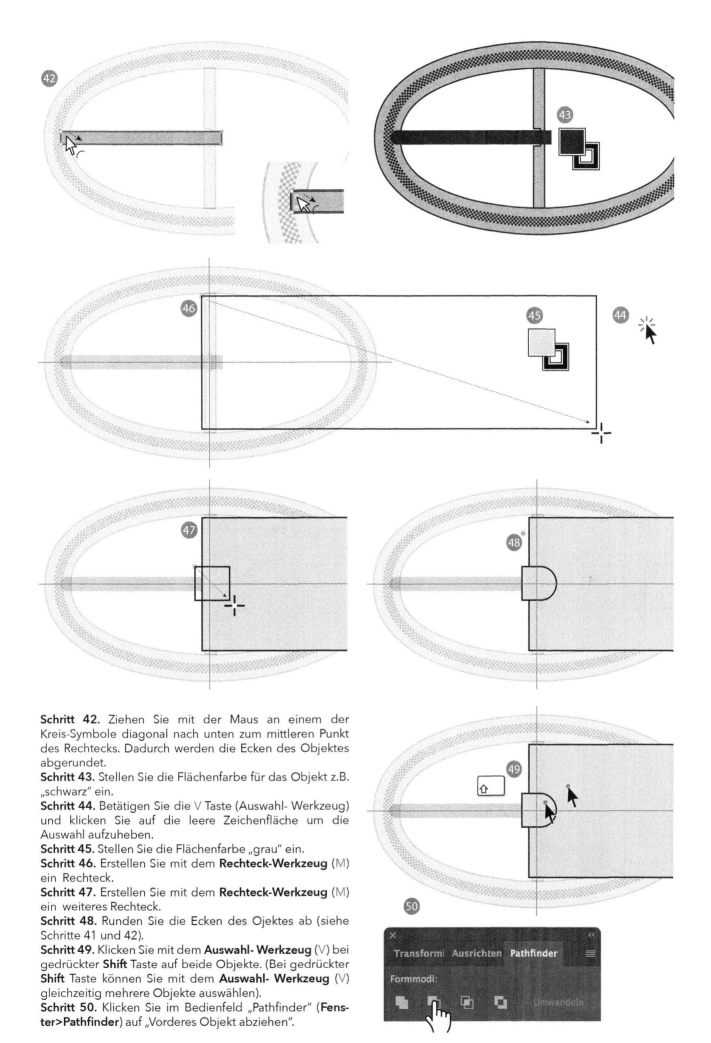

Schritt 42. Ziehen Sie mit der Maus an einem der Kreis-Symbole diagonal nach unten zum mittleren Punkt des Rechtecks. Dadurch werden die Ecken des Objektes abgerundet.

Schritt 43. Stellen Sie die Flächenfarbe für das Objekt z.B. „schwarz" ein.

Schritt 44. Betätigen Sie die V Taste (Auswahl- Werkzeug) und klicken Sie auf die leere Zeichenfläche um die Auswahl aufzuheben.

Schritt 45. Stellen Sie die Flächenfarbe „grau" ein.

Schritt 46. Erstellen Sie mit dem **Rechteck-Werkzeug** (M) ein Rechteck.

Schritt 47. Erstellen Sie mit dem **Rechteck-Werkzeug** (M) ein weiteres Rechteck.

Schritt 48. Runden Sie die Ecken des Ojektes ab (siehe Schritte 41 und 42).

Schritt 49. Klicken Sie mit dem **Auswahl- Werkzeug** (V) bei gedrückter **Shift** Taste auf beide Objekte. (Bei gedrückter **Shift** Taste können Sie mit dem **Auswahl- Werkzeug** (V) gleichzeitig mehrere Objekte auswählen).

Schritt 50. Klicken Sie im Bedienfeld „Pathfinder" (**Fenster>Pathfinder**) auf „Vorderes Objekt abziehen".

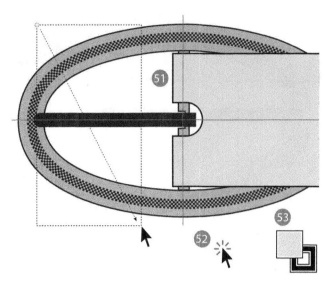

Schritt 51. Wählen Sie mit dem **Auswahl- Werkzeug** (V) beide Objekte aus und wählen Sie **Objekt>Anordnen>In den Vordergrund**.

Schritt 52. Betätigen Sie die V Taste (Auswahl- Werkzeug) und klicken Sie auf die leere Zeichenfläche um die Auswahl aufzuheben.

Schritt 53. Stellen Sie die Flächenfarbe „grau" ein.

Schritt 54. Erstellen Sie mit dem **Rechteck-Werkzeug** (M) ein Rechteck.

Schritt 55. Klicken Sie mit dem **Direktauswahl- Werkzeug** (A) die Linie an und betätigen Sie die **Rückschritttaste**.

Schritt 56. Klicken Sie mit dem **Direktauswahl- Werkzeug** (A) auf den Ankerpunkt und verschieben Sie die Linie nach rechts.

Schritte 57. Aktivieren Sie jetzt das **Zeichenstift- Werkzeug** (P) und ziehen Sie aus dem Ankerpunkt eine neue Grifflinie und Griffpunkt.

Schritte 58. Klicken Sie auf den zweiten Ankerpunkt und ziehen Sie den Griffpunkt diagonal nach unten, dadurch wird das Objekt geschlossen.

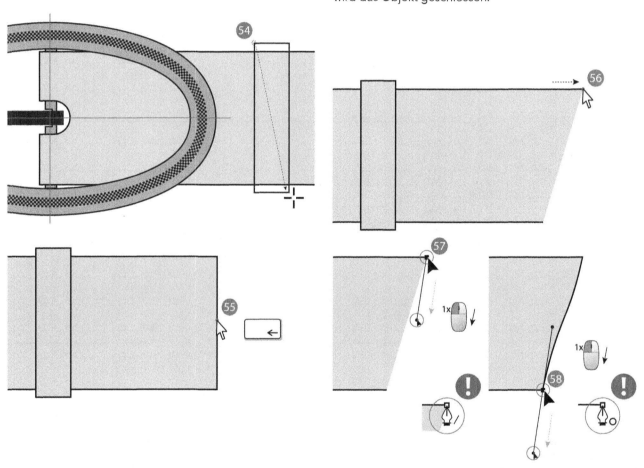

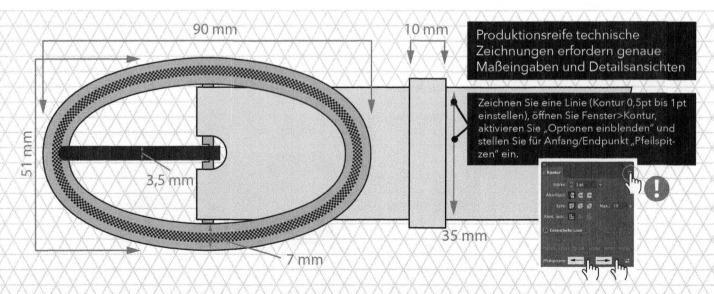

Produktionsreife technische Zeichnungen erfordern genaue Maßeingaben und Detailansichten

Zeichnen Sie eine Linie (Kontur 0,5pt bis 1pt einstellen), öffnen Sie Fenster>Kontur, aktivieren Sie „Optionen einblenden" und stellen Sie für Anfang/Endpunkt „Pfeilspitzen" ein.

8.3 TUTORIAL: PUMPS
VORAUSSETZUNGEN

-Stellen Sie im Werkzeugbedienfeld Konturfarbe „schwarz" und Flächenfarbe „ohne" ein.

-Stellen Sie im Kontur-Bedienfeld (**Fenster > Kontur**) die Konturstärke auf **1pt** bis **2pt** ein.

Aktivieren Sie folgende Einstellungen: **Ansicht > Lineale >Lineale einblenden, Ansicht > Hilfslinien > Hilfslinien einblenden, Ansicht > Hilfslinien > Hilfslinien sperren, Ansicht > Intelligente Hilfslinien, Ansicht > An Punkt ausrichten.**

-Benutzen Sie am besten als Vorlage eine Skizze.
(Diese können Sie auch unter www.dimitridesign.org/tutorials downloaden).

Vorlage platzieren: Aktivieren Sie den Befehl **Datei>Platzieren..**, wählen Sie eine Vorlage aus und bestätigen Sie die Eingaben. Dann klicken Sie mit der linken Maustaste auf die Arbeitsfläche.
Um eine Vorlage zu verkleinern oder zu vergrößern, platzieren Sie das **Auswahl- Werkzeug** (V) über einer Ecke der Vorlage, halten Sie die **alt** und **Shift** Taste gedrückt und ziehen Sie bei gedrückter Maustaste bis das Objekt die richtige Form annimmt, dann zuerst die Maustaste loslassen und erst dann die **alt** und **Shift** Taste.

Schritt 1. Aktivieren Sie das **Zeichenstift-Werkzeug** (P) und erstellen Sie einen Ankerpunkt (Maustaste drücken und loslassen).
Schritt 2. Erstellen Sie einen weiteren Ankerpunkt (den Griffpunkt diagonal nach rechts unten ziehen).

Schritt 3. Erstellen Sie einen weiteren Ankerpunkt (Maustaste gedrückt halten), halten Sie zusätzlich die **Shift** Taste gedrückt (90° Winkel) und ziehen Sie den Griffpunkt nach rechts, dann **zuerst** die Maustaste loslassen und erst dann die **Shift** Taste.
Schritt 4. Erstellen Sie einen weiteren Ankerpunkt (den Griffpunkt diagonal nach rechts oben ziehen).
Schritt 5. Klicken Sie auf den letzten Ankerpunkt um eine Ecke zu erstellen.
Schritt 6. Erstellen Sie einen weiteren Ankerpunkt (den Griffpunkt diagonal nach rechts unten ziehen).
Schritt 7. Erstellen Sie einen weiteren Ankerpunkt (Maustaste drücken und loslassen, nicht ziehen!).
Schritt 8. Erstellen Sie einen weiteren Ankerpunkt (den Griffpunkt diagonal nach links ziehen).
Schritt 9. Erstellen Sie einen weiteren Ankerpunkt (den Griffpunkt diagonal nach links oben ziehen).

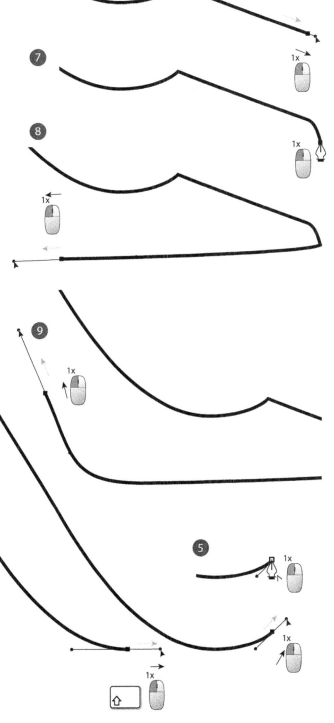

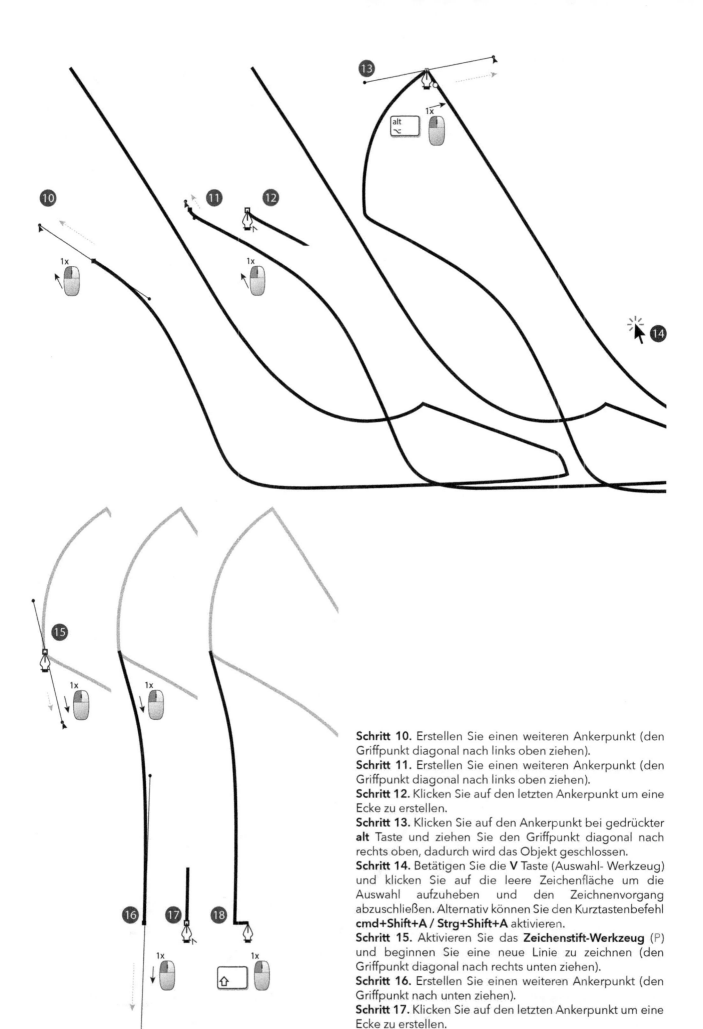

Schritt 10. Erstellen Sie einen weiteren Ankerpunkt (den Griffpunkt diagonal nach links oben ziehen).
Schritt 11. Erstellen Sie einen weiteren Ankerpunkt (den Griffpunkt diagonal nach links oben ziehen).
Schritt 12. Klicken Sie auf den letzten Ankerpunkt um eine Ecke zu erstellen.
Schritt 13. Klicken Sie auf den Ankerpunkt bei gedrückter **alt** Taste und ziehen Sie den Griffpunkt diagonal nach rechts oben, dadurch wird das Objekt geschlossen.
Schritt 14. Betätigen Sie die **V** Taste (Auswahl- Werkzeug) und klicken Sie auf die leere Zeichenfläche um die Auswahl aufzuheben und den Zeichnenvorgang abzuschließen. Alternativ können Sie den Kurztastenbefehl **cmd+Shift+A / Strg+Shift+A** aktivieren.
Schritt 15. Aktivieren Sie das **Zeichenstift-Werkzeug** (P) und beginnen Sie eine neue Linie zu zeichnen (den Griffpunkt diagonal nach rechts unten ziehen).
Schritt 16. Erstellen Sie einen weiteren Ankerpunkt (den Griffpunkt nach unten ziehen).
Schritt 17. Klicken Sie auf den letzten Ankerpunkt um eine Ecke zu erstellen.
Schritt 18. Erstellen Sie einen weiteren Ankerpunkt (Maustaste drücken und loslassen, nicht ziehen!).

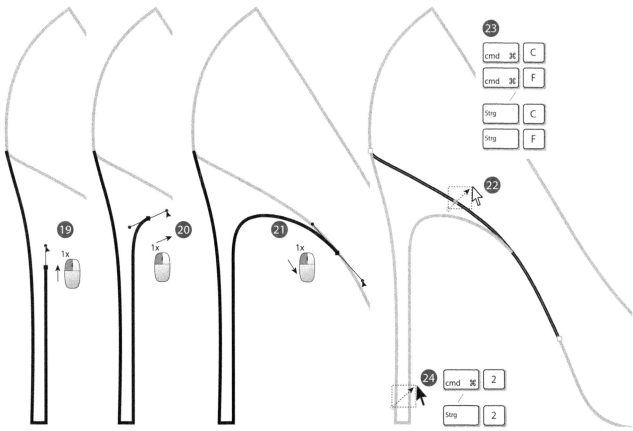

Schritt 19. Erstellen Sie einen weiteren Ankerpunkt (den Griffpunkt nach oben ziehen).
Schritt 20. Erstellen Sie einen weiteren Ankerpunkt (den Griffpunkt diagonal nach oben rechts ziehen).
Schritt 21. Erstellen Sie einen weiteren Ankerpunkt (den Griffpunkt diagonal nach unten rechts ziehen).
Schritt 22. Ziehen Sie mit dem **Direktauswahl- Werkzeug** (A) einen Auswahlrahmen um den Ankerpunkt um einen Fragment der Linie auszuwählen.
Schritt 23. Und aktivieren Sie den Kurztastenbefehl **cmd+C / Strg+C** (Kopieren) und den Kurztastenbefehl **cmd+F / Strg+F** (Davor einfügen).

Schritt 24. Wählen Sie mit dem **Auswahl- Werkzeug** (V) das Objekt aus und aktivieren Sie den Kurztastenbefehl **cmd+2 / Strg+2** (alternativ wählen Sie „Objekt>Sperren>Auswahl") um das Objekt zu sperren.
Schritt 25. Klicken Sie mit dem **Zeichenstift-Werkzeug** (P) exakt auf den Pfad um einen weiteren Ankerpunkt zu erstellen (neben dem Mauszeiger sollte ein Pluszeichen erscheinen).
Schritt 26. Betätigen Sie den Kurztastenbefehl **alt+cmd+2 / alt+Strg+2** (alternativ wählen Sie **Objekt>Alle entsperren**) um den gesperrten Absatz wieder zu entsperren.
Schritt 27. Wählen Sie mit dem **Auswahl- Werkzeug** (V) das Objekt aus und aktivieren Sie den Kurztastenbefehl **cmd+2 / Strg+2** (alternativ wählen Sie „Objekt>Sperren>Auswahl") um das Objekt zu sperren.

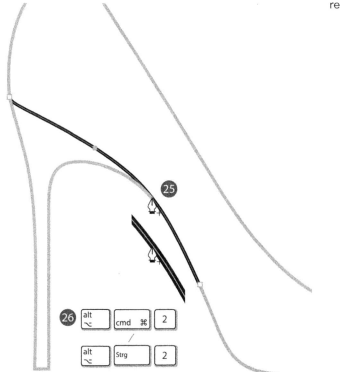
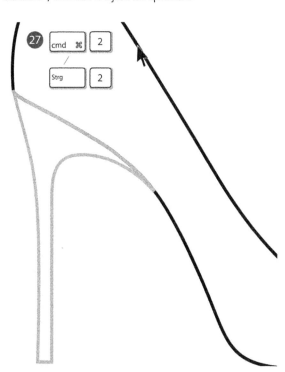

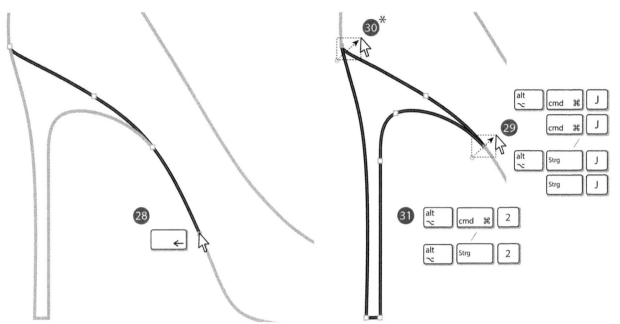

Schritt 28. Klicken Sie mit dem **Direktauswahl- Werkzeug** (A) auf den Ankerpunkt und betätigen Sie die **Rückschritttaste** um einen Fragment des Pfades zu löschen.

Schritt 29. Ziehen Sie mit dem **Direktauswahl- Werkzeug** (A) bei gedrückter linken Maustaste einen Auswahlrahmen. Dadurch wird jeweils ein Endpunkt von jedem Pfad ausgewählt. Dann aktivieren Sie den Kurztastenbefehl **alt+cmd+J /alt+Strg+J**. Im Bedienfeld „Durchschnitt berechnen" stellen Sie die Option auf „Beide" ein, dadurch werden die Punkte exakt übereinander gelegt (Vertikal und Horizontal) und aktivieren Sie dann den Kurztastenbefehl **cmd+J / Strg+J** (Zusammenfügen). Zwei Pfade wurden zu einem Pfad zusammengefügt.

Schritt 30. Wiederholen Sie den Schritt 29.

Schritt 31. Betätigen Sie den Kurztastenbefehl **alt+cmd+2 / alt+Strg+2** (alternativ wählen Sie **Objekt>Alle entsperren**) um die gesperrten Objekte wieder zu entsperren.

Schritt 32. Wählen Sie mit dem **Direktauswahl- Werkzeug** (A) bei gedrückter **Shift** Taste folgende Ankerpunkte aus (siehe Abbildung).

Schritt 33. Und aktivieren Sie den Kurztastenbefehl **cmd+C / Strg+C** (Kopieren) und den Kurztastenbefehl **cmd+F / Strg+F** (Davor einfügen).

Schritt 34. Klicken Sie mit dem **Zeichenstift-Werkzeug** (P) auf den Ankerpunkt um an diesem Pfad weiterzuzeichnen.

Schritt 35. Erstellen Sie einen weiteren Ankerpunkt (den Griffpunkt diagonal nach unten rechts ziehen).

Schritt 36. Erstellen Sie einen weiteren Ankerpunkt (den Griffpunkt diagonal nach unten rechts ziehen).

Schritt 37. Erstellen Sie einen weiteren Ankerpunkt (den Griffpunkt nach rechts ziehen).

Schritt 38. Klicken Sie auf den Ankerpunkt bei gedrückter **alt** Taste und ziehen Sie den Griffpunkt diagonal nach rechts, dadurch wird das Objekt geschlossen.

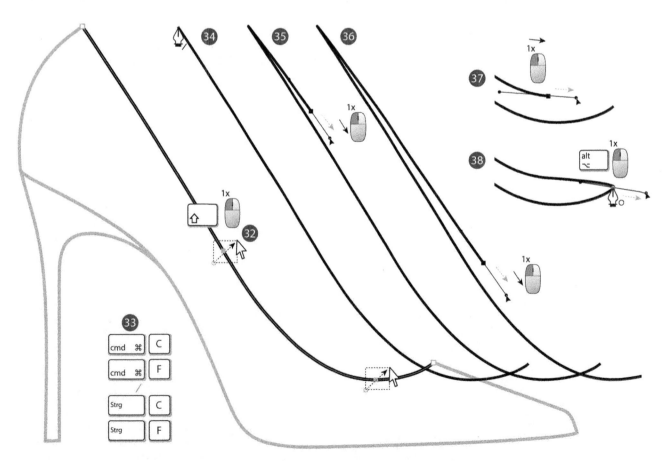

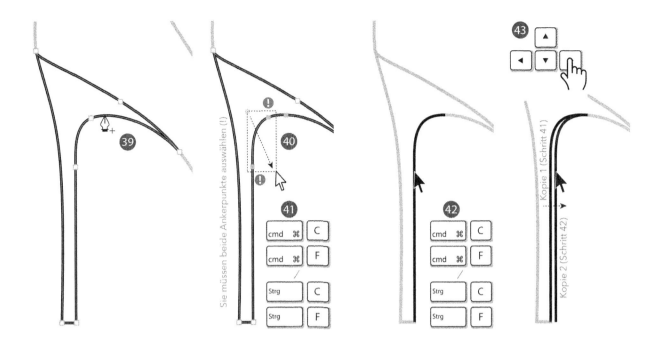

Schritt 39. Klicken Sie mit dem **Zeichenstift-Werkzeug** (P) exakt auf den Pfad um einen weiteren Ankerpunkt zu erstellen (neben dem Mauszeiger sollte ein Pluszeichen erscheinen).
Schritt 40. Wählen Sie mit dem **Direktauswahl- Werkzeug** (A) beide Ankerpunkte aus (siehe Abbildung).
Schritt 41. Und aktivieren Sie den Kurztastenbefehl **cmd+C / Strg+C** (Kopieren) und den Kurztastenbefehl **cmd+F / Strg+F** (Davor einfügen).
Schritt 42. Erstellen Sie eine zweite(!) Kopie des Ojektes mit dem Kurztastenbefehl **cmd+C / Strg+C** (Kopieren) und den Kurztastenbefehl **cmd+F / Strg+F** (Davor einfügen).
Schritt 43. Aktivieren Sie das **Auswahl- Werkzeug** (V) und betätigen Sie mehrmals die rechte Pfeiltaste um die Linie nach rechts zu verschieben.
Schritt 44. Klicken Sie mit dem **Direktauswahl-Werkzeug** (A) auf den Ankerpunkt und betätigen Sie mehrmals die aufwärts Pfeiltaste um die Linie etwas kürzer zu transformieren.
Schritt 45. Klicken Sie mit dem **Zeichenstift-Werkzeug** (P) auf den Ankerpunkt um an diesem Pfad weiterzuzeichnen.
Schritt 46. Verbinden Sie die beiden Linien mit einem Klick auf den Ankerpunkt des anderen Pfades.

Schritt 47. Wählen Sie mit dem **Auswahl- Werkzeug** (V) das Objekt aus und aktivieren Sie den Kurztastenbefehl **cmd+2 / Strg+2** (alternativ wählen Sie „Objekt>Sperren>Auswahl") um das Objekt zu sperren.
Schritt 48. Ziehen Sie mit dem **Direktauswahl- Werkzeug** (A) einen Auswahlrahmen. Dadurch wird jeweils ein Endpunkt von jedem Pfad ausgewählt. Dann aktivieren Sie den Kurztastenbefehl **alt+cmd+J /alt+Strg+J**. Im Bedienfeld „Durchschnitt berechnen" stellen Sie die Option auf „Beide" ein, dadurch werden die Punkte exakt übereinander gelegt (Vertikal und Horizontal) und aktivieren Sie dann den Kurztastenbefehl **cmd+J / Strg+J** (Zusammenfügen). Zwei Pfade wurden zu einem Pfad zusammengefügt.

Falls das „Zusammenfügen" nicht funktioniert, kann es sein, dass Sie mehr als eine Kopie von jeder Linie erstellt haben als Sie die cmd+F / Strg+F (Davor einfügen) zu lange gedrückt haben, löschen Sie in diesem Fall die überflüssigen Kopien!

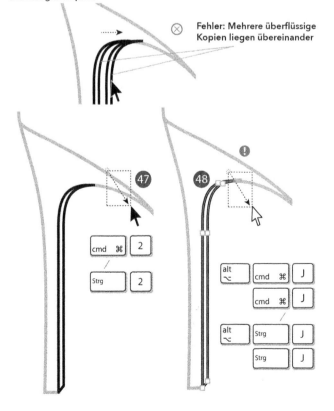

Fehler: Mehrere überflüssige Kopien liegen übereinander

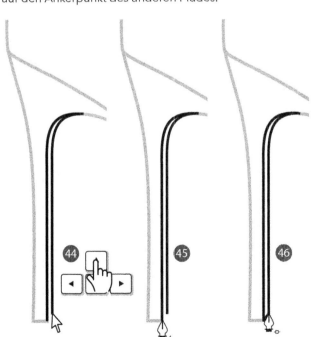

Accessoires - Digital Zeichnen mit Adobe Illustrator | 49

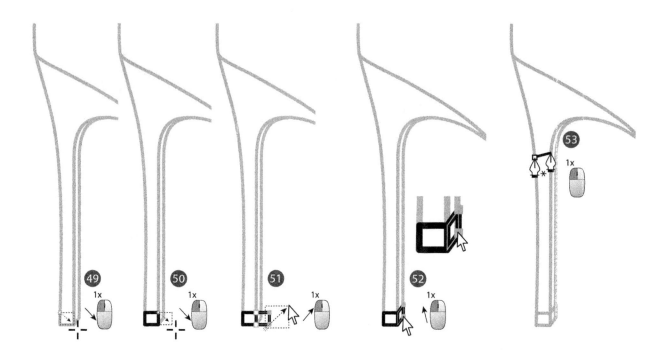

Schritt 49. Erstellen Sie mit dem **Rechteck-Werkzeug** (M) ein Rechteck.
Schritt 50. Erstellen Sie mit dem **Rechteck-Werkzeug** (M) ein weiteres Rechteck.
Schritt 51. Wählen Sie mit dem **Direktauswahl- Werkzeug** (A) beide äußeren Ankerpunkte aus (siehe Abbildung).
Schritt 52. Und transformieren Sie diese mit dem **Direktauswahl- Werkzeug** (A) sodass das Objekt die Form wie in der Abbildung annimmt.
Schritt 53. Erstellen Sie mit dem **Zeichenstift-Werkzeug** (P) eine neue Linie bestehend aus zwei Ankerpunkten.
Schritt 54. Betätigen Sie den Kurztastenbefehl **alt+cmd+2 / alt+Strg+2** (alternativ wählen Sie **Objekt>Alle entsperren**) um alle gesperrten Objekte zu entsperren.
Schritt 55. Wählen Sie mit dem **Auswahl-Werkzeug** (V) das Objekt aus.
Schritt 56. Und aktivieren Sie den Kurztastenbefehl **cmd+C / Strg+C** (Kopieren) und den Kurztastenbefehl **cmd+F / Strg+F** (Davor einfügen).
Schritt 57. Aktivieren Sie das **Auswahl- Werkzeug** (V) und betätigen Sie mehrmals die abwärts Pfeiltaste um das Objekt nach unten zu verschieben.
Schritt 58. Stellen Sie im „Kontur" Bedienfeld die **Kontur** auf 0,5pt oder 0,75pt ein. **Eignet sich hervorragend für Steppnähte und innere Elemente wie Falten und Teilungsnähte.** Aktivieren Sie „Gestrichelte Linie", geben Sie bei „Punkt" 2pt und „Lücke" 1pt ein. Falls die Option „Gestrichelte Linie" nicht sichtbar ist, klicken Sie auf „weitere Optionen", dann „Optionen einblenden".
Schritt 59. Klicken Sie mit dem **Direktauswahl- Werkzeug** (A) auf den Ankerpunkt und transformieren Sie die Linie etwas nach Außen (siehe Abbildung).

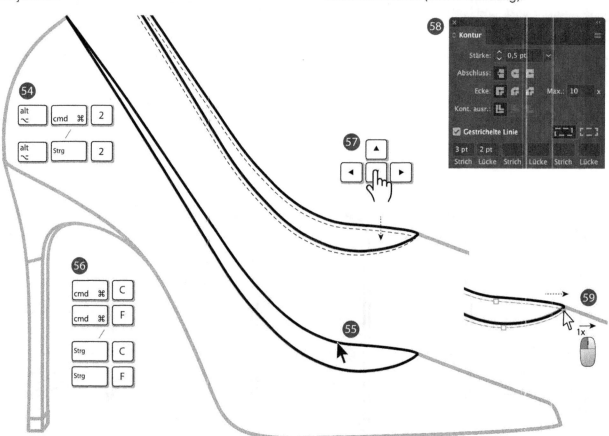

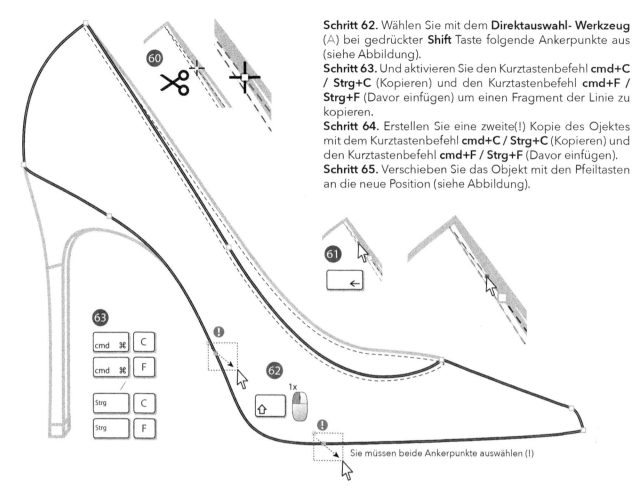

Schritt 62. Wählen Sie mit dem **Direktauswahl- Werkzeug** (A) bei gedrückter **Shift** Taste folgende Ankerpunkte aus (siehe Abbildung).

Schritt 63. Und aktivieren Sie den Kurztastenbefehl **cmd+C / Strg+C** (Kopieren) und den Kurztastenbefehl **cmd+F / Strg+F** (Davor einfügen) um einen Fragment der Linie zu kopieren.

Schritt 64. Erstellen Sie eine zweite(!) Kopie des Ojektes mit dem Kurztastenbefehl **cmd+C / Strg+C** (Kopieren) und den Kurztastenbefehl **cmd+F / Strg+F** (Davor einfügen).

Schritt 65. Verschieben Sie das Objekt mit den Pfeiltasten an die neue Position (siehe Abbildung).

Schritt 60. Aktivieren Sie das **Schere- Werkzeug** (C) und trenne Sie die Linie mit einem Klick an der markierten Stelle (siehe Abbildung).

Schritt 61. Wählen Sie mit dem **Direktauswahl- Werkzeug** (V) die überflüssige Linie aus und betätigen Sie die **Rückschritttaste** um dieses Fragment der Linie zu löschen.

Schritt 66. Klicken Sie mit dem **Direktauswahl- Werkzeug** (V) auf den Ankerpunkt und ziehen Sie den Pfad bei gedrückter Maustaste nach oben, sodass der Pfad wie in der Abbildung aussieht.

Schritt 67. Klicken Sie mit dem **Direktauswahl- Werkzeug** (V) auf den Ankerpunkt und ziehen Sie den Pfad bei gedrückter Maustaste nach oben, sodass der Pfad wie in der Abbildung aussieht.

Schritt 68. Klicken Sie mit dem **Zeichenstift-Werkzeug** (P) auf den Ankerpunkt und ziehen Sie einen neue Grifflinie um den Pfad etwas zu korrigieren.

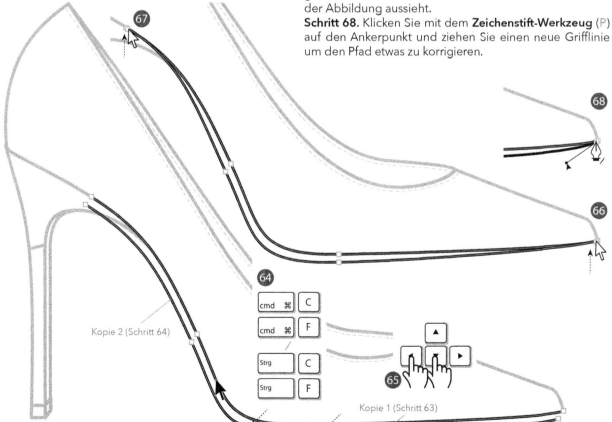

Accessoires - Digital Zeichnen mit Adobe Illustrator | 51

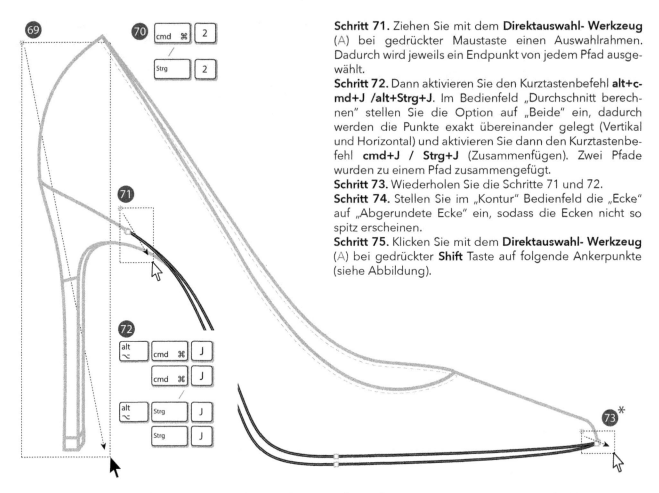

Schritt 71. Ziehen Sie mit dem **Direktauswahl- Werkzeug** (A) bei gedrückter Maustaste einen Auswahlrahmen. Dadurch wird jeweils ein Endpunkt von jedem Pfad ausgewählt.

Schritt 72. Dann aktivieren Sie den Kurztastenbefehl **alt+cmd+J /alt+Strg+J**. Im Bedienfeld „Durchschnitt berechnen" stellen Sie die Option auf „Beide" ein, dadurch werden die Punkte exakt übereinander gelegt (Vertikal und Horizontal) und aktivieren Sie dann den Kurztastenbefehl **cmd+J / Strg+J** (Zusammenfügen). Zwei Pfade wurden zu einem Pfad zusammengefügt.

Schritt 73. Wiederholen Sie die Schritte 71 und 72.

Schritt 74. Stellen Sie im „Kontur" Bedienfeld die „Ecke" auf „Abgerundete Ecke" ein, sodass die Ecken nicht so spitz erscheinen.

Schritt 75. Klicken Sie mit dem **Direktauswahl- Werkzeug** (A) bei gedrückter **Shift** Taste auf folgende Ankerpunkte (siehe Abbildung).

Schritt 69. Wählen Sie mit dem **Auswahl- Werkzeug** (V) die Objekte aus

Schritt 70. Und aktivieren Sie den Kurztastenbefehl **cmd+2 / Strg+2** (alternativ wählen Sie **Objekt>Sperren>Auswahl**) um diese Objekte zu sperren.

Schritt 76. Aktivieren Sie den Kurztastenbefehl **cmd+C / Strg+C** (Kopieren) und den Kurztastenbefehl **cmd+F / Strg+F** (Davor einfügen) um einen Fragment der Linie zu kopieren. Betätigen Sie die V Taste (Auswahl- Werkzeug) und klicken Sie auf die leere Zeichenfläche um die Auswahl aufzuheben.

Schritt 77. Klicken Sie mit dem **Direktauswahl- Werkzeug** (A) bei gedrückter **Shift** Taste nocheinmal auf die beiden Ankerpunkte und verschieben Sie den Pfad mit Pfeiltasten nach unten (siehe Abbildung).

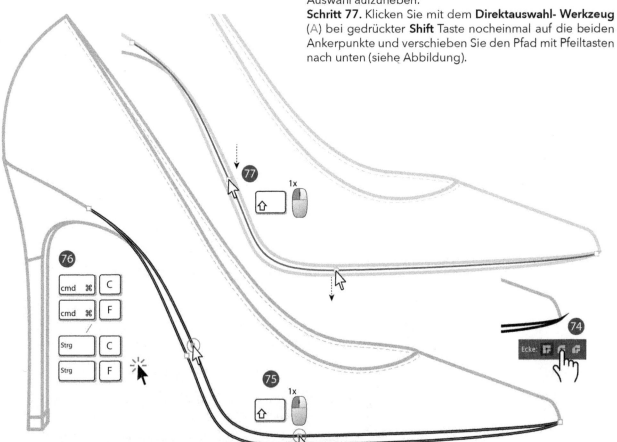

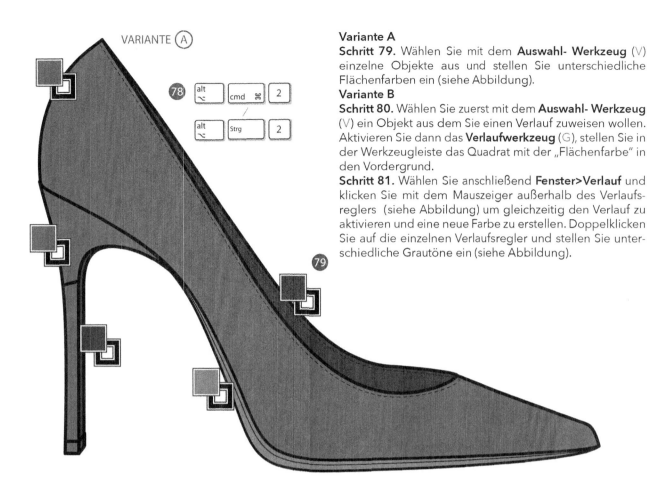

Variante A
Schritt 79. Wählen Sie mit dem **Auswahl- Werkzeug** (V) einzelne Objekte aus und stellen Sie unterschiedliche Flächenfarben ein (siehe Abbildung).

Variante B
Schritt 80. Wählen Sie zuerst mit dem **Auswahl- Werkzeug** (V) ein Objekt aus dem Sie einen Verlauf zuweisen wollen. Aktivieren Sie dann das **Verlaufwerkzeug** (G), stellen Sie in der Werkzeugleiste das Quadrat mit der „Flächenfarbe" in den Vordergrund.

Schritt 81. Wählen Sie anschließend **Fenster>Verlauf** und klicken Sie mit dem Mauszeiger außerhalb des Verlaufsreglers (siehe Abbildung) um gleichzeitig den Verlauf zu aktivieren und eine neue Farbe zu erstellen. Doppelklicken Sie auf die einzelnen Verlaufsregler und stellen Sie unterschiedliche Grautöne ein (siehe Abbildung).

Schritt 78. Betätigen Sie den Kurztastenbefehl **alt+cmd+2 / alt+Strg+2** (alternativ wählen Sie **Objekt>Alle entsperren**) um alle gesperrten Objekte zu entsperren.

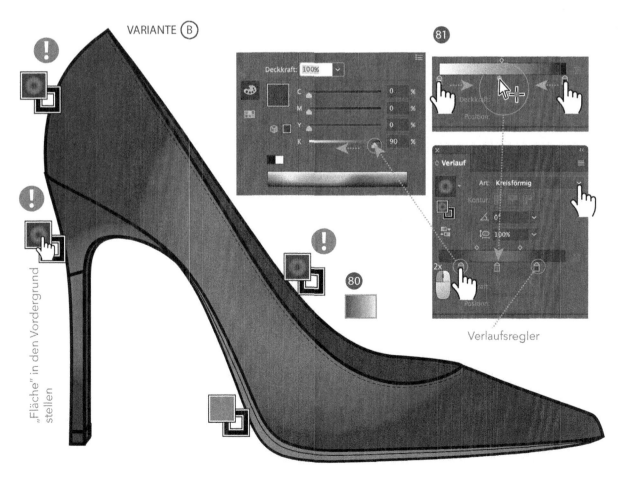

Accessoires - Digital Zeichnen mit Adobe Illustrator | 53

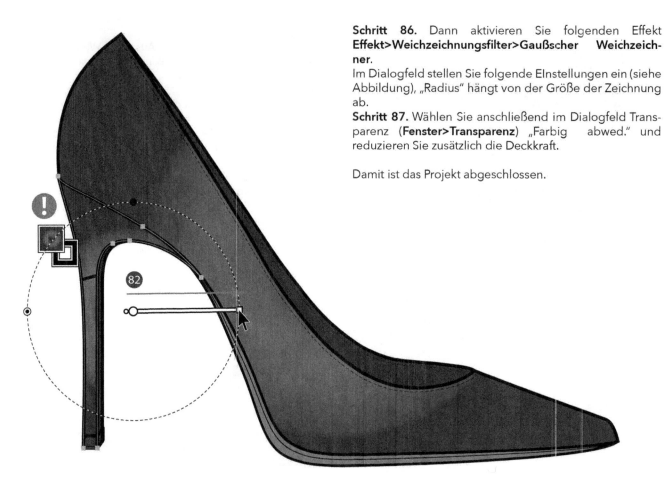

Schritt 86. Dann aktivieren Sie folgenden Effekt **Effekt>Weichzeichnungsfilter>Gaußscher Weichzeichner**.
Im Dialogfeld stellen Sie folgende EInstellungen ein (siehe Abbildung), „Radius" hängt von der Größe der Zeichnung ab.
Schritt 87. Wählen Sie anschließend im Dialogfeld Transparenz (**Fenster>Transparenz**) „Farbig abwed." und reduzieren Sie zusätzlich die Deckkraft.

Damit ist das Projekt abgeschlossen.

Schritt 82. Und ziehen Sie den Mauszeiger bei gedrückter Maustaste z.B. nach rechts um die Verlaufsrichtung zu ändern.
Schritte 83-85. Erstellen Sie mit dem **Zeichenstift-Werkzeug** (P) ein neues Objekt bestehend aus drei Ankerpunkten, schalten Sie dabei die Kontur aus und stellen Sie die Flächenfarbe „Grau" ein.

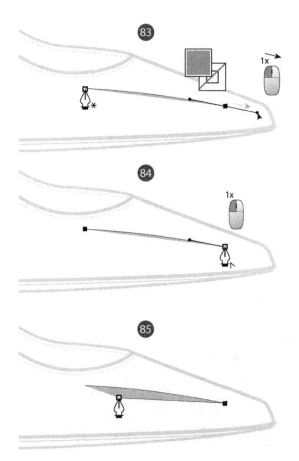

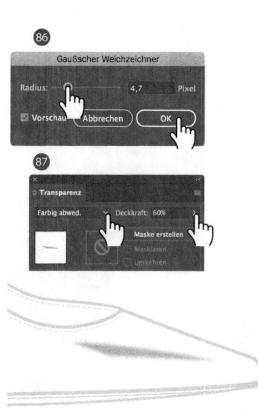

Zusätzliche Schritte
Schritt 88. Wählen Sie mit dem **Auswahl- Werkzeug** (V) das Objekt aus.

Schritt 89. Aktivieren Sie den Kurztastenbefehl **cmd+C / Strg+C** (Kopieren) und den Kurztastenbefehl **cmd+F / Strg+F** (Davor einfügen) um das Objekt zu kopieren.
Schritt 90. Wiederholen Sie die Schritte 88 und 89.
Schritt 91 und 92. Erstellen Sie einen Flächenmuster (z.B. siehe Seite 130) und stellen Sie für beide „Kopien" das jeweilige Muster als Flächenfarbe ein. Durch doppelklick auf **Skalieren- Werkzeug** (S) können Sie die Größe des Musters ändern, vergessen Sie nicht im Dialogfeld die Option „Objekte transformieren" auszuschalten.

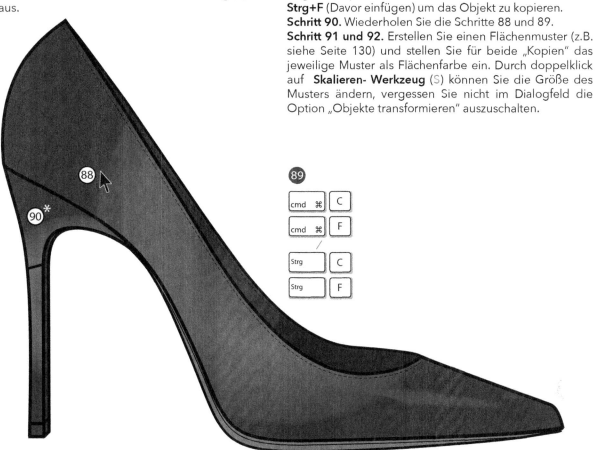

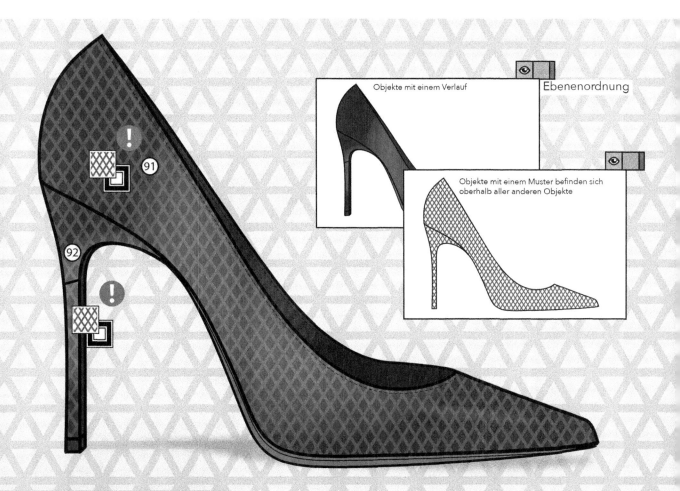

VIDEO TUTORIAL ZU DIESER ÜBUNG
WWW.DIMITRIDESIGN.ORG/TUTORIALS

FEHLER-CHECKLISTE SIEHE
WWW.DIMITRIDESIGN.ORG/TUTORIALS

8.4 TUTORIAL: PILOTENBRILLE

VORAUSSETZUNGEN

-Stellen Sie im Werkzeugbedienfeld Konturfarbe „schwarz" und Flächenfarbe „ohne" ein.

-Stellen Sie im Kontur-Bedienfeld (**Fenster > Kontur**) die Konturstärke auf **1pt** bis **2pt** ein.

Aktivieren Sie folgende Einstellungen: **Ansicht > Lineale >Lineale einblenden, Ansicht > Hilfslinien > Hilfslinien einblenden, Ansicht > Hilfslinien > Hilfslinien sperren, Ansicht > Intelligente Hilfslinien, Ansicht > An Punkt ausrichten.**

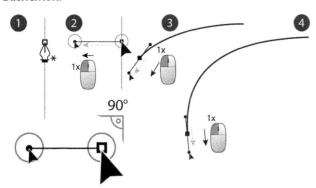

Schritt 1. Platzieren Sie eine vertikale Hilfslinie. Aktivieren Sie das **Zeichenstift-Werkzeug** (P) und erstellen Sie auf der Hilfslinie bei gedrückter linken Maustaste einen Ankerpunkt (Maustaste gedrückt halten).
Schritt 2. Halten Sie zusätzlich die **Shift** Taste gedrückt (90° Winkel) und ziehen Sie den Griffpunkt nach links, dann **zuerst** die Maustaste loslassen und erst dann die **Shift** Taste.
Schritt 3. Erstellen Sie einen weiteren Punkt (Maustaste gedrückt halten) und ziehen Sie mit der Maus den Griffpunkt diagonal nach unten links.

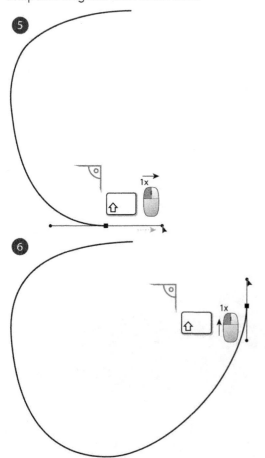

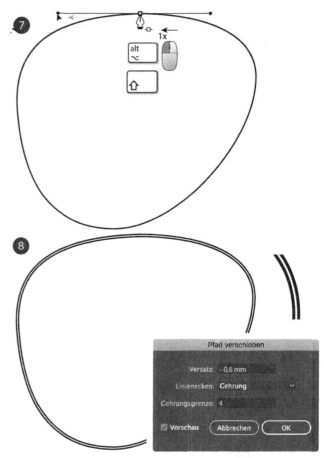

Schritt 4. Erstellen Sie einen weiteren Punkt (Maustaste gedrückt halten) und ziehen Sie mit der Maus den Griffpunkt diagonal nach unten rechts.
Schritte 5. Erstellen Sie einen weiteren Punkt, halten Sie zusätzlich die **Shift** Taste gedrückt und ziehen Sie mit der Maus den Griffpunkt nach rechts, dann zuerst die Maustaste loslassen und erst dann die **Shift** Taste.
Schritt 6. Erstellen Sie einen weiteren Punkt, halten Sie zusätzlich die **Shift** Taste gedrückt und ziehen Sie den Griffpunkt nach oben, dann zuerst die Maustaste loslassen und erst dann die **Shift** Taste.
Schritt 7. Klicken Sie auf den Ankerpunkt bei gedrückter **alt** und **Shift** Taste und ziehen Sie den Griffpunkt nach links, dadurch wird das Objekt geschlossen.
Schritt 8. Wählen Sie jetzt **Objekt>Pfad>Pfad verschieben...** und geben Sie beim Versatz z.B. -0,6mm ein. **Beachten Sie, dass der Versatzabstand immer von der Größe der Zeichnung abhängt.** Minus bedeutet das Duplikat wird nach Innen verschoben, bei Verschiebung nach Außen stellen Sie den Wert ohne „Minus" Zeichen ein. Linienecken auf „Gehrung" und Gehrungsgrenze auf 4 belassen, dann mit „Ok" bestätigen.
Schritt 9. Klicken Sie mit dem **Auswahl- Werkzeug** (V) auf das äußere Objekt.
Schritt 10. Wählen Sie jetzt **Objekt>Pfad>Pfad verschieben...** und geben Sie beim Versatz z.B. 0,6mm ein. Das Objekt wird nach Außen verschoben.

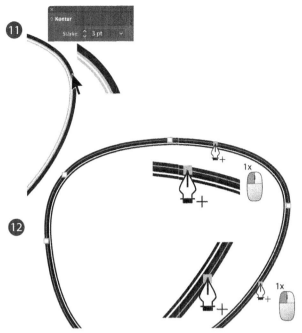

Schritt 11. Öffnen Sie das Bedienfeld **Kontur (Fenster>-Kontur)** und ändern Sie die Stärke der Linie (z.B. auf 3 pt).
Schritt 12. Klicken Sie mit dem **Zeichenstift-Werkzeug** (P) exakt auf den Pfad um zwei weitere Ankerpunkte zu erstellen (neben dem Mauszeiger sollte ein Pluszeichen erscheinen).

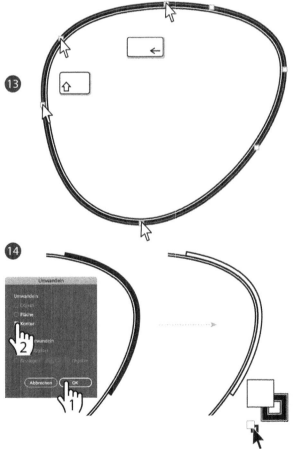

Schritt 13. Klicken Sie mit dem **Direktauswahl- Werkzeug** (A) bei gedrückter **Shift** Taste einzelne Ankerpunkte an um diese auszuwählen und betätigen Sie anschließend die **Rückschritttaste** um dieses Fragment der Linie zu löschen.
Schritt 14. Wählen Sie **Objekt>Umwandeln**, im Dialogfeld deaktivieren Sie „Fläche" und aktivieren Sie „Kontur", dann mit „OK" bestätigen.
Betätigen Sie anschließend die Taste „D" um die Kontur und Fläche Schwarz&Weiss einzustellen.

Schritt 15. Aktivieren Sie das **Zeichenstift-Werkzeug** (P) und erstellen Sie einen Ankerpunkt, die Maustaste nicht loslassen und den Griffpunkt diagonal nach rechts oben ziehen, dann die Maustaste loslassen.
Schritt 16. Erstellen Sie einen weiteren Ankerpunkt, die Maustaste nicht loslassen und den Griffpunkt diagonal nach rechts oben ziehen, dann die Maustaste loslassen.
Schritt 17. Öffnen Sie das Bedienfeld **Kontur (Fenster>-Kontur)** und ändern Sie die Stärke der Linie (z.B. auf 5 pt).
Schritt 18. Wählen Sie **Objekt>Umwandeln**, im Dialogfeld deaktivieren Sie „Fläche" und aktivieren Sie „Kontur", dann mit „OK" bestätigen.

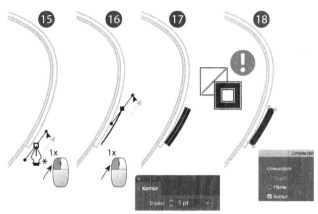

Schritt 19. Wählen Sie mit dem **Direktauswahl- Werkzeug** (A) bei gedrückter **Shift** Taste beide Ankerpunkte aus. (Bei gedrückter **Shift** Taste können Sie mit dem **Direktauswahl-Werkzeug** (A) gleichzeitig mehrere Ankerpunkte auswählen).
Schritt 20. Ziehen Sie mit der Maus an einem der Kreis-Symbole diagonal nach unten zum mittleren Punkt des Rechtecks. Dadurch werden die Ecken des Objektes abgerundet.

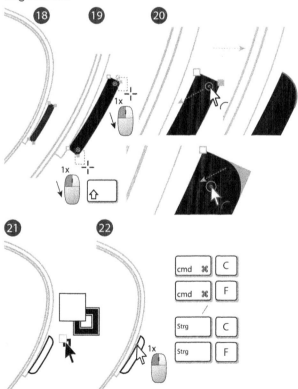

Schritt 21. Betätigen Sie anschließend die Taste „D" um die Kontur und Fläche Schwarz&Weiss einzustellen.
Schritt 22. Klicken Sie mit dem **Direktauswahl- Werkzeug** (A) auf die Linie und aktivieren Sie den Kurztastenbefehl **cmd+C / Strg+C** (Kopieren) und den Kurztastenbefehl **cmd+F / Strg+F** (Davor einfügen).

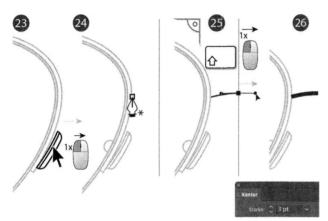

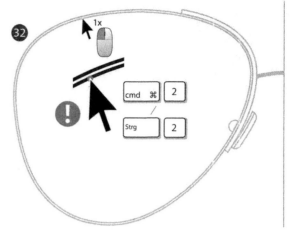

Schritt 23. Betätigen Sie die V Taste (Auswahl- Werkzeug) und verschieben Sie die erzeugte Kopie nach rechts.
Schritt 24. Platzieren Sie eine vertikalte Hilfslinie. Aktivieren Sie das **Zeichenstift-Werkzeug** (P) und erstellen Sie einen Ankerpunkt (Maustaste drücken und loslassen).
Schritt 25. Erstellen Sie einen weiteren Punkt (Maustaste gedrückt halten), betätigen Sie zusätzlich **Shift** Taste und ziehen Sie den Griffpunkt nach rechts, dann zuerst die Maustaste loslassen und **erst** dann die **Shift** Taste.
Schritt 26. Öffnen Sie das Bedienfeld **Kontur (Fenster>Kontur)** und ändern Sie die Stärke der Linie (z.B. auf 3 pt).

Schritt 32. Klicken Sie mit dem **Auswahl- Werkzeug** (V) das innere Objekt an und betätigen Sie den Kurztastenbefehl **cmd+2 / Strg+2** (alternativ wählen Sie **Objekt>Sperren>Auswahl**) um das Objekt zu sperren.
Schritt 33. Klicken Sie mit dem **Auswahl- Werkzeug** (V) auf das äußere Objekt und wählen Sie **Objekt>Pfad>Pfad verschieben...** , geben Sie beim Versatz z.B. 0,6mm ein. Das Objekt wird nach Außen verschoben. **Vergessen Sie nicht dass der „Versatz" immer von der Größe der Zeichnung abhängt.**

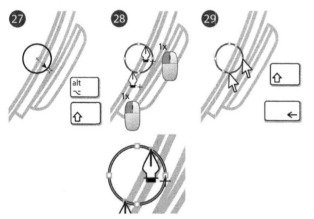

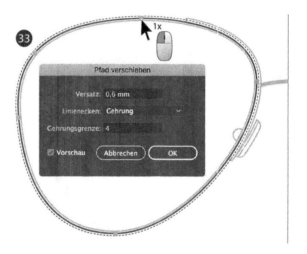

Schritt 27. Aktivieren Sie das **Ellipse-Werkzeug** (L), halten Sie die **alt** und **Shift** Taste gedrückt und erstellen Sie einen Kreis.
Schritt 28. Klicken Sie mit dem **Zeichenstift-Werkzeug** (P) exakt auf den Pfad um zwei weitere Ankerpunkte zu erstellen (neben dem Mauszeiger sollte ein Pluszeichen erscheinen).
Schritt 29. Klicken Sie mit dem **Direktauswahl- Werkzeug** (A) bei gedrückter **Shift** Taste auf beide Ankerpunkte. (Bei gedrückter **Shift** Taste können Sie mit dem **Direktauswahl-Werkzeug** (A) gleichzeitig mehrere Ankerpunkte auswählen) und betätigen Sie anschließend die **Rückschritttaste** um dieses Fragment der Linie zu löschen.

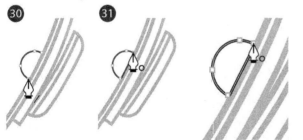

Schritt 30. Klicken Sie mit dem **Zeichenstift-Werkzeug** (P) auf den Ankerpunkt um an diesem Pfad weiterzuzeichnen.
Schritt 31. Mit einem Klick auf den anderen Ankerpunkt wird das Objekt geschlossen.

Schritt 34. Klicken Sie mit dem **Direktauswahl- Werkzeug** (A) bei gedrückter **Shift** Taste auf beide Ankerpunkte um diese auszuwählen und betätigen Sie anschließend die **Rückschritttaste** um dieses Fragment der Linie zu löschen.

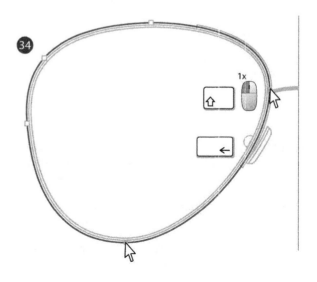

Schritt 35. Klicken Sie mit dem **Zeichenstift-Werkzeug** (P) exakt auf den Pfad um einen weiteren Ankerpunkte zu erstellen (neben dem Mauszeiger sollte ein Pluszeichen erscheinen).

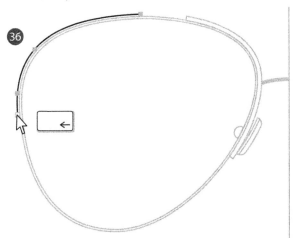

Schritt 36. Klicken Sie mit dem **Direktauswahl- Werkzeug** (A) auf den Ankerpunkte und betätigen Sie anschließend die **Rückschritttaste** um dieses Fragment der Linie zu löschen.

Schritte 37. Klicken Sie mit dem **Zeichenstift-Werkzeug** (P) auf den Ankerpunkt, halten Sie die Maustaste gedrückt, ziehen Sie den Griffpunkt nach rechts und betätigen Sie zusätzlich die **Shift** Taste, dann zuerst die Maustaste loslassen und erst dann die **Shift** Taste.

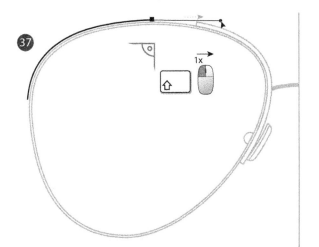

Schritt 38. Erstellen Sie einen weiteren Ankerpunkt, halten Sie die Maustaste gedrückt, ziehen Sie den Griffpunkt nach rechts und betätigen Sie zusätzlich die **Shift** Taste, dann zuerst die Maustaste loslassen und erst dann die **Shift** Taste.

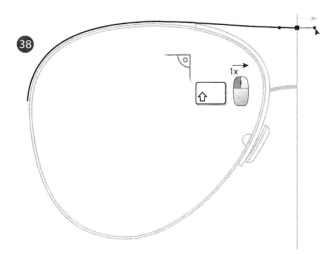

Schritt 39. Öffnen Sie das Bedienfeld **Kontur (Fenster>-Kontur)** und ändern Sie die Stärke der Linie (z.B. auf 6 pt).

Schritt 40. Betätigen Sie den Kurztastenbefehl **alt+cmd+2 / alt+Strg+2** (alternativ wählen Sie **Objekt>Alle entsperren**) um alle gesperrten Objekte im Dokument wieder zu entsperren.

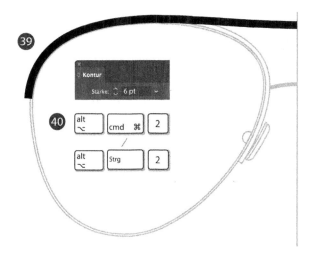

Schritt 41. Wählen Sie mit dem **Auswahl- Werkzeug** (V) alle Objekte aus.

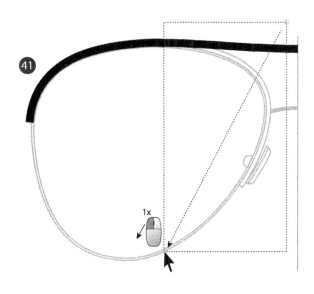

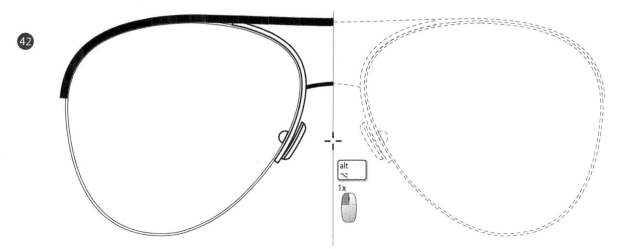

Schritt 42. Aktivieren Sie das **Spiegeln-Werkzeug** (O). Positionieren Sie den Mauszeiger auf der vertikalen Hilfslinie, drücken Sie die **alt** Taste (alt Taste gedrückt halten) und betätigen Sie die linke Maustaste (drücken und loslassen). Es wird das Bedienfeld des Spiegeln-Werkzeuges geöffnet (**alt** Taste jetzt loslassen).
Aktivieren Sie die Option „Vertikal", dann „Vorschau", schauen Sie ob alles stimmt und klicken Sie auf „Kopieren". Es wird ein gespiegeltes Duplikat erstellt.

Schritt 43. Ziehen Sie mit dem **Direktauswahl- Werkzeug** (A) bei gedrückter linken Maustaste einen Auswahlrahmen. Dadurch wird jeweils ein Endpunkt von jedem Pfad ausgewählt. Dann aktivieren Sie den Kurztastenbefehl **alt+cmd+J /alt+Strg+J**. Im Bedienfeld „Durchschnitt berechnen" stellen Sie die Option auf „Beide" ein, dadurch werden die Punkte exakt übereinander gelegt (Vertikal und Horizontal) und aktivieren Sie dann den Kurztastenbefehl **cmd+J / Strg+J** (Zusammenfügen). Zwei Pfade wurden zu einem Pfad zusammengefügt.
Schritt 44. Wiederholen Sie den Schritt 43.

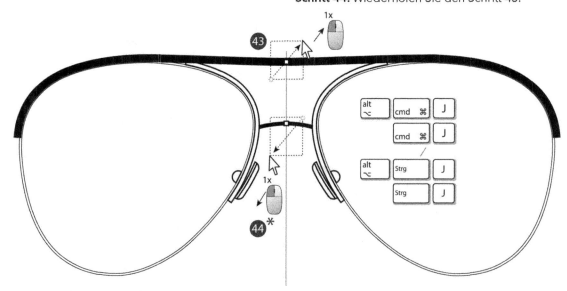

Schritt 45. Klicken Sie mit dem **Auswahl- Werkzeug** (V) bei gedrückter **Shift** Taste auf beide Objekte. (Bei gedrückter **Shift** Taste werden mit dem **Auswahl- Werkzeug** (V) gleichzeitig mehrere Objekte ausgewählt).

Wählen Sie anschließend **Objekt>Umwandeln,** im Dialogfeld deaktivieren Sie „Fläche" und aktivieren Sie „Kontur", dann mit „OK" bestätigen.

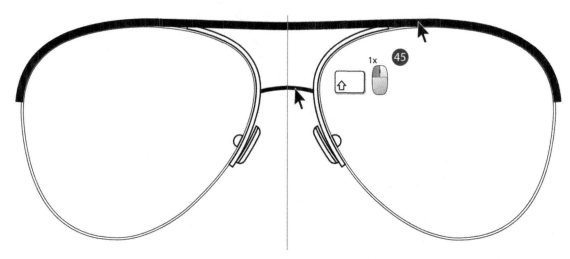

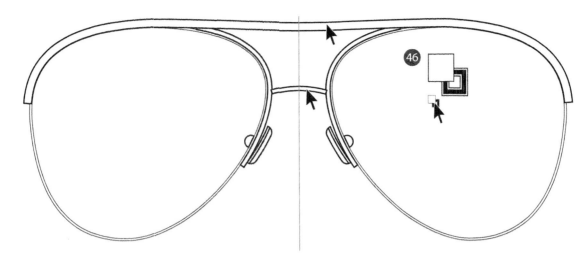

Schritt 46. Stellen Sie für beide Objekte die Flächenfarbe „Weiss" ein.

Schritt 52. Stellen Sie für das Objekt die Flächenfarbe „Weiss" ein.

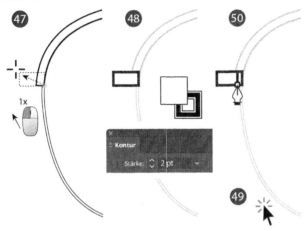
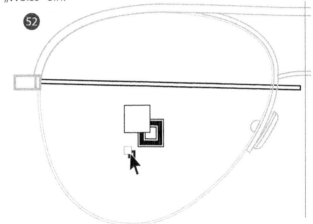

Schritt 47. Aktivieren Sie das **Rechteck-Werkzeug** (M) und erstellen Sie ein Rechteck.
Schritt 48. Öffnen Sie das Bedienfeld **Kontur (Fenster>-Kontur)** und ändern Sie die Stärke der Linie (z.B. auf 2 pt). Stellen Sie für das Objekt die Flächenfarbe „Weiss" ein.
Schritt 49. Betätigen Sie die V Taste (Auswahl- Werkzeug) und klicken Sie auf die leere Zeichenfläche um die Auswahl aufzuheben.
Schritt 50. Erstellen Sie mit dem **Zeichenstift-Werkzeug** (P) eine neue Linie. Betätigen Sie anschließend die V Taste (Auswahl- Werkzeug) und klicken Sie auf die leere Zeichenfläche um die Auswahl aufzuheben.

Schritt 53. Aktivieren Sie das **Rechteck-Werkzeug** (M) und erstellen Sie ein Rechteck.
Schritt 54. Aktivieren Sie das **Zeichenstift-Werkzeug** (P) und beginnen Sie eine neue Linie zu zeichnen. Stellen Sie die Konturstärke auf 2 pt ein.
Schritt 55. Erstellen Sie einen weiteren Punkt.
Schritt 56. Erstellen Sie einen weiteren Punkt und ziehen Sie mit der Maus den Griffpunkt diagonal nach unten rechts.

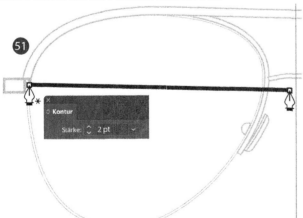
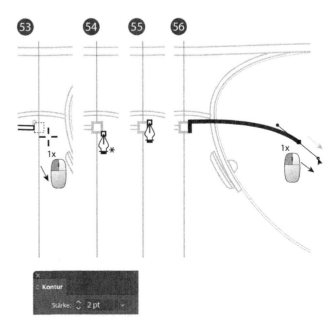

Schritt 51. Erstellen Sie mit dem **Zeichenstift-Werkzeug** (P) eine neue Linie. Ändern Sie die Konturstärke der Linie (z.B. 3 pt) und wählen Sie anschließend **Objekt>Umwandeln**, im Dialogfeld deaktivieren Sie „Fläche" und aktivieren Sie „Kontur", dann mit „OK" bestätigen und stellen Sie die Konturstärke auf 3pt ein.

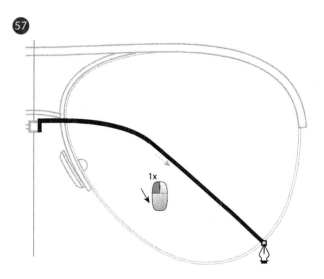

Schritt 57. Erstellen Sie einen weiteren Punkt (Maustaste drücken und loslassen, nicht ziehen!).

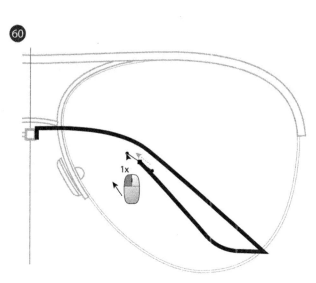

Schritt 61. Klicken Sie auf den ersten Ankerpunkt, dadurch wird das Objekt geschlossen.

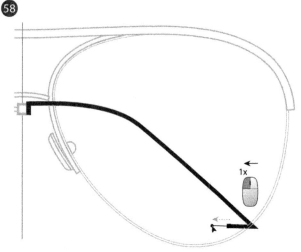

Schritte 58. Erstellen Sie einen weiteren Punkt und ziehen Sie mit der Maus den Griffpunkt nach links.

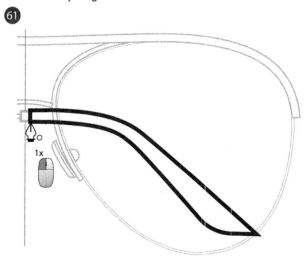

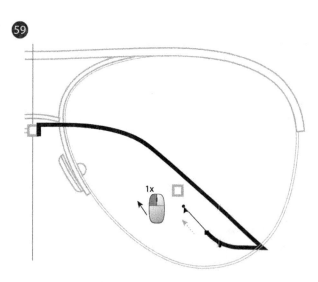

Schritt 59. Erstellen Sie einen weiteren Punkt und ziehen Sie mit der Maus den Griffpunkt diagonal nach links oben.
Schritt 60. Erstellen Sie einen weiteren Punkt und ziehen Sie mit der Maus den Griffpunkt diagonal nach links oben.

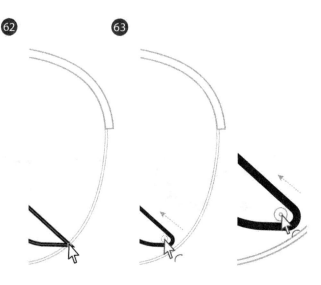

Schritt 62. Klicken Sie mit dem **Direktauswahl- Werkzeug** (A) auf den Ankerpunkt
Schritt 63. Und ziehen Sie mit der Maus an einem der Kreis-Symbole diagonal nach links oben. Dadurch wird die Ecke des Objektes abgerundet.

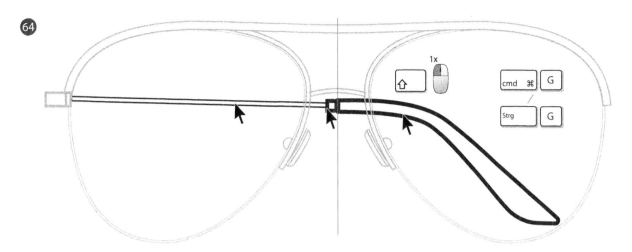

Schritt 64. Klicken Sie mit dem **Auswahl- Werkzeug** (V) bei gedrückter **Shift** Taste auf folgende Objekte (siehe Abbildung). Und betätigen Sie anschließend den Kurztastenbefehl **cmd+G / Strg+G**.

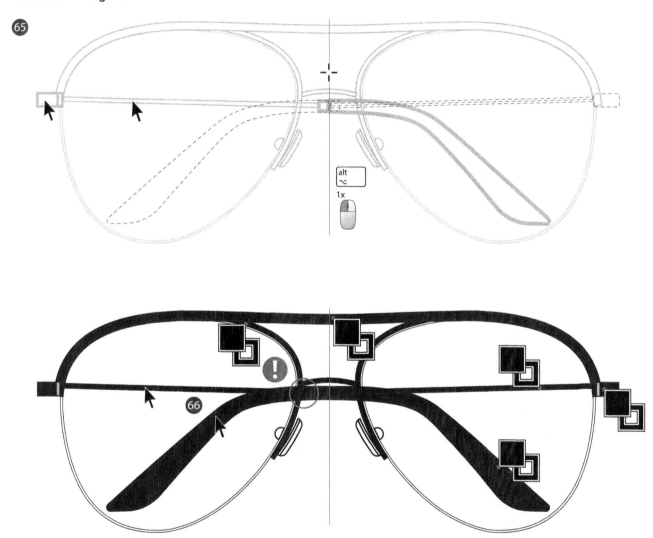

Schritt 65. Aktivieren Sie das **Spiegeln-Werkzeug** (O). Positionieren Sie den Mauszeiger auf der vertikalen Hilfslinie, drücken Sie die **alt** Taste (alt Taste gedrückt halten) und betätigen Sie die linke Maustaste (drücken und loslassen). Es wird das Bedienfeld des Spiegeln-Werkzeuges geöffnet (**alt** Taste jetzt loslassen).
Aktivieren Sie die Option „Vertikal", dann „Vorschau", schauen Sie ob alles stimmt und klicken Sie auf „Kopieren". Es wird ein gespiegeltes Duplikat erstellt.

Schritt 66. Stellen Sie nun für folgende Objekte (siehe Abbildung) die Flächenfarbe „Schwarz" ein.

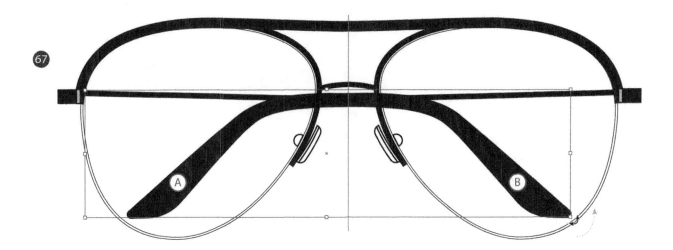

Schritt 67. Drehen Sie mit dem **Auswahl- Werkzeug** (V) die Objektgruppen „A" und „B", sodass die Objekte wie in der Abbildung aussehen (siehe Abbildung unten).
Schritt 68. Klicken Sie mit dem **Auswahl- Werkzeug** (V) auf das innere Objekt.
Schritt 69. Und aktivieren Sie den Kurztastenbefehl **cmd+C / Strg+C** (Kopieren) und den Kurztastenbefehl **cmd+F / Strg+F** (Davor einfügen).

Schritt 70. Aktivieren Sie den Kurztastenbefehl **cmd+2 / Strg+2** (alternativ wählen Sie „Objekt>Sperren>Auswahl") um die **Kopie** des Objektes zu sperren.
Schritt 71. Wiederholen Sie die Schritte 68 bis 70 um eine Kopie des Objektes für die andere Seite zu erstellen.

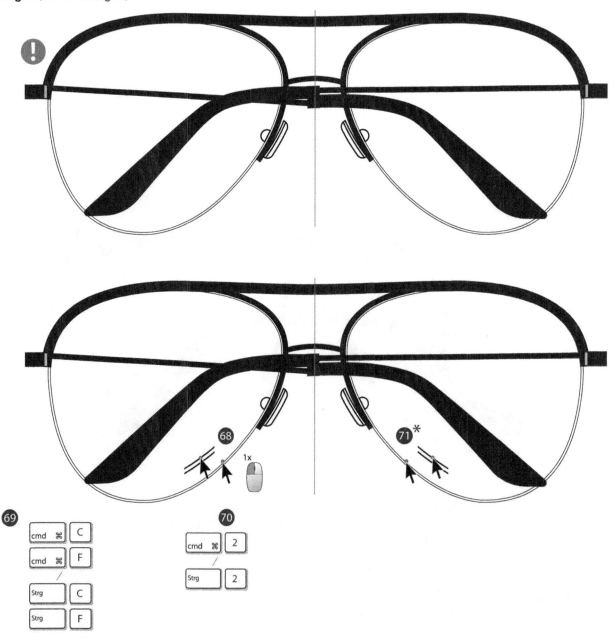

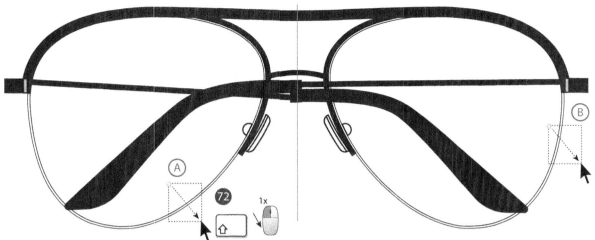

Schritt 72. Wählen Sie mit dem **Auswahl- Werkzeug** (V) bei gedrückter **Shift** Taste folgende Objekte aus „A" und „B" (siehe Abbildung).

Schritt 76. Wählen Sie mit dem **Auswahl- Werkzeug** (V) beide Objekte aus (Gruppe B) und klicken Sie im Bedienfeld „Pathfinder" (**Fenster>Pathfinder**) auf „Vorderes Objekt abziehen".

Schritt 73. Halten Sie die **Shift** Taste gedrückt, klicken Sie mehrmals rechte Pfeiltaste. Die beiden Objekte werden nach rechts verschoben.

Schritt 77. Betätigen Sie den Kurztastenbefehl **alt+cmd+2 / alt+Strg+2** (alternativ wählen Sie **Objekt>Alle entsperren**) um die gesperrten Kopien aus Schritt 69 wieder zu entsperren.

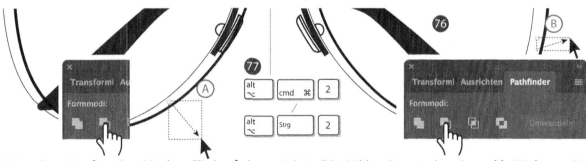

Schritt 74. Stellen Sie für die Objekte Flächenfarbe „Schwarz" ein.
Schritt 75. Wählen Sie mit dem **Auswahl- Werkzeug** (V) beide Objekte aus (Gruppe A) und klicken Sie im Bedienfeld „Pathfinder" (**Fenster>Pathfinder**) oben links auf „Vorderes Objekt abziehen".

Schritt 78. Wählen Sie mit dem **Auswahl- Werkzeug** (V) beide Objekte aus (Gruppe A und B), halten Sie die **Shift** Taste gedrückt und klicken Sie mehrmals linke Pfeiltaste um die beiden Objekte auf die ursprüngliche Position zu verschieben.
Schritt 79. Und betätigen Sie den Kurztastenbefehl **cmd+2 / Strg+2** (alternativ wählen Sie **Objekt>Sperren>Auswahl**) um die beiden Objekt zu sperren.

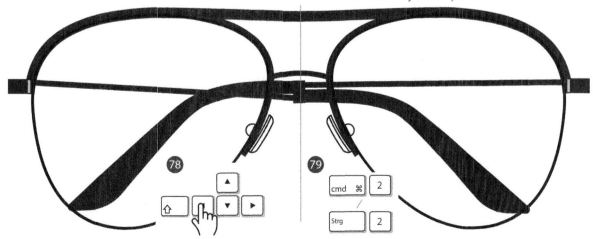

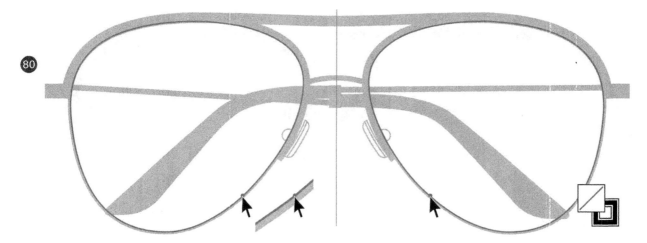

Schritt 80. Wählen Sie jetzt mit dem **Auswahl- Werkzeug** (V) die kopierten Objekte aus „Schritt 69 und 71" aus und aktivieren Sie den Befehl **Objekt>Anordnen>In den Vordergrund**.

Schritte 82. Aktivieren Sie dann das **Verlaufwerkzeug** (G).
Schritt 83. Und ziehen Sie den Mauszeiger bei gedrückter Maustaste nach oben um die Verlaufsrichtung zu ändern.

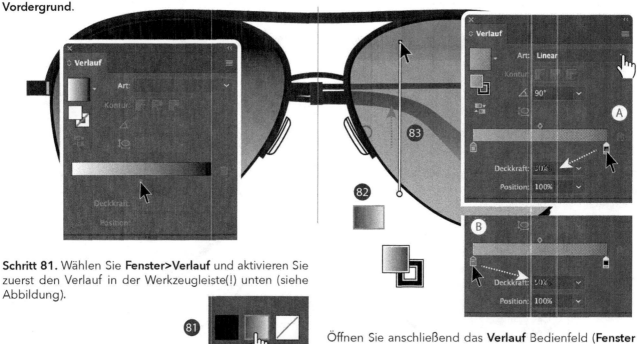

Schritt 81. Wählen Sie **Fenster>Verlauf** und aktivieren Sie zuerst den Verlauf in der Werkzeugleiste(!) unten (siehe Abbildung).

Öffnen Sie anschließend das **Verlauf** Bedienfeld (**Fenster >Verlauf**) und stellen Sie für beide Farbregler ("A" und „B") folgende Einstellungen ein (siehe Abbildung).

Durch die Reduzierung der „Deckkraft" kann man transparente Materialien wie Glas, Plastik etc. realistisch darstellen.

VIDEO TUTORIAL ZU DIESER ÜBUNG
WWW.DIMITRIDESIGN.ORG/TUTORIALS

FEHLER-CHECKLISTE SIEHE
WWW.DIMITRIDESIGN.ORG/TUTORIALS

8.5 TUTORIAL: HALSKETTE

VORAUSSETZUNGEN

-Stellen Sie im Werkzeugbedienfeld Konturfarbe „schwarz" und Flächenfarbe „ohne" ein.

-Stellen Sie im Kontur-Bedienfeld (**Fenster > Kontur**) die Konturstärke auf **1pt** bis **2pt** ein.

Aktivieren Sie folgende Einstellungen: **Ansicht > Lineale >Lineale einblenden, Ansicht > Hilfslinien > Hilfslinien einblenden, Ansicht > Hilfslinien > Hilfslinien sperren, Ansicht > Intelligente Hilfslinien, Ansicht > An Punkt ausrichten**.

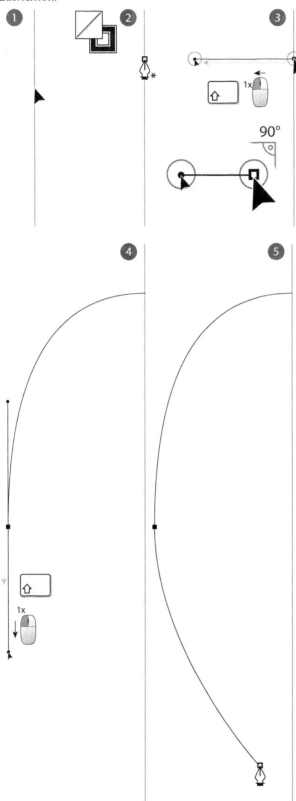

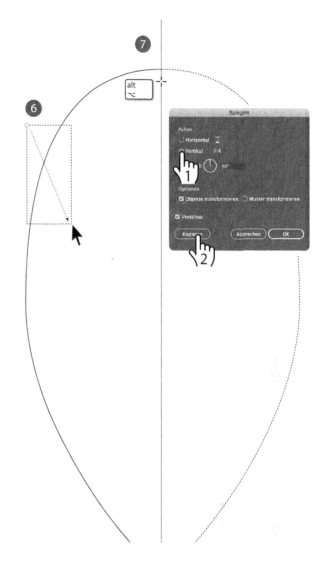

Schritt 1. Platzieren Sie eine vertikale Hilfslinie.
Schritt 2. Aktivieren Sie das **Zeichenstift-Werkzeug** (P) und erstellen Sie auf der Hilfslinie bei gedrückter linken Maustaste einen Ankerpunkt (Maustaste gedrückt halten).
Schritt 3. Betätigen Sie zusätzlich die **Shift** Taste (90° Winkel) und ziehen Sie den Griffpunkt nach links, dann **zuerst** die Maustaste loslassen und erst dann die **Shift** Taste.
Schritt 4. Erstellen Sie einen weiteren Punkt, halten Sie zusätzlich die **Shift** Taste gedrückt und ziehen Sie mit der Maus den Griffpunkt nach unten, dann zuerst die Maustaste loslassen und erst dann die **Shift** Taste.
Schritt 5. Erstellen Sie einen weiteren Ankerpunkt.
Schritt 6. Ziehen Sie mit dem **Auswahl- Werkzeug** (V) einen Auswahlrahmen um das Objekt um es auszuwählen.
Schritt 7. Aktivieren Sie das **Spiegeln-Werkzeug** (O). Positionieren Sie den Mauszeiger auf der vertikalen Hilfslinie, drücken Sie die **alt** Taste (**alt** Taste nicht loslassen) und betätigen Sie die linke Maustaste (drücken und loslassen). Es wird das Bedienfeld des Spiegeln-Werkzeuges geöffnet (**alt** Taste jetzt loslassen).

Aktivieren Sie die Option „Vertikal", dann „Vorschau", schauen Sie ob alles stimmt und klicken Sie auf „Kopieren". Es wird ein gespiegeltes Duplikat erstellt.

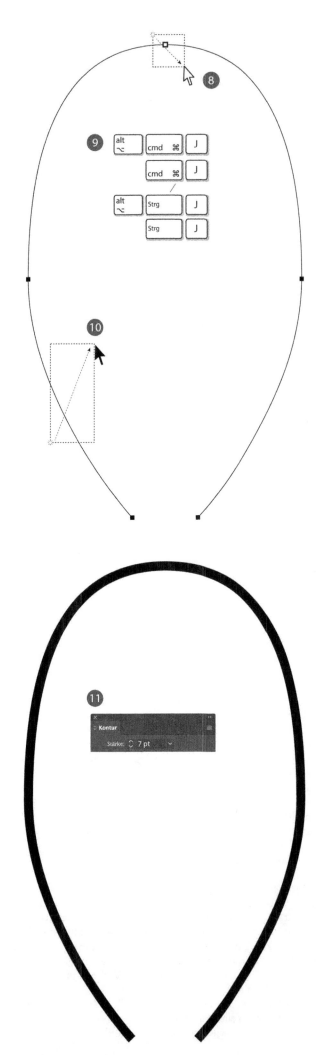
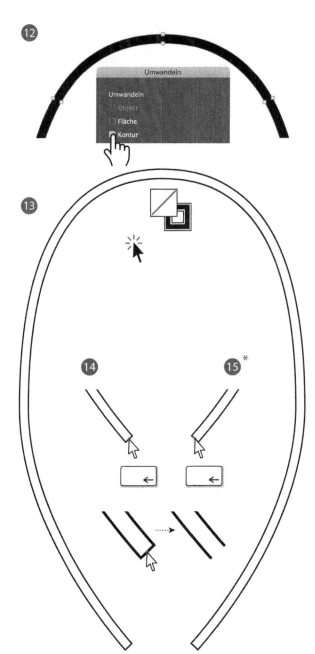

Schritt 8. Ziehen Sie mit dem **Direktauswahl- Werkzeug** (A) bei gedrückter linken Maustaste einen Auswahlrahmen. Dadurch wird jeweils ein Endpunkt von jedem Pfad ausgewählt.
Schritt 9. Betätigen Sie dann den Kurztastenbefehl **alt+cmd+J /alt+Strg+J**. Im Bedienfeld „Durchschnitt berechnen" stellen Sie die Option auf „Beide" ein, dadurch werden die Punkte exakt übereinander gelegt (Vertikal und Horizontal) und betätigen Sie dann den Kurztastenbefehl **cmd+J / Strg+J** (Zusammenfügen). Zwei Pfade wurden zu einem Pfad zusammengefügt.
Schritt 10. Ziehen Sie mit dem **Auswahl- Werkzeug** (V) einen Auswahlrahmen um das gezeichnete Objekt.
Schritt 11. Öffnen Sie das Bedienfeld **Kontur (Fenster>Kontur)** und ändern Sie die Konturstärke (z.B. auf 7 pt).
Schritt 12. Wählen Sie anschließend **Objekt>Umwandeln**, im Dialogfeld deaktivieren Sie „Fläche" und aktivieren Sie „Kontur", dann mit „OK" bestätigen.
Schritt 13. Deaktivieren Sie für das Objekt die Flächenfarbe, betätigen Sie die V Taste (Auswahl- Werkzeug) und klicken Sie auf die leere Zeichenfläche um die Auswahl aufzuheben.
Schritt 14. Klicken Sie mit dem **Direktauswahl- Werkzeug** (A) auf die Linie und betätigen Sie die **Rückschritttaste** um ein Fragment des Objektes zu löschen.
Schritt 15. Wiederholen Sie Schritt 14.

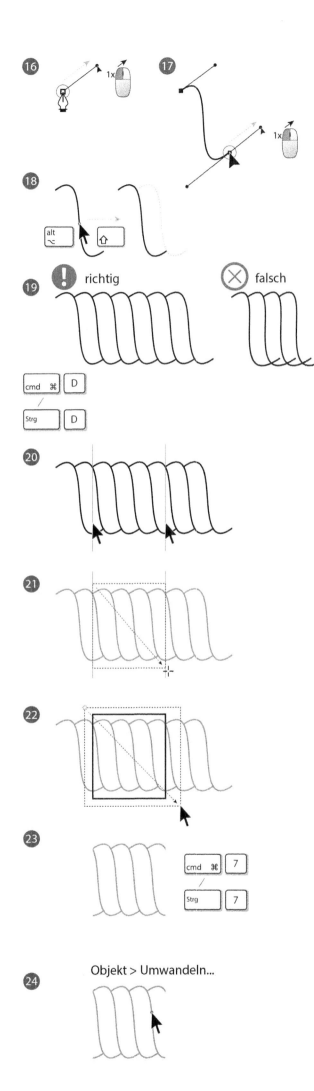
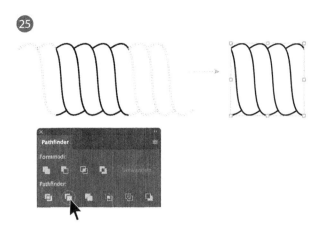

Schritt 16. Aktivieren Sie das **Zeichenstift- Werkzeug** (P) erstellen Sie einen Ankerpunkt (Maustaste nicht loslassen) und ziehen Sie den Griffpunkt diagonal nach rechts oben.
Schritt 17. Erstellen Sie einen weiteren Ankerpunkt, dabei sollte die Grifflinie parallel zu der Grifflinie aus Schritt 16 liegen (nach Augenmass).
Schritt 18. Betätigen Sie die **V** Taste (Auswahl- Werkzeug), betätigen Sie die **alt** Taste (nicht loslassen), bewegen Sie das Objekt mit der Maus nach rechts und aktivieren Sie zusätzlich die **Shift-** Taste, dann am Zielort **zuerst** die linke Maustaste loslassen und erst dann die **alt** und **Shift** Taste. Dadurch wird eine Kopie des Objektes erstellt. **Achten Sie auf den Abstand zwischen den Objekten, die Objekte sollten sich nicht überschneiden! (siehe Abbildung).**
Schritt 19. Aktivieren Sie jetzt den Kurztastenbefehl **cmd+D / Strg+D** (Erneut transformieren), dadurch werden mehrere Duplikate mit dem gleichen Abstand erstellt.
Schritt 20. Platzieren Sie zwei vertikale Hilfslinien.
Schritt 21. Aktivieren Sie das **Rechteck-Werkzeug** (M) und erstellen Sie ein Rechteck.
Schritt 22. Ziehen Sie mit dem **Auswahl- Werkzeug** (V) einen Auswahlrahmen um die gezeichneten Objekte.
Schritt 23. Aktivieren Sie den Kurztastenbefehl **cmd+7 / Strg+7** (**Objekt>Schnittmaske>Erstellen**).
Schritt 24. Wählen Sie **Objekt>Umwandeln**.
Schritt 25. Klicken Sie im Bedienfeld „Pathfinder" (**Fenster>Pathfinder**) auf „Überlappungsbereich entfernen".
Schritt 26. Ziehen Sie mit dem **Auswahl- Werkzeug** (V) einen Auswahlrahmen um das Objekt.
Dann öffnen Sie das Bedienfeld **Pinsel (Fenster>Pinsel)** und ziehen Sie das Objekt in das Bedienfeld „Pinsel" (Drag&Drop Verfahren) oder alternativ klicken Sie auf das Symbol „Neu"
Im Dialogfeld aktivieren Sie „Musterpinsel" und bestätigen Sie die Eingaben mit „OK".

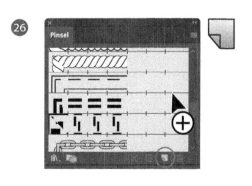

Accessoires - Digital Zeichnen mit Adobe Illustrator | **69**

Schritt 27. Ziehen Sie mit dem **Auswahl- Werkzeug** (V) einen Auswahlrahmen um beide Objekte.
Schritt 28. Klicken Sie im Fenster „Pinsel" (**Fenster>Pinsel**) auf den erstellten Musterpinsel.
Schritt 29. Öffnen Sie das Bedienfeld **Kontur (Fenster>- Kontur)** und ändern Sie die Konturstärke (z.B. auf 0,25 pt) damit der Musterpinsel-Rapport verkleinert wird.
Schritt 30. Erstellen Sie mit dem **Rechteck-Werkzeug** (M) ein neues Rechteck, stellen Sie dabei die Flächenfarbe „weiss" ein.
Schritt 31. Betätigen Sie die **alt** Taste (nicht loslassen), bewegen Sie das Objekt mit der Maus nach rechts und aktivieren Sie zusätzlich die **Shift-** Taste, dann am Zielort **zuerst** die linke Maustaste loslassen und erst dann die **alt** und **Shift** Taste.
Schritt 32. Klicken Sie mit dem **Auswahl- Werkzeug** (V) bei gedrückter **Shift** Taste auf beide Objekte. Betätigen Sie dann den Kurztastenbefehl **cmd+G / Strg+G**.
Schritt 33. Betätigen Sie die **alt** Taste (nicht loslassen), bewegen Sie das Objekt mit der Maus diagonal nach unten rechts, dann am Zielort **zuerst** die linke Maustaste loslassen und erst dann die **alt** Taste.

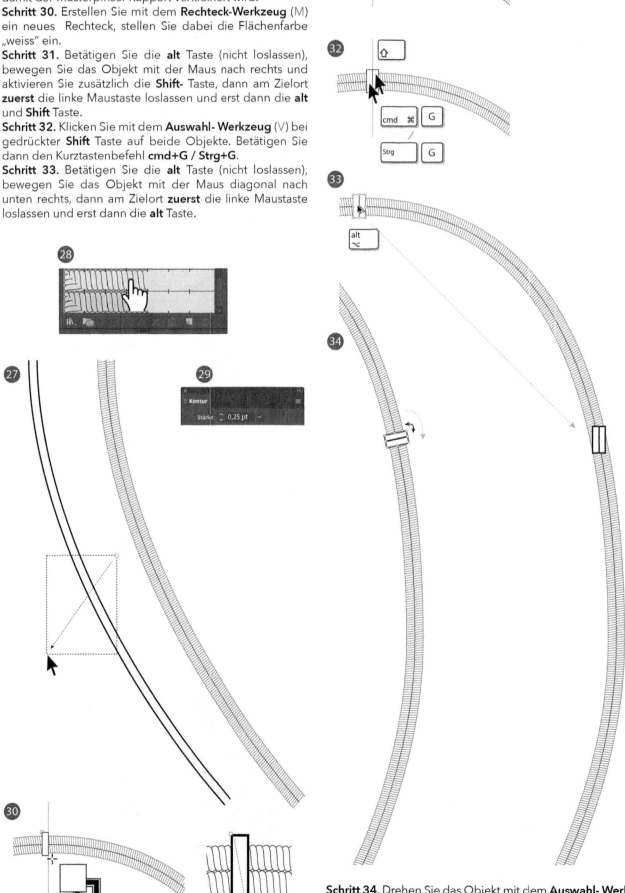

Schritt 34. Drehen Sie das Objekt mit dem **Auswahl- Werkzeug** (V).

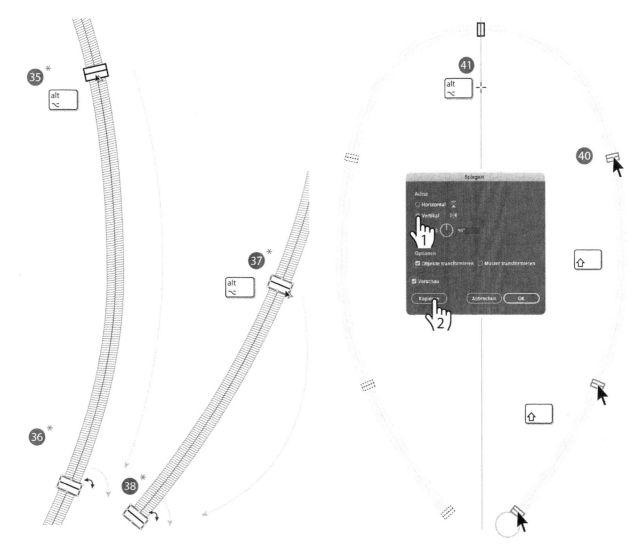

Schritte 35 bis 38. Wiederholen Sie die Schritte 33 und 34.

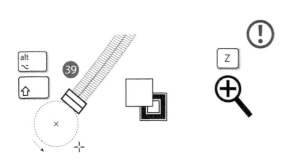

Schritt 39. Aktivieren Sie das **Ellipse-Werkzeug** (L), halten Sie die **alt** und **Shift** Taste gedrückt und erstellen Sie einen Kreis.
Schritt 40. Klicken Sie mit dem **Auswahl- Werkzeug** (V) bei gedrückter **Shift** Taste auf die drei Objekte.
Schritt 41. Aktivieren Sie das **Spiegeln-Werkzeug** (O). Positionieren Sie den Mauszeiger auf der vertikalen Hilfslinie, drücken Sie die **alt** Taste (**alt** Taste nicht loslassen) und betätigen Sie die linke Maustaste (drücken und loslassen). Es wird das Bedienfeld des Spiegeln-Werkzeuges geöffnet (**alt** Taste jetzt loslassen).

Aktivieren Sie die Option „Vertikal", dann „Vorschau", schauen Sie ob alles stimmt und klicken Sie auf „Kopieren". Es wird ein gespiegeltes Duplikat erstellt.

Schritt 42. Aktivieren Sie das **Zeichenstift-Werkzeug** (P) und erstellen Sie einen Ankerpunkt (linke Maustaste drücken und loslassen).
Schritt 43. Erstellen Sie einen weiteren Ankerpunkt, die Maustaste nicht loslassen und den Griffpunkt diagonal nach rechts oben ziehen, dann die Maustaste loslassen.
Schritt 44. Erstellen Sie einen weiteren Ankerpunkt (linke Maustaste drücken und loslassen).

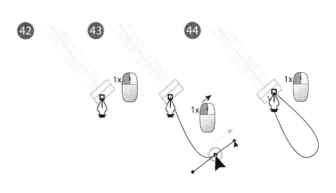

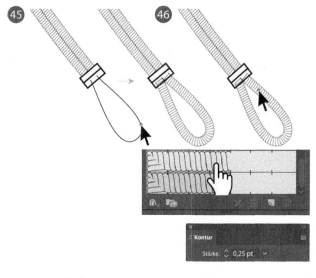

Schritt 45. Klicken Sie im Fenster „Pinsel" (**Fenster>Pinsel**) auf den erstellten Musterpinsel.
Schritt 46. Öffnen Sie das Bedienfeld **Kontur (Fenster>Kontur)** und stellen Sie die gleiche Konturstärke wie bei Schritt 29 ein.
Schritt 47. Wählen Sie **Objekt>Anordnen>In den Hintergrund** um das Objekt in den Hintergrund zu verschieben.
Schritt 48. Aktivieren Sie das **Ellipse-Werkzeug** (L), halten Sie die **alt** und **Shift** Taste gedrückt und erstellen Sie einen Kreis.
Schritt 49. Wählen Sie jetzt **Objekt>Pfad>Pfad verschieben...** und geben Sie beim Versatz z.B. -1mm ein. Minus bedeutet das Duplikat wird nach Innen verschoben, bei Verschiebung nach Außen stellen Sie den Wert ohne „Minus" Zeichen ein. Linienecken auf „Gehrung" und Gehrungsgrenze auf 4 belassen, dann mit „Ok" bestätigen.

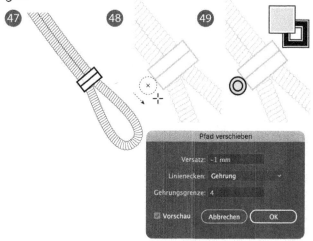

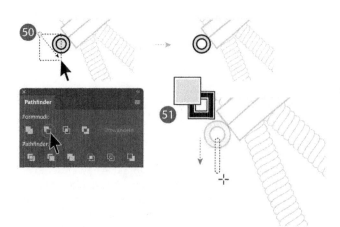

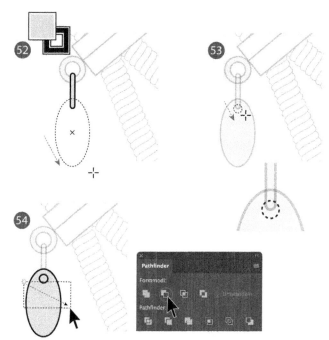

Schritt 50. Ziehen Sie mit dem **Auswahl- Werkzeug** (V) einen Auswahlrahmen um die beiden Objekte.
Klicken Sie anschließend im Bedienfeld „Pathfinder" (**Fenster>Pathfinder**) oben links auf „Vorderes Objekt abziehen".

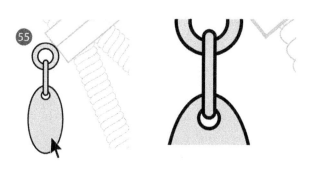

Schritt 51. Aktivieren Sie das **Abgerundetes-Rechteck-Werkzeug** und erstellen Sie ein abgerundetes Rechteck, Alternativ benutzen Sie das **Rechteck- Werkzeug** (M) und runden Sie die Ecken ab.
Schritt 52. Aktivieren Sie das **Ellipse-Werkzeug** (L) und erstellen Sie eine Ellipse.
Schritt 53. Zeichnen Sie mit dem **Ellipse-Werkzeug** (L), bei gedrückter **alt** und **Shift** Taste einen Kreis.
Schritt 54. Ziehen Sie mit dem **Auswahl- Werkzeug** (V) einen Auswahlrahmen um beide Objekte (Achten Sie darauf, dass beim Auswählen nur zwei Objekte ausgewählt werden).
Klicken Sie anschließend im Bedienfeld „Pathfinder" (**Fenster>Pathfinder**) auf „Vorderes Objekt abziehen".
Schritt 55. Wählen Sie **Objekt>Anordnen>In den Hintergrund** um das Objekt in den Hintergrund zu verschieben.
Schritt 56. Stellen Sie für alle anderen Metall-Elemente die „Flächenfarbe" „Grau" ein.
Schritt 57. Falls erwünscht, können Sie am Ende einen voreingestellten Metalverlauf für diverse Metalelemente einstellen (**Fenster>Farbfeldbibliotheken>Verläufe>Metalle**).

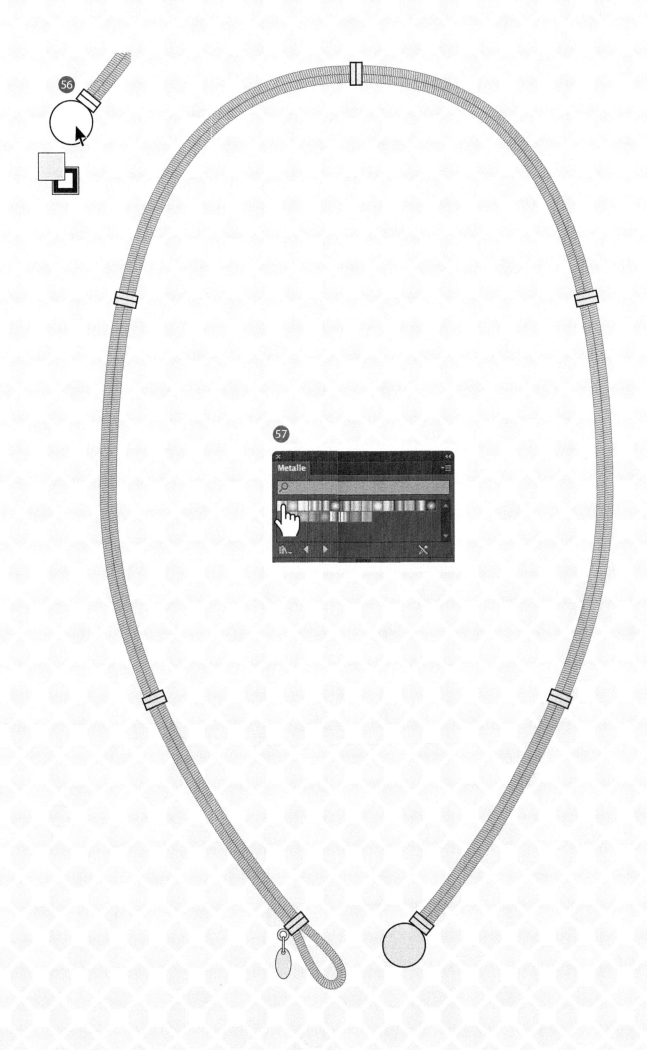

8.6 TUTORIAL: LAPTOP BAG
FLACHE SKIZZE
VORAUSSETZUNGEN

-Stellen Sie im Werkzeugbedienfeld Konturfarbe „schwarz" und Flächenfarbe „ohne" ein.

-Stellen Sie im Kontur-Bedienfeld (**Fenster > Kontur**) die Konturstärke auf **1pt** bis **2pt** ein.

Aktivieren Sie folgende Einstellungen: **Ansicht > Lineale >Lineale einblenden, Ansicht > Hilfslinien > Hilfslinien einblenden, Ansicht > Hilfslinien > Hilfslinien sperren, Ansicht > Intelligente Hilfslinien, Ansicht > An Punkt ausrichten.**

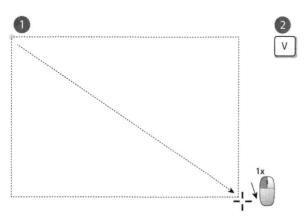

Schritt 1. Aktivieren Sie das **Rechteck-Werkzeug** (M) und erstellen Sie ein Rechteck.
Schritt 2. Betätigen Sie die **V** Taste (Auswahl-Werkzeug).
Schritt 3. Platzieren Sie mit dem Mauszeiger eine vertikale Hilfslinie, beim Ziehen platzieren Sie den Cursor über das mittlere Rechteck (Objekt-Mitte). Die Hilfslinie wird magnetisch auf dem Punkt fixiert.
Schritt 4. Ziehen Sie mit dem Mauszeiger an einem der Kreis-Symbole diagonal zum mittleren Punkt des Rechtecks. Dadurch werden die Ecken der Tasche abgerundet.

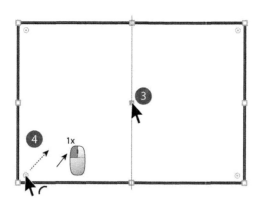

Schritt 5 und 6. Erstellen Sie mit dem **Zeichenstift-Werkzeug** (P) eine gerade Linie (klicken, nicht ziehen!).
Schritt 7. Erstellen Sie mit dem **Rechteck-Werkzeug** (M) ein weiteres Rechteck.
Schritt 8. Runden Sie die Ecken des Rechtecks ab (siehe Schritt 4).
Schritt 9. Wählen Sie mit dem **Direktauswahl- Werkzeug** (A) die beiden unteren Ankerpunkte aus (siehe Abbildung).
Schritt 10. Und betätigen Sie die **Rückschritttaste** um diesen Fragment der Linie zu löschen.

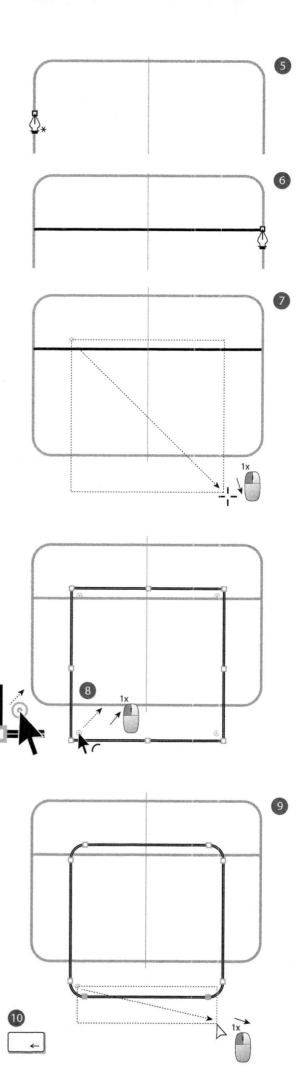

74 | Accessoires - Digital Zeichnen mit Adobe Illustrator

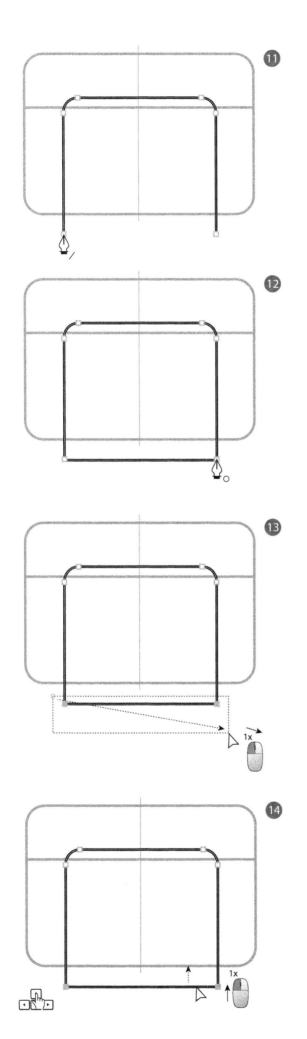
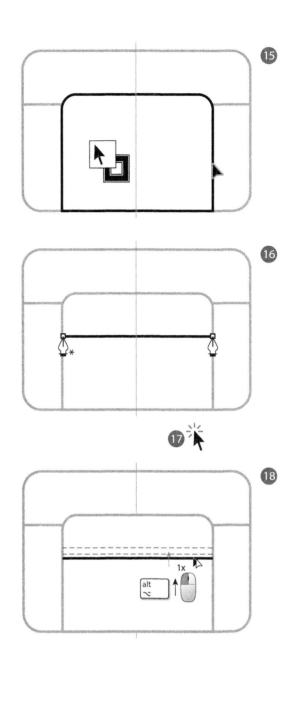

Schritt 11 und 12. Verbinden Sie das Objekt mit dem **Zeichenstift-Werkzeug** (P) (mit einem Klick jeweils auf die einzelnen Ankerpunkte).

Schritt 13. Wählen Sie mit dem **Direktauswahl- Werkzeug** (A) die beiden Ankerpunkte aus (siehe Abbildung).

Schritt 14. Und transformieren Sie den Pfad entweder mit dem Mauszeiger oder mit Pfeiltasten nach oben, sodass die Linien der beiden Objekte übereinander liegen.

Schritte 15. Stellen Sie für das Objekt die Flächenfarbe „weiss" ein.

Schritt 16. Und erstellen Sie mit dem **Zeichenstift-Werkzeug** (P) eine gerade Linie (klicken, nicht ziehen!).

Schritt 17. Betätigen Sie die **V** Taste (Auswahl- Werkzeug) und klicken Sie auf die leere Zeichenfläche um die Auswahl aufzuheben.

Schritt 18. Klicken Sie mit dem **Auswahl- Werkzeug** (V) auf das Objekt, betätigen Sie die **alt-** Taste (nicht loslassen), bewegen Sie das Objekt mit der Maus nach oben, dann **zuerst** die Maustaste loslassen und erst dann die Tastatur. Dadurch wird eine Kopie des Objektes erstellt.

Alternativ kopieren Sie das Objekt mit dem Kurztastenbefehl **cmd+C / Strg+C** (Kopieren) und dem Kurztastenbefehl **cmd+F / Strg+F** (Davor einfügen).

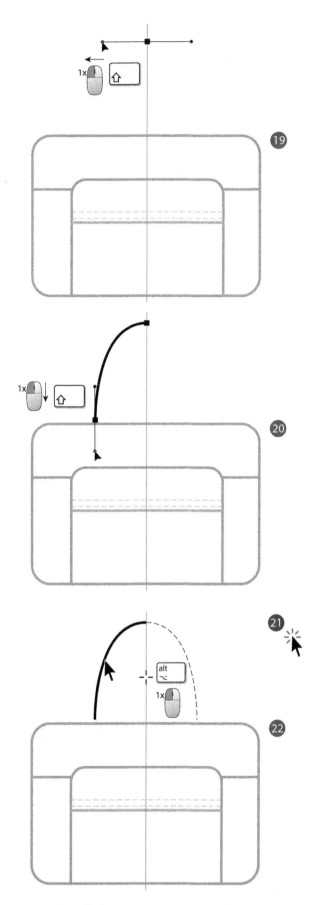
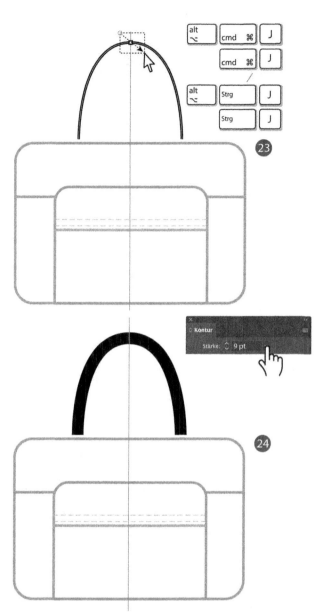

Schritt 19. Beginnen Sie mit dem **Zeichenstift-Werkzeug** (P) eine neue Linie zu zeichnen (den Griffpunkt bei gedrückter **Shift** Taste nach links ziehen).

Schritt 20. Erstellen einen weiteren Ankerpunkt (den Griffpunkt nach unten ziehen).

Schritt 21. Betätigen Sie die V Taste (Auswahl- Werkzeug) und klicken Sie auf die leere Zeichenfläche um die Auswahl aufzuheben und den Zeichnenvorgang abzuschließen.

Schritt 22. Klicken Sie mit dem **Auswahl- Werkzeug** (V) auf den Pfad.

Aktivieren Sie das **Spiegeln-Werkzeug** (O), positionieren Sie den Mauszeiger auf der vertikalen Hilfslinie, drücken Sie die **alt** Taste (alt Taste gedrückt halten) und betätigen Sie die linke Maustaste (drücken und loslassen). Es wird das Bedienfeld des Spiegeln-Werkzeuges geöffnet (**alt** Taste jetzt loslassen).

Aktivieren Sie die Option „Vertikal", dann „Vorschau", schauen Sie ob alles stimmt und klicken Sie auf „Kopieren". Es wird ein gespiegeltes Duplikat erstellt.

Schritte 23. Ziehen Sie mit dem **Direktauswahl- Werkzeug** (A) einen Auswahlrahmen. Dadurch wird jeweils ein Endpunkt von jedem Pfad ausgewählt. Aktivieren Sie den Kurztastenbefehl **alt+cmd+J /alt+Strg+J**. Im Bedienfeld „Durchschnitt berechnen" stellen Sie die Option auf „Beide" ein, dadurch werden die Punkte exakt übereinander gelegt (Vertikal und Horizontal) und aktivieren Sie dann den Kurztastenbefehl **cmd+J / Strg+J** (Zusammenfügen). Zwei Pfade wurden zu einem Pfad zusammengefügt.

Schritt 24. Stellen Sie im „Kontur" Bedienfeld (**Fenster>-Kontur**) die Konturstärke auf 9 pt ein. **Vergessen Sie nicht, dass dieser Wert von der Größe der Zeichnung abhängt.**

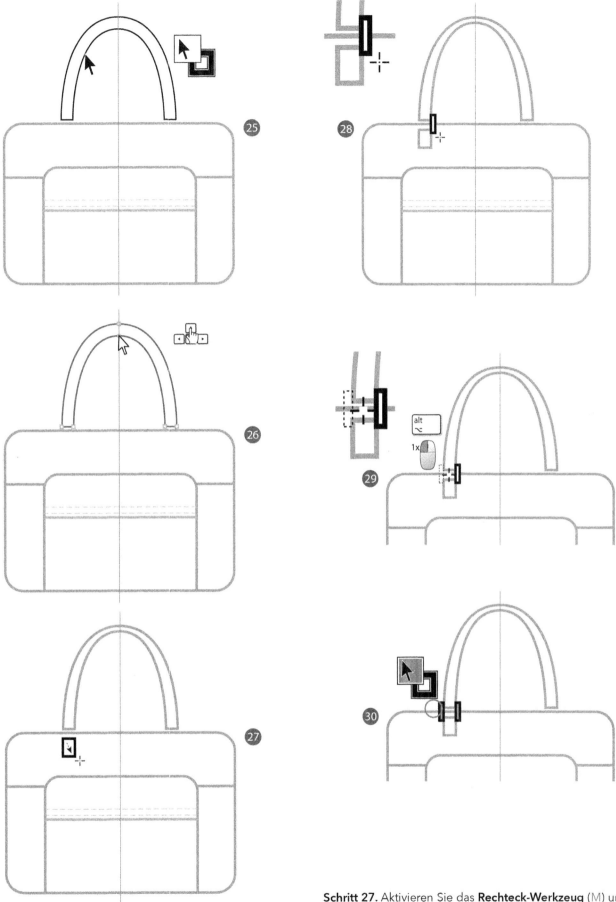

Schritt 25. Stellen Sie für das Objekt die Flächenfarbe „weiss" ein.

Schritt 26. Klicken Sie mit dem **Direktauswahl- Werkzeug** (A) auf den Ankerpunkt um diesen auszuwählen und transformieren Sie den Pfad entweder mit dem Mauszeiger oder mit den Pfeiltasten (siehe Abbildung).

Schritt 27. Aktivieren Sie das **Rechteck-Werkzeug** (M) und erstellen Sie ein Rechteck.

Schritt 28. Erstellen Sie ein weiteres Rechteck.

Schritt 29. Und spiegeln Sie das Objekt mit dem **Spiegeln-Werkzeug** (O) auf die andere Seite.

Schritte 30. Stellen Sie einen Metallverlauf für beide Objekte ein (**Fenster>Farbfeldbibliotheken>Verläufe>Metalle**).

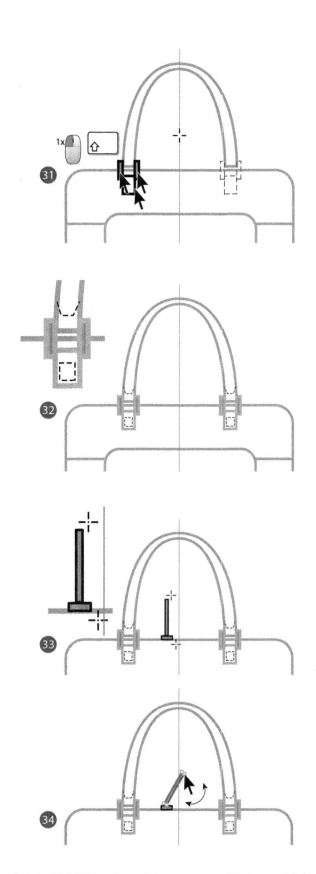

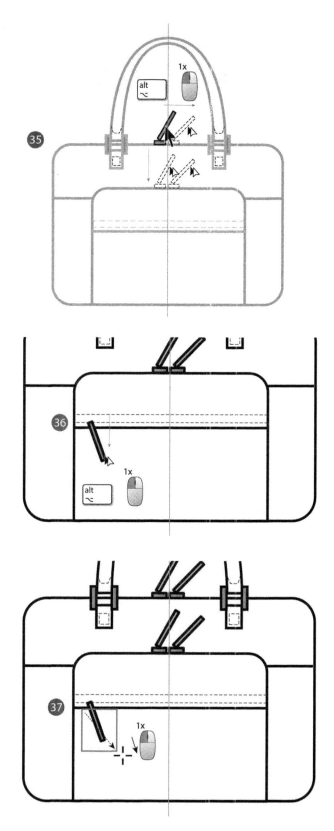

Schritt 31. Wählen Sie mit dem **Auswahl- Werkzeug** (V) bei gedrückter **Shift** Taste folgende Objekte aus (siehe Abbildung) und spiegeln Sle diese Objekte mit dem **Spiegeln-Werkzeug** (O) auf die andere Seite.
Schritt 32. Erstellen Sie zwei neue Linien (Objekte) und stellen Sie im Bedienfeld „Kontur" (**Fenster>Kontur**) „Gestrichelte Linie" ein.
Schritt 33. Erstellen Sie mit dem **Rechteck-Werkzeug** (M) zwei neue Rechtecke (Reißverschluss Schieber) mit einem Metalverlauf.
Schritt 34. Drehen Sle mit dem **Auswahl- Werkzeug** (V) das eine Rechteck um die Form etwas „aufzulockern".

Schritt 35. Kopieren Sie mit dem **Auswahl- Werkzeug** (V) beide Objekte: betätigen Sie entweder die **alt-** Taste (nicht loslassen), bewegen Sie das Objekt mit der Maus nach rechts, dann **zuerst** die Maustaste loslassen und erst dann die Tastaturtasten. Dadurch wird eine Kopie des Objektes erstellt.
Oder alternativ kopieren Sie das Objekt mit dem Kurztastenbefehl **cmd+C / Strg+C** (Kopieren) und dem Kurztastenbefehl **cmd+F / Strg+F** (Davor einfügen).
Schritt 36. Kopieren Sie jetzt das eine Rechteck (siehe Abbildung).
Schritt 37. Erstellen Sie mit dem **Rechteck-Werkzeug** (M) ein neues Rechteck.

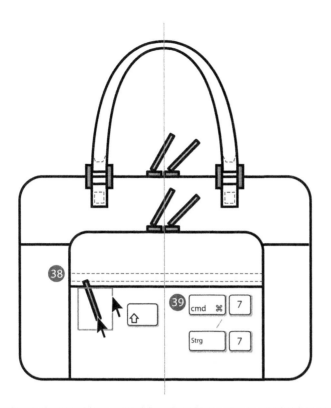

Schritt 38. Wählen Sie mit dem **Auswahl- Werkzeug** (V) bei gedrückter **Shift** Taste beide Objekte aus.
Schritt 39. Und betätigen Sie den Kurztastenbefehl **cmd+7 /Strg+7** (**Objekt>Schnittmaske>Erstellen**) um eine Schnittmaske zu erstellen.
Schritt 40. Stellen Sie für alle Objekte die Flächenfarbe z.B. „grau" ein.

Somit ist die Zeichnung abgeschlossen.

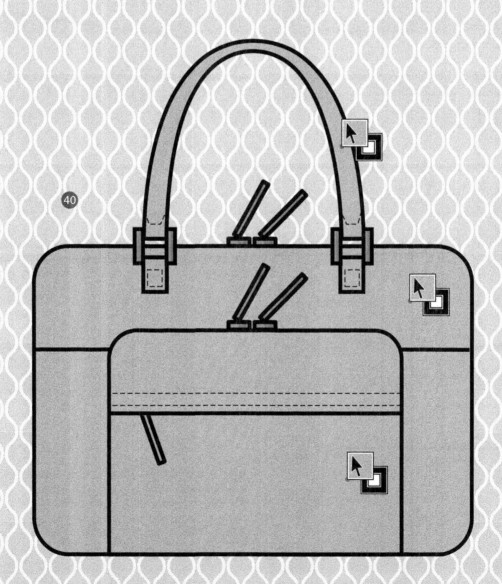

8.7 TUTORIAL: LAPTOP BAG 3/4 ANSICHT (3D)

VORAUSSETZUNGEN

-Stellen Sie im Werkzeugbedienfeld Konturfarbe „schwarz" und Flächenfarbe „ohne" ein.

-Stellen Sie im Kontur-Bedienfeld (**Fenster > Kontur**) die Konturstärke auf **1pt** bis **2pt** ein.

Aktivieren Sie folgende Einstellungen: **Ansicht > Lineale >Lineale einblenden, Ansicht > Hilfslinien > Hilfslinien einblenden, Ansicht > Hilfslinien > Hilfslinien sperren, Ansicht > Intelligente Hilfslinien, Ansicht > An Punkt ausrichten.**

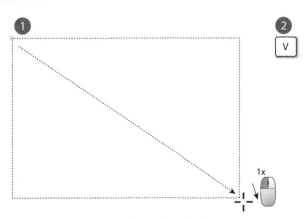

Schritt 1. Aktivieren Sie das **Rechteck-Werkzeug** (M) und erstellen Sie ein Rechteck.

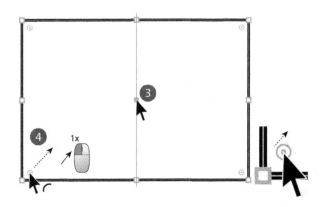

Schritt 2. Betätigen Sie die V Taste (Auswahl-Werkzeug).
Schritt 3. Platzieren Sie mit dem Mauszeiger eine vertikale Hilfslinie, beim Ziehen platzieren Sie den Cursor über das mittlere Rechteck (Objekt-Mitte). Die Hilfslinie wird magnetisch auf dem Punkt fixiert.
Schritt 4. Ziehen Sie mit dem Mauszeiger an einem der Kreis-Symbole diagonal zum mittleren Punkt des Rechtecks. Dadurch werden die Ecken der Tasche abgerundet.

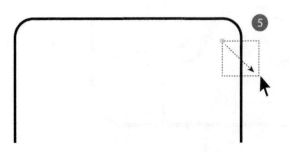

Schritt 5. Wählen Sie mit dem **Auswahl- Werkzeug** (V) das Objekt aus.
Schritt 6. Doppelklicken Sie auf das **Verbiegen-Werkzeug** und geben Sie folgende Werte ein (siehe Abbildung).

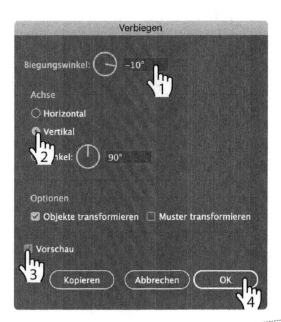

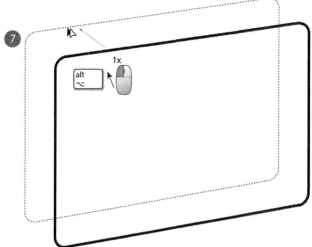

Schritt 7. Klicken Sie mit dem **Auswahl- Werkzeug** (V) auf das Objekt, betätigen Sie die **alt-** Taste (nicht loslassen), bewegen Sie das Objekt mit der Maus diagonal nach oben, dann **zuerst** die Maustaste loslassen und erst dann die **alt-** Taste. Dadurch wird eine Kopie des Objektes erstellt.

Schritt 8. Betätigen Sie die V Taste (Auswahl- Werkzeug) und klicken Sie auf die leere Zeichenfläche um die Auswahl aufzuheben.

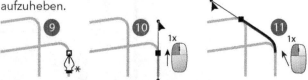

Schritt 9. Aktivieren Sie das **Zeichenstift-Werkzeug** (P) und beginnen Sie eine neue Linie zu zeichnen.
Schritt 10. Lassen Sie die Maustaste nicht los und ziehen Sie den Griffpunkt nach oben.
Schritt 11. Erstellen Sie einen weiteren Ankerpunkt (den Griffpunkt diagonal nach links oben ziehen).

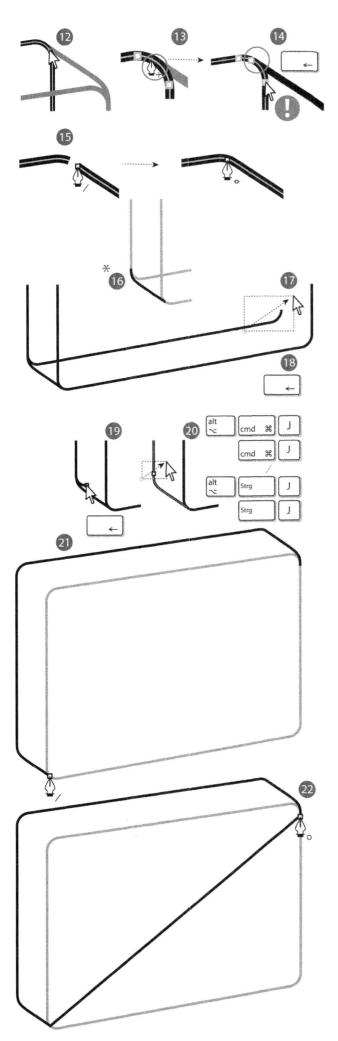

Schritt 12. Klicken Sie mit dem **Direktauswahl- Werkzeug** (A) auf den Pfad um die einzelne Ankerpunkte sichtbar zu schalten.

Schritt 13. Klicken Sie jetzt mit dem **Zeichenstift-Werkzeug** (P) exakt auf den Pfad um einen weiteren Ankerpunkt zu erstellen (neben dem Mauszeiger erscheint ein Pluszeichen).

Schritt 14. Klicken Sie mit dem **Direktauswahl- Werkzeug** (A) auf den Ankerpunkte und betätigen Sie die **Rückschritttaste** um einen Fragment der Linie zu löschen.

Schritt 15. Verbinden Sie mit dem **Zeichenstift-Werkzeug** (P) beide Pfade (mit einem Klick jeweils auf die einzelnen Endpunkte).

Schritt 16. Wiederholen Sie die Schritte 9 bis 11 für die andere Seite.

Schritt 17. Ziehen Sie mit dem **Direktauswahl- Werkzeug** (A) einen Auswahlrahmen um die Linie (siehe Abbildung).

Schritt 18. Und betätigen Sie die **Rückschritttaste** um einen Fragment der Linie zu löschen.

Schritt 19. Klicken Sie mit dem **Direktauswahl- Werkzeug** (A) auf den Ankerpunkt und betätigen Sie die **Rückschritttaste** um den restlichen überflüssigen Fragment der Linie zu löschen.

Schritt 20. Ziehen Sie mit dem **Direktauswahl- Werkzeug** (A) einen Auswahlrahmen. Dadurch wird jeweils ein Endpunkt von jedem Pfad ausgewählt. Dann aktivieren Sie den Kurztastenbefehl

alt+cmd+J /alt+Strg+J. Im Bedienfeld „Durchschnitt berechnen" stellen Sie die Option auf „Beide" ein, dadurch werden die Punkte exakt übereinander gelegt (Vertikal und Horizontal) und aktivieren Sie dann den Kurztastenbefehl **cmd+J / Strg+J** (Zusammenfügen). Zwei Pfade wurden zu einem Pfad zusammengefügt.

Schritt 21 und 22. Verbinden Sie mit dem **Zeichenstift-Werkzeug** (P) das Objekt (mit einem Klick jeweils auf die beiden Endpunkte).

Schritt 23. Klicken Sie mit dem **Auswahl- Werkzeug** (V) auf das Objekt, betätigen Sie die **alt-** Taste (nicht loslassen), bewegen Sie das Objekt mit der Maus diagonal nach oben um eine weitere Kopie zu erstellen, dann **zuerst** die Maustaste loslassen und erst dann die **alt-** Taste. Dadurch wird eine Kopie des Objektes erstellt.

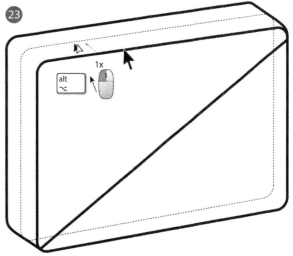

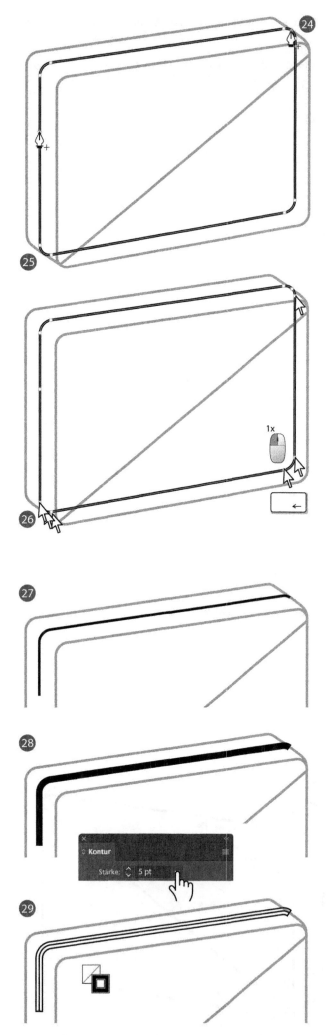
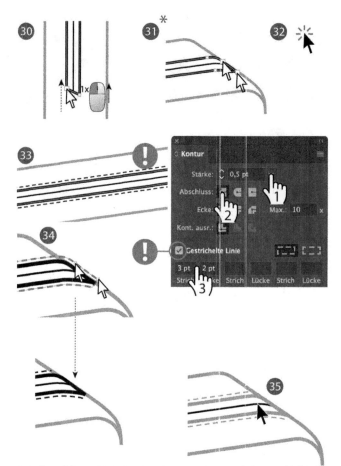

Schritte 24 und 25. Klicken Sie mit dem **Zeichenstift-Werkzeug** (P) exakt auf den Pfad um zwei weiteren Ankerpunkte zu erstellen (neben dem Mauszeiger erscheint ein Pluszeichen).

Schritt 26. Klicken Sie mit dem **Direktauswahl- Werkzeug** (A) auf einzelne Ankerpunkte und betätigen Sie die **Rückschritttaste** um überflüssige Fragmente der Linie zu löschen.

Schritt 27. Stellen Sie die Konturstärke im „Kontur" Bedienfeld (**Fenster>Kontur**) auf 5pt ein.

Schritt 29. Wählen Sie anschließend **Objekt>Umwandeln**, im Dialogfeld deaktivieren Sie „Fläche" und aktivieren Sie „Kontur", dann mit „OK" bestätigen. Die Kontur wurde in eine Fläche umgewandelt. Stellen Sie die Kontur schwarz ein und schalten Sie die Flächenfarbe aus.

Schritt 30. Klicken Sie mit dem **Direktauswahl- Werkzeug** (A) auf den Ankerpunkt um diesen auszuwählen und ziehen Sie mit dem Mauszeiger nach oben um das Objekt zu transformieren.

Schritt 31. Wiederholen Sie Schritt 30.

Schritt 32. Betätigen Sie die **V** Taste (Auswahl- Werkzeug) und klicken Sie auf die leere Zeichenfläche um die Auswahl aufzuheben.

Schritt 33. Klicken Sie mit dem **Auswahl- Werkzeug** (V) auf das Objekt und wählen Sie **Objekt>Pfad>Pfad verschieben...**, geben Sie beim Versatz z.B. 1mm ein. Linienecken auf „Gehrung" und Gehrungsgrenze auf 4 belassen, dann mit „Ok" bestätigen. **Vergessen Sie nicht, dass der Abstand des Versatzes von der Größe der Zeichnung abhängt!**
Stellen Sie die Konturstärke im „Kontur" Bedienfeld (**Fenster>Kontur**) auf 0,5pt ein. Aktivieren Sie „Gestrichelte Linie", geben Sie bei „Punkt" 2pt und „Lücke" 1pt ein. Falls die Option „Gestrichelte Linie" nicht sichtbar ist, klicken Sie auf „weitere Optionen" ▤, dann „Optionen einblenden".

Schritt 34. Klicken Sie mit dem **Direktauswahl- Werkzeug** (A) auf die einzelnen Ankerpunkte und betätigen Sie die **Rückschritttaste** um einen Fragment der Linie zu löschen.

Schritt 35. Klicken Sie mit dem **Auswahl- Werkzeug** (V) auf die Linie um diese auszuwählen.

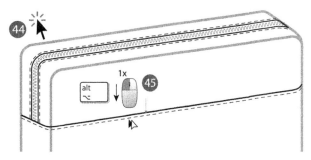
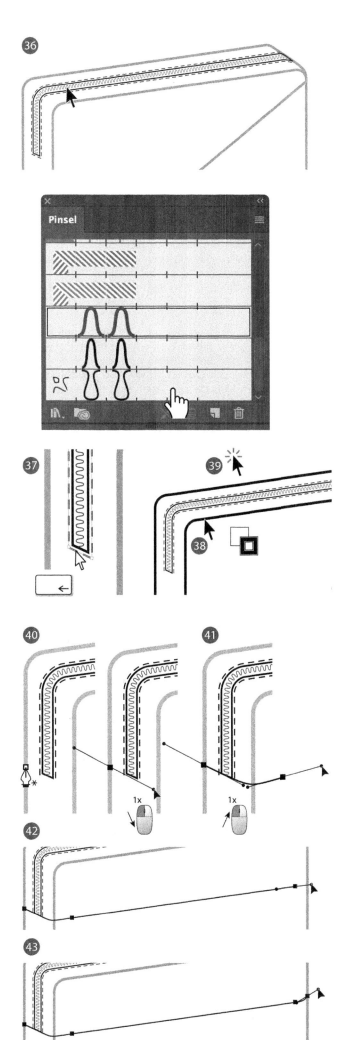
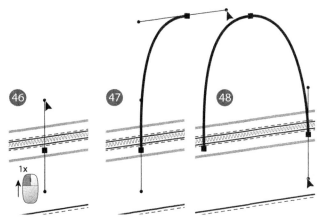

Schritt 36. Erstellen Sie den „Zipper 2" Rapport (siehe Seite 145). Und weisen Sie den Rapport der Linie zu, dafür wählen Sie zuerst mit dem **Auswahl- Werkzeug** (V) die jeweilige Linie aus und betätigen Sie im Bedienfeld „Pinsel" **Fenster>Pinsel** den passenden Musterpinsel Rapport.

Schritt 37. Klicken Sie mit dem **Direktauswahl- Werkzeug** (A) auf die Linie und betätigen Sie die **Rückschritttaste** um diesen Fragment zu löschen.

Schritt 38. Stellen Sie für das Objekt die Flächenfarbe „weiss" ein.

Schritt 39. Betätigen Sie die **V** Taste (Auswahl- Werkzeug) und klicken Sie auf die leere Zeichenfläche um die Auswahl aufzuheben.

Schritt 40. Beginnen Sie eine neue Linie zu zeichnen (den Griffpunkt diagonal nach rechts unten ziehen).

Schritt 41. Erstellen einen weiteren Ankerpunkt (den Griffpunkt diagonal nach rechts oben ziehen).

Schritt 42. Erstellen einen weiteren Ankerpunkt (den Griffpunkt diagonal nach rechts ziehen).

Schritt 43. Erstellen einen weiteren Ankerpunkt (den Griffpunkt kurz diagonal nach rechts oben ziehen).

Schritt 44. Betätigen Sie die **V** Taste (Auswahl- Werkzeug) und klicken Sie auf die leere Zeichenfläche um die Auswahl aufzuheben.

Schritt 45. Klicken Sie mit dem **Auswahl- Werkzeug** (V) auf die Linie und betätigen Sie die **alt** Taste (gedrückt halten), dann ziehen Sie das Objekt mit dem Mauszeiger nach unten. Am Ziel lassen Sie **zuerst** die Maustaste und dann die **alt** Taste los.

Schritt 46. Beginnen Sie eine neue Linie zu zeichnen (den Griffpunkt nach oben ziehen).

Schritt 47. Erstellen einen weiteren Ankerpunkt (den Griffpunkt diagonal nach rechts ziehen).

Schritt 48. Erstellen einen weiteren Ankerpunkt (den Griffpunkt nach unten ziehen).

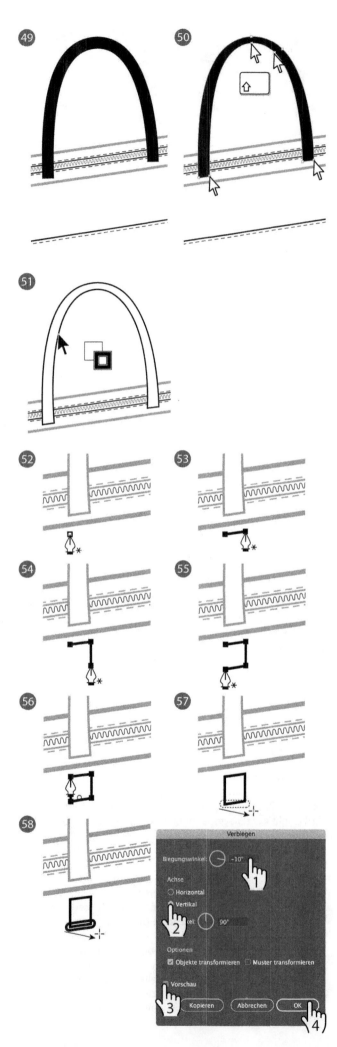

Schritt 49. Stellen Sie im „Kontur" Bedienfeld (**Fenster>Kontur**) die Konturstärke auf 9 pt ein. **Vergessen Sie nicht, dass dieser Wert von der Größe der Zeichnung abhängt.** Wählen Sie anschließend **Objekt>Umwandeln**, im Dialogfeld deaktivieren Sie „Fläche" und aktivieren Sie „Kontur", dann mit „OK" bestätigen. Die Kontur wurde in eine Fläche umgewandelt.

Schritt 50. Klicken Sie mit dem **Direktauswahl- Werkzeug** (A) bei gedrückter **Shift** Taste auf beide Ankerpunkte um diese auszuwählen und ziehen Sie mit dem Mauszeiger die Ankerpunkte nach oben um das Objekt zu transformieren.

Schritt 51. Stellen Sie für das Objekt die Flächenfarbe „weiss" ein.

Schritte 52-55. Beginnen Sie ein neues Objekt zu zeichnen (Maustaste drücken und loslassen, nicht ziehen!).

Schritt 56. Schließen Sie das Objekt mit einem Klick auf den ersten Ankerpunkt.

Schritt 57. Erstellen Sie mit dem **Abgerundetes-Rechteck-Werkzeug** ein abgerundetes Rechteck (siehe Abbildung).

Schritt 58. Doppelklicken Sie auf das **Verbiegen-Werkzeug** und geben Sie folgende Werte ein (siehe Abbildung), dann mit „OK" bestätigen.

Schritt 59. Wählen Sie **Objekt>Pfad>Pfad verschieben...**, geben Sie beim Versatz z.B. 1mm ein. Linienecken auf „Gehrung" und Gehrungsgrenze auf 4 belassen, dann mit „Ok" bestätigen. **Der Abstand des Versatzes hängt immer von der Größe der Zeichnung ab**.

Schritt 60. Erstellen Sie zwei neue Linien (Objekte) und stellen Sie im Bedienfeld „Kontur" (**Fenster>Kontur**) „Gestrichelte Linie" ein (siehe Schritt 33).

Schritt 61. Aktivieren Sie das **Rechteck-Werkzeug** (M) und erstellen Sie ein Rechteck mit einer Flächenfarbe.

Schritt 62. Doppelklicken Sie auf das **Verbiegen-Werkzeug** und geben Sie gleiche Werte wie im Schitt 58 ein, dann mit „OK" bestätigen.

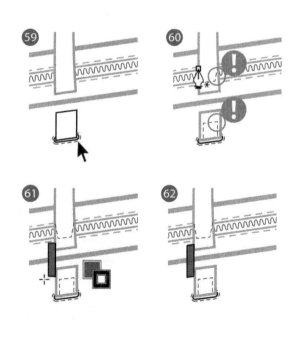

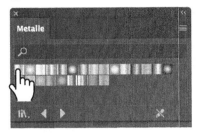

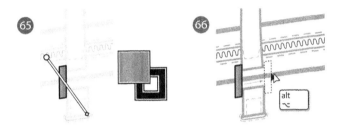

Schritte 63. Stellen Sie einen Metalverlauf für die Fläche ein (**Fenster>Farbfeldbibliotheken>Verläufe>Metalle**).
Schritte 64. Aktivieren Sie dann den **Verlaufwerkzeug** (G) (Werkzeugleiste).
Schritt 65. Und ziehen Sie den Mauszeiger bei gedrückter Maustaste z.B. diagonal nach unten rechts um die Verlaufsrichtung zu ändern.
Schritt 66. Klicken Sie mit dem **Auswahl- Werkzeug** (V) auf das Objekt, betätigen Sie die **alt-** Taste (nicht loslassen), bewegen Sie das Objekt mit der Maus nach rechts, dann **zuerst** die Maustaste loslassen und erst dann die **alt** Taste. Dadurch wird eine Kopie des Objektes erstellt.
Schritt 67. Klicken Sie mit dem **Auswahl- Werkzeug** (V) bei gedrückter **Shift** Taste auf folgende Objekte und aktivieren Sie den Kurztastenbefehl **cmd+G /Strg+G**.
Schritt 68. Klicken Sie mit dem **Auswahl- Werkzeug** (V) auf die Objektgruppe, betätigen Sie die **alt-** Taste (nicht loslassen), bewegen Sie das Objekt mit der Maus diagonal nach oben, dann **zuerst** die Maustaste loslassen und erst dann die **alt** Taste. Dadurch wird eine Kopie der Objektgruppe erstellt.
Schritte 69. Erstellen Sie mit dem **Zeichenstift-Werkzeug** (P) neue Linien.
Schritt 70. Wählen Sie mit dem **Auswahl- Werkzeug** (V) folgende Objekte aus (siehe Abbildung) und wählen Sie **Objekt>Anordnen>In den Hintergrund** um diese Objekte in den Hintergrund zu verschieben.

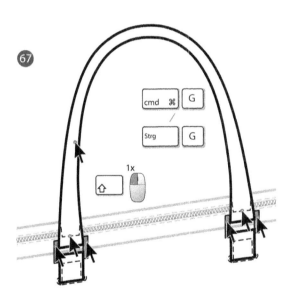

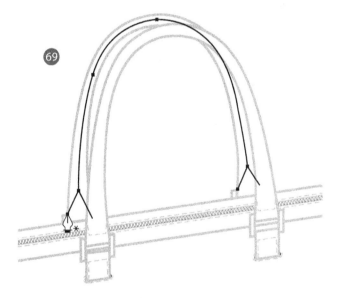

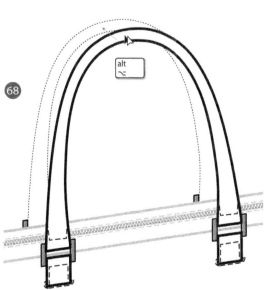

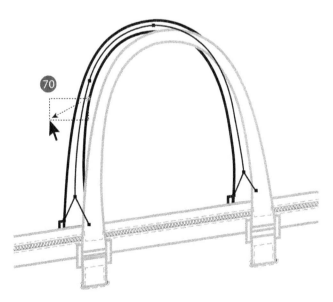

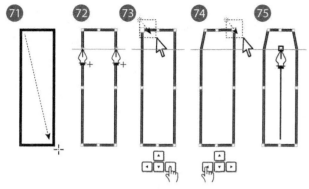

Schritt 76. Stellen Sie die Konturstärke im „Kontur" Bedienfeld (**Fenster>Kontur**) auf 0,5pt ein. Aktivieren Sie „Gestrichelte Linie", geben Sie bei „Punkt" 2pt und „Lücke" 1pt ein. Falls die Option „Gestrichelte Linie" nicht sichtbar ist, klicken Sie auf „weitere Optionen" ▦, dann „Optionen einblenden".

Schritt 77. Aktivieren Sie das **Ellipse-Werkzeug** (L), halten Sie die **alt** und **Shift** Taste gedrückt und erstellen Sie einen Kreis.

Schritt 78. Stellen Sie die Konturstärke im „Kontur" Bedienfeld (**Fenster>Kontur**) auf 6pt ein und betätigen Sie anschließend **Objekt>Umwandeln**, deaktivieren Sie „Fläche" und aktivieren Sie „Kontur", dann mit „OK" bestätigen.

Schritte 79. Stellen Sie für beide Objekte verschiedene Flächenfarben ein (siehe Abbildung).

Schritte 80. Stellen Sie für alle Objekte die Flächenfarbe „grau" ein.

Schritte 81. Wiederholen Sie die Schritte 1 bis 45 um eine aufgesetzte Tasche zu erstellen.

Schritt 71. Aktivieren Sie das **Rechteck-Werkzeug** (M) und erstellen Sie ein Rechteck.

Schritt 72. Platzieren Sie eine horizontale Hilfslinie. Klicken Sie jetzt mit dem **Zeichenstift-Werkzeug** (P) exakt auf den Pfad um zwei weitere Ankerpunkte zu erstellen (neben dem Mauszeiger erscheint ein Pluszeichen).

Schritt 73. Wählen Sie mit dem **Direktauswahl- Werkzeug** (A) den Ankerpunkt aus und betätigen Sie die rechte Pfeiltaste um das Objekt zu transformieren.

Schritt 74. Wiederholen Sie Schritt 73 für die andere Seite.

Schritt 75. Erstellen Sie mit dem **Zeichenstift-Werkzeug** (P) eine neue Linie.

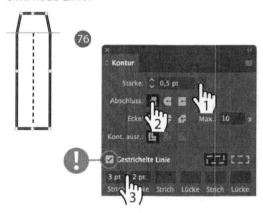

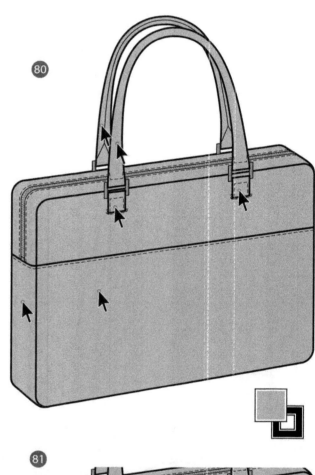

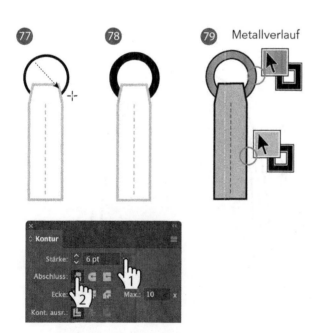

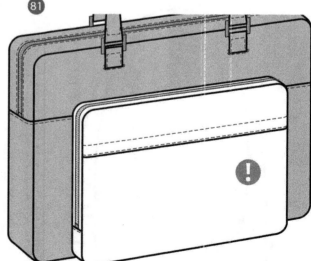

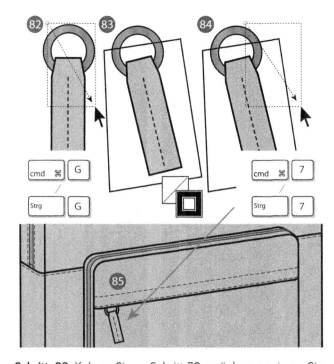

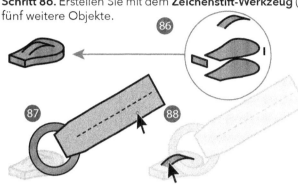

Schritt 83. Erstellen Sie mit dem **Zeichenstift-Werkzeug** (P) ein neues Objekt (siehe Abbildung).
Schritt 84. Wählen Sie jetzt mit dem **Auswahl- Werkzeug** (V) alle Objekte (Kopie 1) aus und betätigen Sie den Kurztastenbefehl **cmd+7 /Strg+7** um eine Schnittmaske zu erstellen.
Schritt 85. Verschieben Sie das Objekt auf die passende Stelle.
Schritt 86. Erstellen Sie mit dem **Zeichenstift-Werkzeug** (P) fünf weitere Objekte.

Schritt 82. Kehren Sie zu Schritt 79 zurück, gruppieren Sie die beiden Objekte und erstellen Sie vier weitere Kopien von der Objektgruppe mit dem Kurztastenbefehl **cmd+C / Strg+C** (Kopieren) und den Kurztastenbefehl **cmd+F / Strg+F** (Davor einfügen). Verschieben Sie zwei Kopien davon zur Seite damit sie nicht stören.

Schritt 87. Platzieren Sie (Kopie 2) der Objektgruppe aus Schritt 82 sowie in der Abbildung dargestellt.
Schritt 88. Wählen Sie jetzt mit dem **Auswahl- Werkzeug** (V) das Objekt aus und aktivieren Sie den Befehl **Objekt>Anordnen>In den Vordergrund**.
Schritt 89. Bearbeiten Sie die anderen Kopien aus Schritt 82 nach dem gleichen Prinzip und platzieren Sie anschließend die Objekte sowie in der Abbildung dargestellt.

VIDEO TUTORIAL ZU DIESER ÜBUNG
WWW.DIMITRIDESIGN.ORG/TUTORIALS

FEHLER-CHECKLISTE SIEHE
WWW.DIMITRIDESIGN.ORG/TUTORIALS

8.8 TUTORIAL: HANDSCHUHE
VORAUSSETZUNGEN

-Stellen Sie im Werkzeugbedienfeld Konturfarbe „schwarz" und Flächenfarbe „ohne" ein.

-Stellen Sie im Kontur-Bedienfeld (**Fenster > Kontur**) die Konturstärke auf **1pt** bis **2pt** ein.

Aktivieren Sie folgende Einstellungen: **Ansicht > Lineale > Lineale einblenden, Ansicht > Hilfslinien > Hilfslinien einblenden, Ansicht > Hilfslinien > Hilfslinien sperren, Ansicht > Intelligente Hilfslinien, Ansicht > An Punkt ausrichten.**

Schritt 1. Aktivieren Sie das **Rechteck-Werkzeug** (M) und erstellen Sie ein Rechteck (Flächenfarbe deaktivieren).

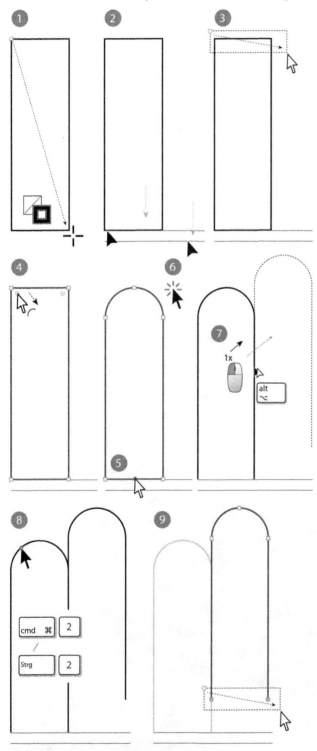

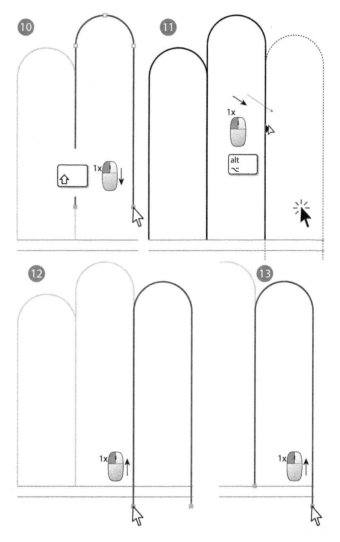

Schritt 2. Platzieren Sie zwei Hilfslinien.
Schritt 3. Ziehen Sie mit dem **Direktauswahl- Werkzeug** (A) einen Auswahlrahmen um den oberen Bereich des Ojektes um beide Ankerpunkte auszuwählen.
Schritt 4. Ziehen Sie mit der Maus an einem der Kreis-Symbole diagonal nach unten, dadurch werden die Ecken des Objektes abgerundet.
Schritt 5. Klicken Sle mit dem **Direktauswahl- Werkzeug** (A) auf die Linie.
Schritt 6. Betätigen Sie die V Taste (Auswahl- Werkzeug) und klicken Sie auf die leere Zeichenfläche um die Auswahl aufzuheben.
Schritt 7. Klicken Sie auf das Objekt mit dem **Auswahl- Werkzeug** (V), betätigen Sie die **alt** Taste (gedrückt halten) und ziehen Sie das Objekt mit dem Mauszeiger bei gedrückter linken Maustaste nach rechts oben. Am Ziel lassen Sie **zuerst** die Maustaste und dann die **alt** Taste los.
Schritt 8. Wählen Sie mit dem **Auswahl- Werkzeug** (V) das Objekt aus und betätigen Sie den Kurztastenbefehl **cmd+2 / Strg+2** um das Objekt zu sperren.
Schritt 9. Wählen Sle mit dem **Direktauswahl- Werkzeug** (A) beide Ankerpunkte aus.
Schritt 10. Transformieren Sie den Pfad mit dem **Direktauswahl- Werkzeug** (A) nach unten.
Schritt 11. Klicken Sie auf das Objekt mit dem **Auswahl- Werkzeug** (V), halten Sie jetzt die **alt** Taste gedrück, dann ziehen Sie das Objekt mit dem Mauszeiger bei gedrückter Maustaste nach rechts unten. Am Ziel lassen Sie **zuerst** die Maustaste und dann die **alt** Taste los. Betätigen Sie die **V** Taste (Auswahl- Werkzeug) und klicken Sie auf die leere Zeichenfläche um die Auswahl aufzuheben.
Schritt 12 und 13. Transformieren Sie den Pfad mit dem **Direktauswahl- Werkzeug** (A) (siehe Abbildungen).

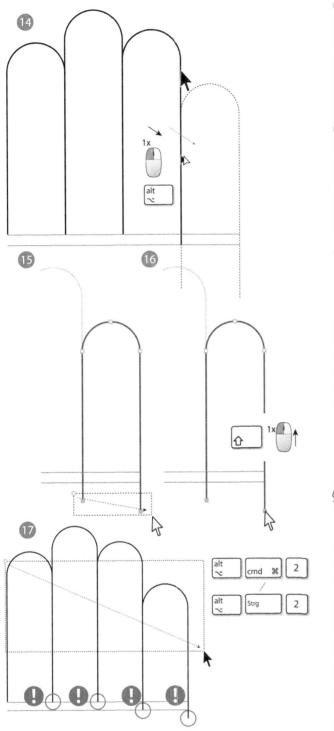
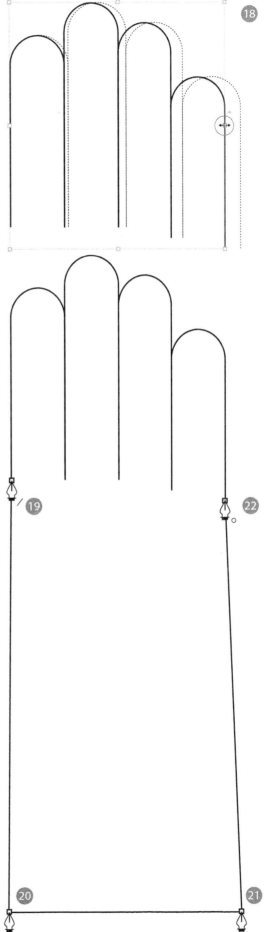

Schritt 14. Klicken Sie auf das Objekt mit dem **Auswahl-Werkzeug** (V), halten Sie jetzt die **alt** Taste gedrück, dann ziehen Sie das Objekt mit dem Mauszeiger bei gedrückter Maustaste nach rechts unten. Am Ziel lassen Sie **zuerst** die Maustaste und dann die **alt** Taste los.

Schritt 15. Wählen Sie mit dem **Direktauswahl-Werkzeug** (A) beide Ankerpunkte aus.

Schritt 16. Transformieren Sie den Pfad mit dem **Direktauswahl-Werkzeug** (A) bei gedrückter **Shift** Taste nach oben. Betätigen Sie den Kurztastenbefehl **alt+cmd+2 / alt+Strg+2** (alternativ wählen Sie **Objekt>Alle entsperren**) um das gesperrte Objekt aus Schritt 8 wieder zu entsperren.

Schritt 17. Wählen Sie mit dem **Auswahl-Werkzeug** (V) alle Objekte aus.

Schritt 18. Fall Ihnen die Objekte zu breit erscheinen, können Sie diese mit dem **Auswahl-Werkzeug** (V) an einem der weißen mittleren Rechtecken durch ziehen bei gedrückter Maustaste transformieren.

Schritte 19. Aktivieren Sie nun das **Zeichenstift-Werkzeug** (P) und zeichnen Sie an dem Pfad durch einen Klick auf den Ankerpunkt weiter.

Schritte 20-22. Zeichnen Sie das Objekt zu Ende und schließen Sie die Form (Schritt 22).

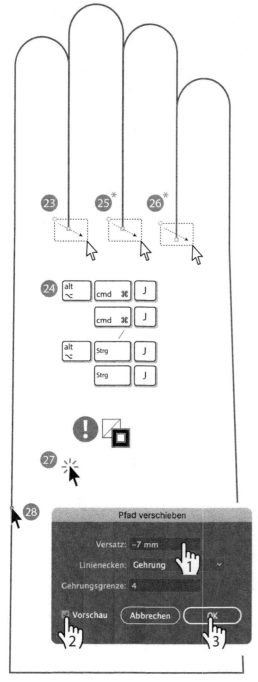
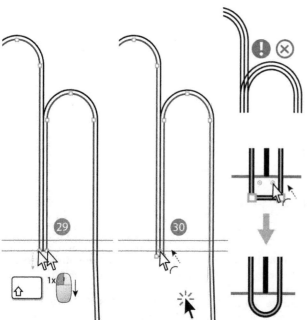
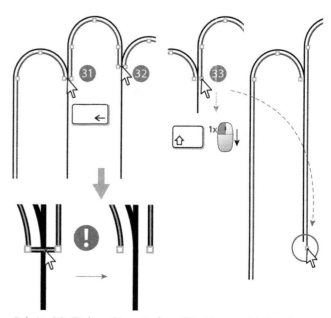

Schritt 23. Ziehen Sie mit dem **Direktauswahl- Werkzeug** (A) bei gedrückter linken Maustaste einen Auswahlrahmen. Dadurch wird jeweils ein Endpunkt von jedem Pfad ausgewählt.

Schritt 24. Betätigen Sie dann den Kurztastenbefehl **alt+cmd+J /alt+Strg+J**. Im Bedienfeld „Durchschnitt berechnen" stellen Sie die Option auf „Beide" ein, dadurch werden die Punkte exakt übereinander gelegt (Vertikal und Horizontal) und betätigen Sie dann den Kurztastenbefehl **cmd+J / Strg+J** (Zusammenfügen). Zwei Pfade wurden zu einem Pfad zusammengefügt.

Schritt 25 und 26. Wiederholen Sie die Schritte 23 und 24.

Schritt 27. Betätigen Sie die **V** Taste (Auswahl- Werkzeug) und klicken Sie auf die leere Zeichenfläche um die Auswahl aufzuheben und den Zeichnenvorgang abzuschließen. Alternativ können Sie den Kurztastenbefehl **cmd+Shift+A / Strg+Shift+A** aktivieren.

Schritt 28. Wählen Sie mit dem **Auswahl- Werkzeug** (V) das Objekt durch einen Klick auf den Pfad aus. Und wählen Sie anschließend **Objekt>Pfad>Pfad verschieben…**, geben Sie beim Versatz z.B. -1mm ein. Minus bedeutet das Duplikat wird nach Innen verschoben, bei Verschiebung nach Außen stellen Sie den Wert ohne „Minus" Zeichen ein. Linienecken auf „Gehrung" und Gehrungsgrenze auf 4 belassen, dann mit „Ok" bestätigen.

Wenn das Objekt nicht sauber geschlossen wurde, wirkt sich die Pfadverschiebung nach Innen und nach Außen aus.
Um das zu korrigieren, sollten Sie die offene Stelle finden und durch den Kurztastenbefehl **cmd+J / Strg+J** (Zusammenfügen) schließen.

Schritt 29. Klicken Sie mit dem **Direktauswahl- Werkzeug** (A) bei gedrückter **Shift** Taste auf beide Ankerpunkte und ziehen Sie diese mit der Maus nach unten um den Pfad etwas länger zu ziehen.

Schritt 30. Ziehen Sie mit der Maus an einem der Kreis-Symbole diagonal nach oben, dadurch werden die Ecken des Objektes abgerundet.
Betätigen Sie anschließend die **V** Taste (Auswahl- Werkzeug) und klicken Sie auf die leere Zeichenfläche um die Auswahl aufzuheben

Schritt 31 und 32. Klicken Sie mit dem **Direktauswahl- Werkzeug** (A) auf die kurze Zwischenlinie und löschen Sie diese mit einem Klick auf die **Rückschritttaste**.

Schritt 33. Klicken Sie mit dem **Direktauswahl- Werkzeug** (A) auf den Ankerpunkt und ziehen Sie diesen mit der Maus nach unten um den Pfad zu transformieren.

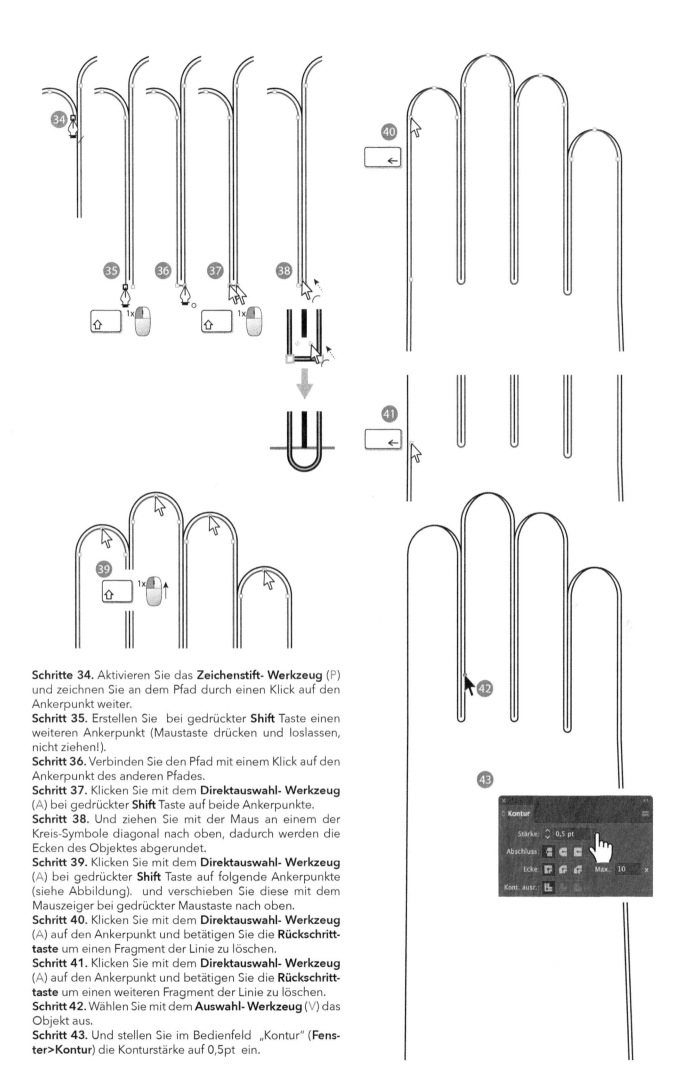

Schritte 34. Aktivieren Sie das **Zeichenstift- Werkzeug** (P) und zeichnen Sie an dem Pfad durch einen Klick auf den Ankerpunkt weiter.

Schritt 35. Erstellen Sie bei gedrückter **Shift** Taste einen weiteren Ankerpunkt (Maustaste drücken und loslassen, nicht ziehen!).

Schritt 36. Verbinden Sie den Pfad mit einem Klick auf den Ankerpunkt des anderen Pfades.

Schritt 37. Klicken Sie mit dem **Direktauswahl- Werkzeug** (A) bei gedrückter **Shift** Taste auf beide Ankerpunkte.

Schritt 38. Und ziehen Sie mit der Maus an einem der Kreis-Symbole diagonal nach oben, dadurch werden die Ecken des Objektes abgerundet.

Schritt 39. Klicken Sie mit dem **Direktauswahl- Werkzeug** (A) bei gedrückter **Shift** Taste auf folgende Ankerpunkte (siehe Abbildung). und verschieben Sie diese mit dem Mauszeiger bei gedrückter Maustaste nach oben.

Schritt 40. Klicken Sie mit dem **Direktauswahl- Werkzeug** (A) auf den Ankerpunkt und betätigen Sie die **Rückschritttaste** um einen Fragment der Linie zu löschen.

Schritt 41. Klicken Sie mit dem **Direktauswahl- Werkzeug** (A) auf den Ankerpunkt und betätigen Sie die **Rückschritttaste** um einen weiteren Fragment der Linie zu löschen.

Schritt 42. Wählen Sie mit dem **Auswahl- Werkzeug** (V) das Objekt aus.

Schritt 43. Und stellen Sie im Bedienfeld „Kontur" (**Fenster>Kontur**) die Konturstärke auf 0,5pt ein.

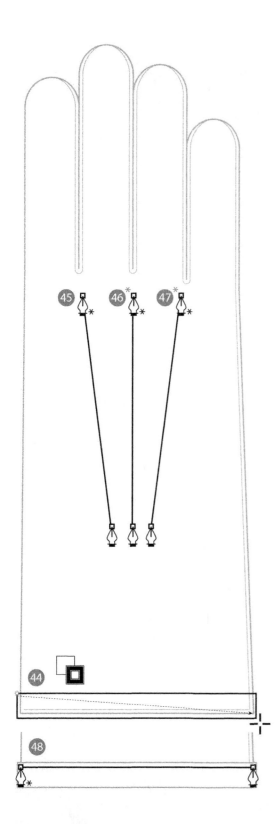

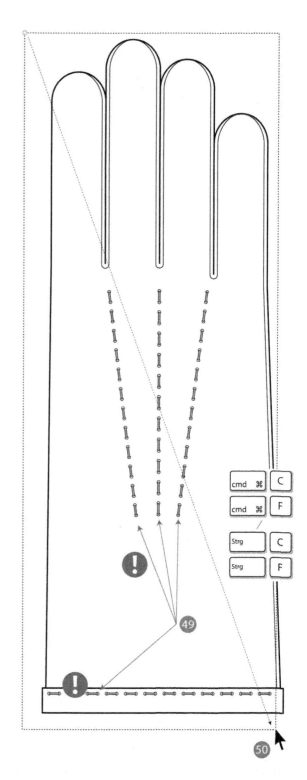

Schritt 44. Erstellen Sie mit dem **Rechteck-Werkzeug** (M) ein Rechteck (Stellen Sie die Flächenfarbe „weiss" ein.
Schritt 45-48. Erstellen Sie mit dem **Zeichenstift- Werkzeug** (P) weitere Linien die jeweils aus zwei Ankerpunkten bestehen.
Schritt 49. Erstellen Sie einen „Handnaht" Musterpinsel-Rapport (siehe Seite 151). Und weisen Sie den Rapport der jeweiligen Linien zu (siehe Abbildung), dafür wählen Sie zuerst mit dem **Auswahl- Werkzeug** (V) die jeweilige Linie aus und betätigen Sie im Bedienfeld „Pinsel" **Fenster>Pinsel** den passenden Musterpinsel.
Öffnen Sie anschließend das Bedienfeld **Kontur (Fenster>-Kontur)** und ändern Sie die Konturstärke (z.B. auf 0,5pt oder 0,25 pt einstellen),dadurch wird der Rapport verkleinert.

Schritt 50. Wählen Sie anschließend mit dem **Auswahl-Werkzeug** (V) alle Objekte aus und kopieren Sie diese mit dem Kurztastenbefehl **cmd+C / Strg+C** (Kopieren) und dem Kurztastenbefehl **cmd+F / Strg+F** (Davor einfügen), dann verschieben Sie die „Kopie" des Objektes mit den Pfeiltasten nach rechts.

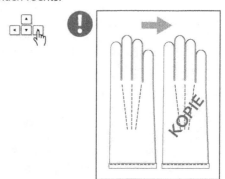

92 | Accessoires - Digital Zeichnen mit Adobe Illustrator

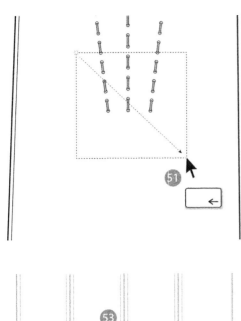
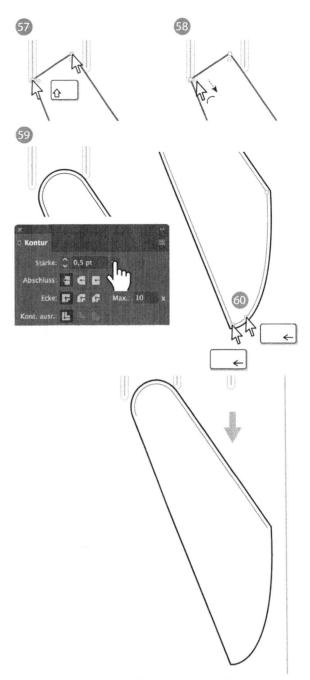
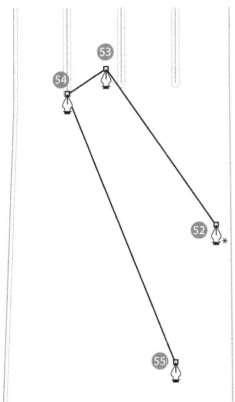
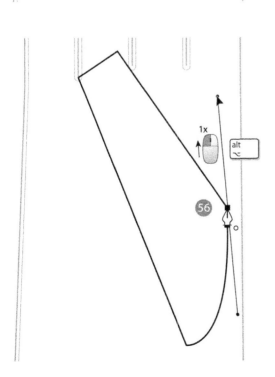

Schritt 51. Ab jetzt wird mit der „Kopie" gearbeitet!
Wählen Sie mit dem **Auswahl- Werkzeug** (V) die drei Objekte aus und betätigen Sie die **Rückschritttaste** um diese Objekte zu löschen.

Schritt 52-55. Erstellen Sie mit dem **Zeichenstift-Werkzeug** (P) eine neue Linie (Maustaste drücken und loslassen, nicht ziehen!).

Schritt 56. Klicken Sie auf den Ankerpunkt bei gedrückter **alt** Taste und ziehen Sie den Griffpunkt diagonal nach oben um das Objekt zu schließen.

Schritt 57. Klicken Sie mit dem **Direktauswahl- Werkzeug** (A) bei gedrückter **Shift** Taste auf beide Ankerpunkte.

Schritt 58. Ziehen Sie mit der Maus an einem der Kreis-Symbole diagonal nach unten, dadurch werden die Ecken des Objektes abgerundet.

Schritt 59. Wählen Sie jetzt **Objekt>Pfad>Pfad verschieben...** und geben Sie beim Versatz -1mm ein. Das Objekt wird nach Innen verschoben. **Beachten Sie, dass der Versatzabstand immer von der Größe der Zeichnung abhängt**. Stellen Sie anschließend im Bedienfeld „Kontur" (**Fenster>Kontur**) die Konturstärke auf 0,5pt ein.

Schritt 60. Klicken Sie mit dem **Direktauswahl- Werkzeug** (A) auf die einzelnen Ankerpunkte und betätigen Sie die **Rückschritttaste** um Fragmente der Linie zu löschen.

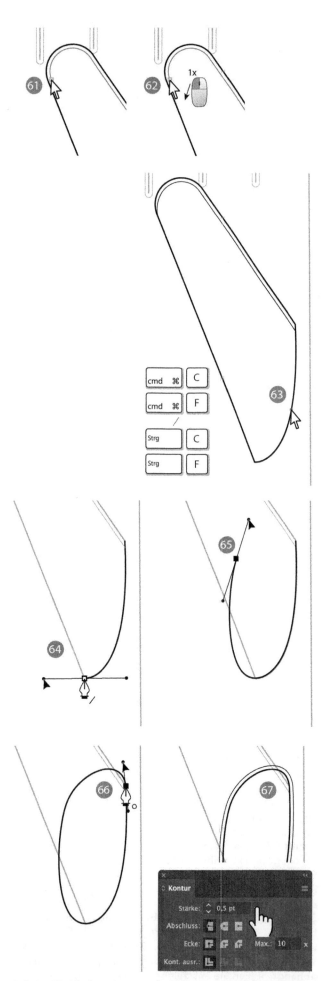
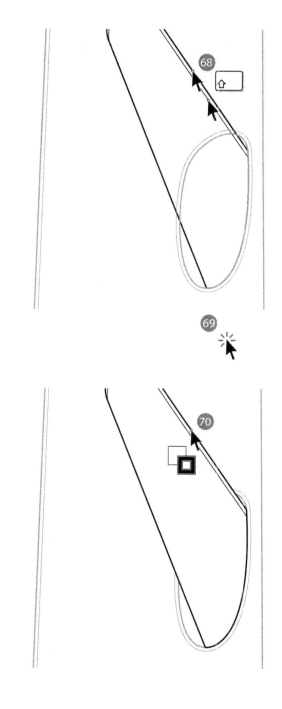

Schritt 63. Klicken Sie mit dem **Direktauswahl- Werkzeug** (A) auf den Pfad und aktivieren Sie den Kurztastenbefehl **cmd+C / Strg+C** (Kopieren) und den Kurztastenbefehl **cmd+F / Strg+F** (Davor einfügen).
Schritt 64-65. Zeichnen Sie an dem Pfad mit dem **Zeichenstift-Werkzeug** (P) weiter.
Schritt 66. Klicken Sie auf den Ankerpunkt bei gedrückter **alt** Taste und ziehen Sie den Griffpunkt nach oben um das Objekt zu schließen.
Schritt 67. Wählen Sie jetzt **Objekt>Pfad>Pfad verschieben...** und geben Sie beim Versatz 1mm ein. Das Objekt wird nach Außen verschoben. Stellen Sie anschließend im Bedienfeld „Kontur" (**Fenster>Kontur**) die Konturstärke auf 0,5pt ein.
Schritt 68. Klicken Sie mit dem **Auswahl- Werkzeug** (V) bei gedrückter **Shift** Taste auf beide Objekte. Und aktivieren Sie den Befehl **Objekt>Anordnen>In den Vordergrund**.
Schritt 69. Betätigen Sie die **V** Taste (Auswahl- Werkzeug) und klicken Sie auf die leere Zeichenfläche um die Auswahl aufzuheben.

Schritt 61. Klicken Sie mit dem **Direktauswahl- Werkzeug** (A) auf den Ankerpunkt.
Schritt 62. Und transformieren Sie die Linie durch ziehen an dem Ankerpunkt mit dem Mauszeiger.
Schritt 70. Wählen Sie mit dem **Auswahl- Werkzeug** (V) das Objekt aus und stellen Sie die Flächenfarbe „weiss" ein.

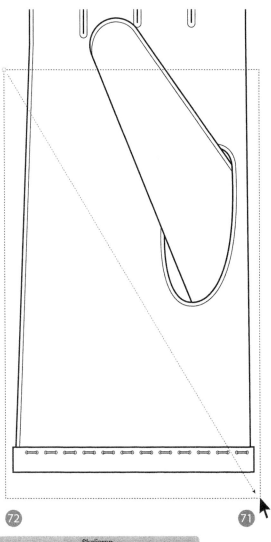
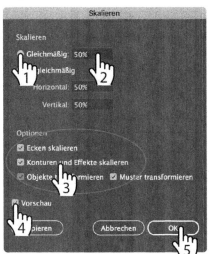
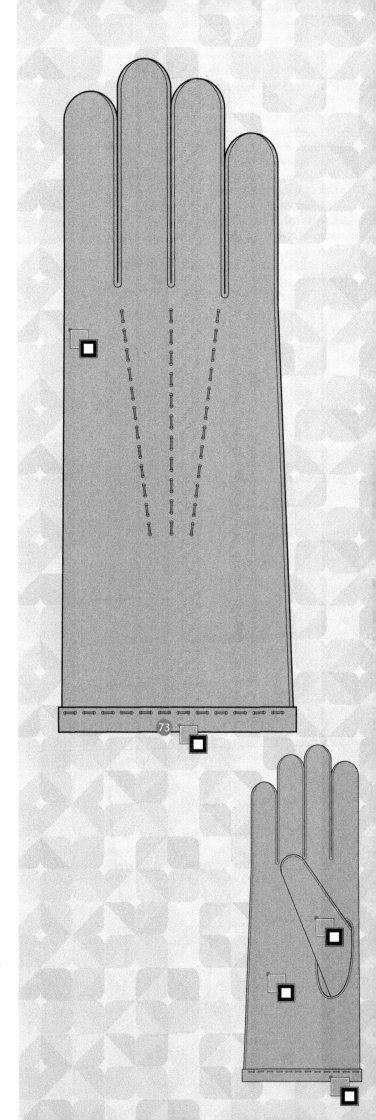

Schritt 71. Wählen Sie mit dem **Auswahl- Werkzeug** (V) den ganzen Handschuh aus, doppelklicken Sie auf das **Skalieren- Werkzeug** (S).
Schritt 72. Und stellen Sie im Dialogfeld folgende Einstellungen ein (siehe Abbildung).
Schritt 73. Stellen Sie für die einzelnen geschlossenen Objekte eine bestimmte Flächenfarbe ein.

8.9 TUTORIAL: CHELSEA BOOTS

VORAUSSETZUNGEN

-Stellen Sie im Werkzeugbedienfeld Konturfarbe „schwarz" und Flächenfarbe „ohne" ein.

-Stellen Sie im Kontur-Bedienfeld (**Fenster > Kontur**) die Konturstärke auf **1pt** bis **2pt** ein.

Aktivieren Sie folgende Einstellungen: **Ansicht > Lineale >Lineale einblenden, Ansicht > Hilfslinien > Hilfslinien einblenden, Ansicht > Hilfslinien > Hilfslinien sperren, Ansicht > Intelligente Hilfslinien, Ansicht > An Punkt ausrichten.**

-Benutzen Sie am besten als Vorlage eine Handzeichnung (Diese können Sie auch www.dimitridesign.org/tutorials downloaden). Vorlage platzieren: (siehe Seite 45).

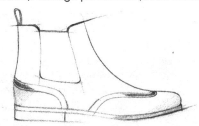

Schritt 1. Aktivieren Sie das **Zeichenstift-Werkzeug** (P) und erstellen Sie den ersten Ankerpunkt (Maustaste drücken und loslassen).

Schritt 2. Erstellen Sie einen weiteren Ankerpunkt (Maustaste dabei gedrückt halten), zusätzlich halten Sie die **Shift** Taste gedrückt (90° Winkel) und ziehen Sie den Griffpunkt nach links, dann **zuerst** die Maustaste loslassen und erst dann die **Shift** Taste.

Schritt 3. Erstellen Sie einen weiteren Punkt (den Griffpunkt nach links oben diagonal ziehen).

Schritt 4. Erstellen Sie einen weiteren Punkt (den Griffpunkt nach links ziehen).

Schritt 5. Erstellen Sie einen weiteren Punkt (den Griffpunkt kurz diagonal nach links oben ziehen).

Schritt 6. Klicken Sie auf den letzten Ankerpunkt um eine Ecke zu erstellen.

Schritt 7. Erstellen Sie einen weiteren Ankerpunkt (Maustaste gedrückt halten), halten Sie zusätzlich die **Shift** Taste gedrückt und ziehen Sie den Griffpunkt nach oben, dann **zuerst** die Maustaste loslassen und erst dann die **Shift** Taste.

Schritt 8. Erstellen Sie einen weiteren Punkt (den Griffpunkt diagonal nach rechts oben ziehen).

Schritt 9. Erstellen Sie einen weiteren Ankerpunkt (Maustaste gedrückt halten), halten Sie zusätzlich die **Shift** Taste gedrückt und ziehen Sie den Griffpunkt nach oben, dann **zuerst** die Maustaste loslassen und erst dann die **Shift** Taste.

Schritt 10. Klicken Sie auf den letzten Ankerpunkt um eine Ecke zu erstellen.

Schritt 11. Erstellen Sie einen weiteren Punkt (Maustaste drücken und loslassen, nicht ziehen!).

Schritt 12. Erstellen Sie einen weiteren Punkt (den Griffpunkt diagonal nach links unten ziehen).

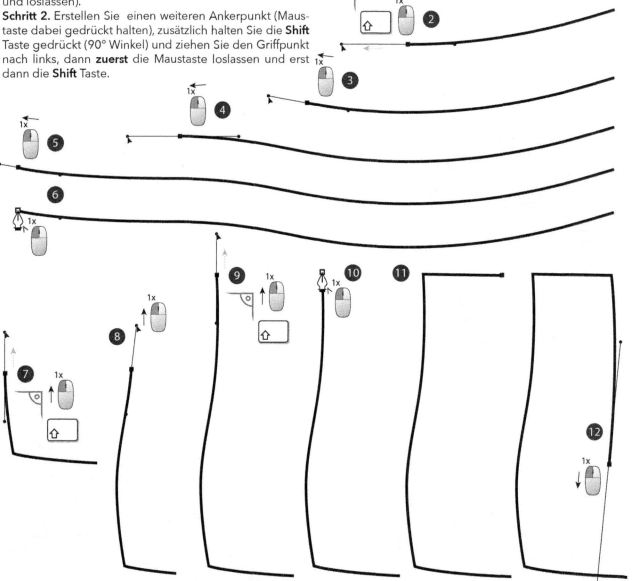

Schritt 13. Klicken Sie auf den letzten Ankerpunkt um eine Ecke zu erstellen.
Schritt 14. Erstellen Sie einen weiteren Ankerpunkt (Maustaste drücken und loslassen, nicht ziehen!).
Schritt 15. Erstellen Sie einen weiteren Ankerpunkt (Maustaste drücken und loslassen, nicht ziehen!).
Schritt 16. Erstellen Sie einen weiteren Ankerpunkt (Maustaste drücken und loslassen, nicht ziehen!).
Schritt 17. Ziehen Sie mit dem **Direktauswahl- Werkzeug** (A) einen Auswahlrahmen um den Ankerpunkt.
Schritt 18. Ziehen Sie mit der Maus an dem Kreis-Symbol diagonal nach links unten. Dadurch wird die Ecke des Objektes abgerundet.
Schritte 19 bis 21. Wiederholen Sie den Schritt 17 und 18.
Schritt 22. Klicken Sie mit dem **Zeichenstift-Werkzeug** (P) auf den Ankerpunkt um an diesem Pfad weiterzuzeichnen.

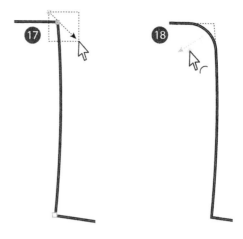

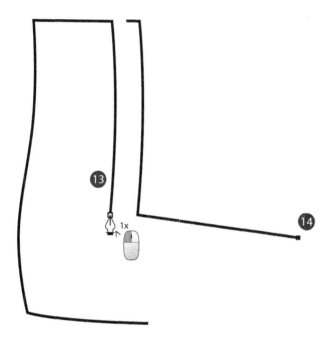

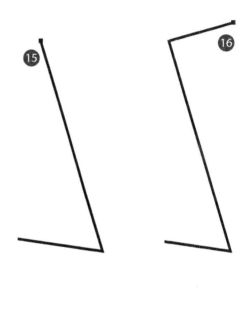

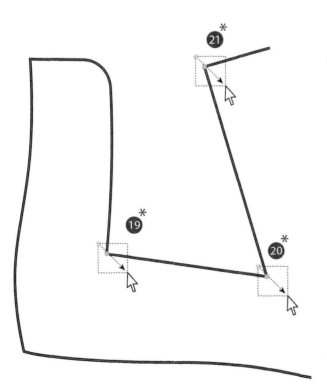

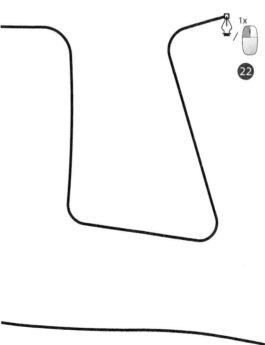

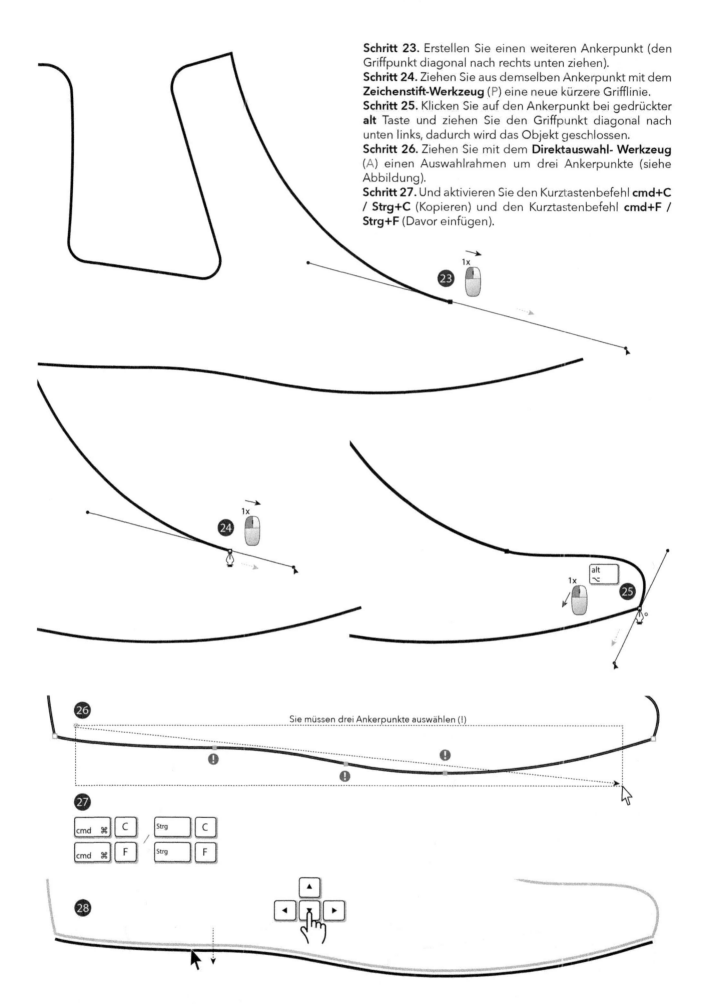

Schritt 23. Erstellen Sie einen weiteren Ankerpunkt (den Griffpunkt diagonal nach rechts unten ziehen).
Schritt 24. Ziehen Sie aus demselben Ankerpunkt mit dem **Zeichenstift-Werkzeug** (P) eine neue kürzere Grifflinie.
Schritt 25. Klicken Sie auf den Ankerpunkt bei gedrückter **alt** Taste und ziehen Sie den Griffpunkt diagonal nach unten links, dadurch wird das Objekt geschlossen.
Schritt 26. Ziehen Sie mit dem **Direktauswahl- Werkzeug** (A) einen Auswahlrahmen um drei Ankerpunkte (siehe Abbildung).
Schritt 27. Und aktivieren Sie den Kurztastenbefehl **cmd+C / Strg+C** (Kopieren) und den Kurztastenbefehl **cmd+F / Strg+F** (Davor einfügen).

Schritt 28. Aktivieren Sie das **Auswahl- Werkzeug** (V). Und betätigen Sie mehrmals die abwärts Pfeiltaste um die Linie nach unten zu verschieben.

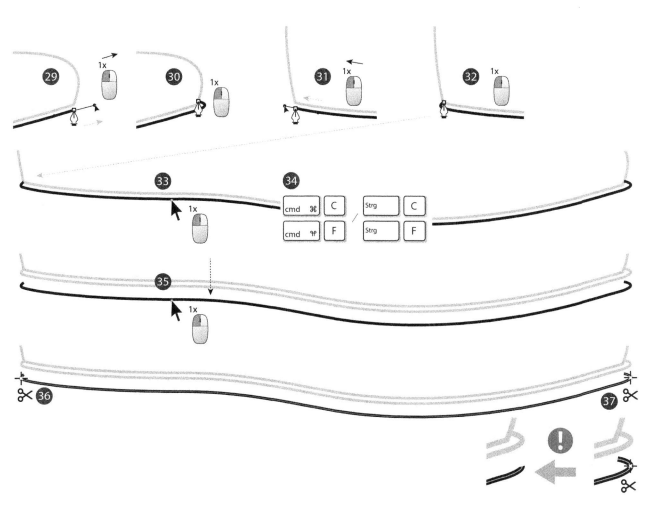

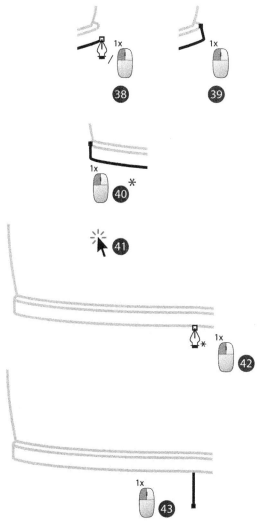

Schritt 29. Ziehen Sie aus dem Ankerpunkt mit dem **Zeichenstift-Werkzeug** (P) eine neue Grifflinie.
Schritt 30. Erstellen Sie mit einem Klick einen weiteren Ankerpunkt.
Schritt 31. Ziehen Sie aus dem Ankerpunkt mit dem **Zeichenstift-Werkzeug** (P) eine neue Grifflinie.
Schritt 32. Erstellen Sie mit einem Klick einen weiteren Ankerpunkt.
Schritt 33. Klicken Sie mit dem **Auswahl- Werkzeug** (V) auf die Linie.
Schritt 34. Und aktivieren Sie den Kurztastenbefehl **cmd+C / Strg+C** (Kopieren) und den Kurztastenbefehl **cmd+F / Strg+F** (Davor einfügen).
Schritt 35. Aktivieren Sie das **Auswahl- Werkzeug** (V).
Und betätigen Sie mehrmals die abwärts Pfeiltaste um die Linie nach unten zu verschieben.
Schritt 36 und 37. Aktivieren Sie das **Schere- Werkzeug** (C) und trenne Sie die Linie mit einem Klick an den markierten Stellen (siehe Abbildung).
Schritt 38. Klicken Sie mit dem **Zeichenstift-Werkzeug** (P) auf den Ankerpunkt um an diesem Pfad weiterzuzeichnen.
Schritt 39. Erstellen Sie einen weiteren Ankerpunkt (Maustaste drücken und loslassen, nicht ziehen!).
Schritt 40. Wiederholen Sie Schritt 38 und 39 für die andere Seite.
Schritt 41. Betätigen Sie die V Taste (Auswahl- Werkzeug) und klicken Sie auf die leere Zeichenfläche um die Auswahl aufzuheben.
Schritt 42. Aktivieren Sie das **Zeichenstift-Werkzeug** (P) und erstellen Sie einen Ankerpunkt (Maustaste drücken und loslassen).
Schritt 43. Erstellen Sie einen weiteren Ankerpunkt (Maustaste drücken und loslassen, nicht ziehen!).

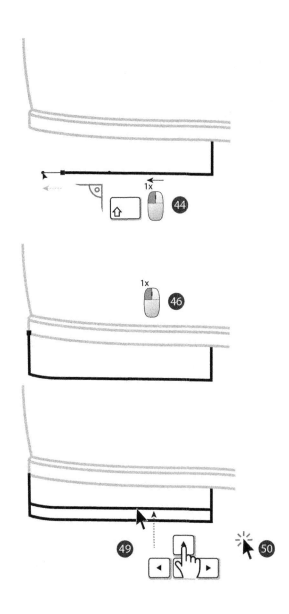
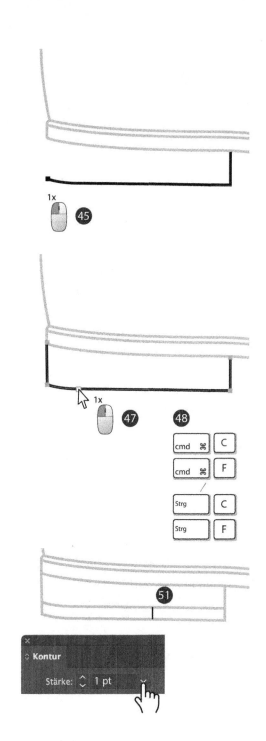

Schritt 44. Erstellen Sie einen weiteren Ankerpunkt (Maustaste gedrückt halten), halten Sie zusätzlich die **Shift** Taste gedrückt (90° Winkel) und ziehen Sie den Griffpunkt nach links, dann **zuerst** die Maustaste loslassen und erst dann die **Shift** Taste.
Schritt 45. Erstellen Sie einen weiteren Ankerpunkt (Maustaste drücken und loslassen, nicht ziehen!).
Schritt 46. Erstellen Sie einen weiteren Ankerpunkt (Maustaste drücken und loslassen, nicht ziehen!).
Schritt 47. Klicken Sie mit dem **Direktauswahl- Werkzeug** (A) auf den Ankerpunkt um einen Fragment der Linie auszuwählen.
Schritt 48. Und aktivieren Sie den Kurztastenbefehl **cmd+C / Strg+C** (Kopieren) und den Kurztastenbefehl **cmd+F / Strg+F** (Davor einfügen).
Schritt 49. Aktivieren Sie das **Auswahl- Werkzeug** (V) und betätigen Sie mehrmals die aufwärts Pfeiltaste um die Linie nach oben zu verschieben.
Schritt 50. Betätigen Sie die **V** Taste (Auswahl- Werkzeug) und klicken Sie auf die leere Zeichenfläche um die Auswahl aufzuheben.
Schritt 51. Erstellen Sie eine weitere Linie mit einer reduzierten Konturstärke.
Schritt 52 und 53. Erstellen Sie eine weitere Linie bestehend aus zwei Ankerpunkten.

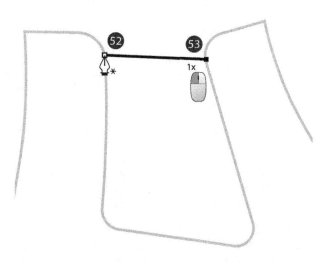

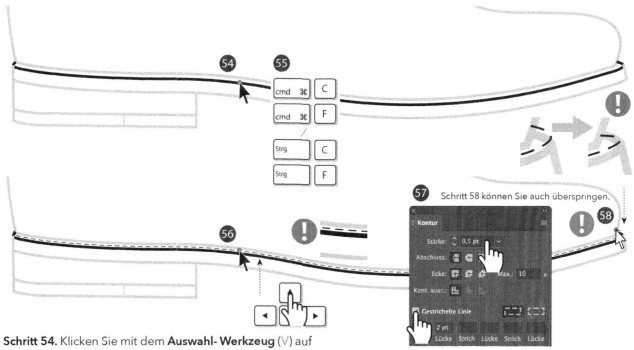

Schritt 54. Klicken Sie mit dem **Auswahl- Werkzeug** (V) auf die Linie.
Schritt 55. Und aktivieren Sie den Kurztastenbefehl **cmd+C / Strg+C** (Kopieren) und den Kurztastenbefehl **cmd+F / Strg+F** (Davor einfügen).
Schritt 56. Aktivieren Sie das **Auswahl- Werkzeug** (V) und betätigen Sie mehrmals die aufwärts Pfeiltaste um die Linie nach oben zu verschieben.
Schritt 57. Stellen Sie die Konturstärke (**Fenster>Kontur**) auf 0,5pt oder 0,75pt ein. Aktivieren Sie „Gestrichelte Linie", geben Sie bei „Punkt" 2pt und „Lücke" 1pt ein. Falls die Option „Gestrichelte Linie" nicht sichtbar ist, klicken Sie auf „weitere Optionen" ▤ , dann „Optionen einblenden".
Schritt 58. Klicken Sie mit dem **Direktauswahl- Werkzeug** (A) auf den letzten Ankerpunkt und ziehen Sie mit der Maus an dem Pfad um diesen zu korrigieren.
Schritt 59. Klicken Sie mit dem **Auswahl- Werkzeug** (V) auf die Linie.
Schritt 60. Wählen Sie jetzt **Objekt>Pfad>Pfad verschieben...** und geben Sie beim Versatz z.B. -1mm ein. Das Objekt wird nach Innen verschoben.

Wenn das Objekt nicht sauber geschlossen wurde, wirkt sich die Pfadverschiebung nach Innen und nach Außen aus.
Um das zu korrigieren, sollten Sie die offene Stelle finden und durch den Kurztastenbefehl **cmd+J / Strg+J** (Zusammenfügen) schließen.

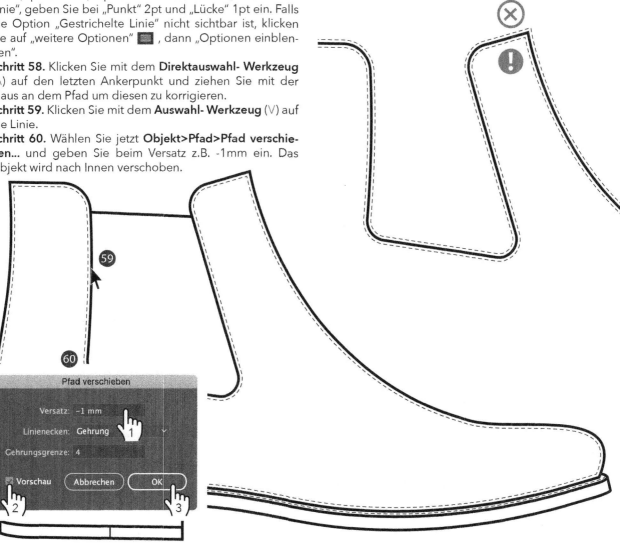

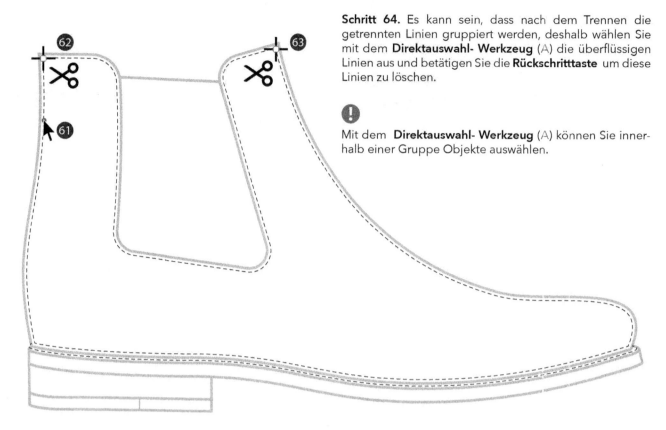

Schritt 64. Es kann sein, dass nach dem Trennen die getrennten Linien gruppiert werden, deshalb wählen Sie mit dem **Direktauswahl- Werkzeug** (A) die überflüssigen Linien aus und betätigen Sie die **Rückschritttaste** um diese Linien zu löschen.

Mit dem **Direktauswahl- Werkzeug** (A) können Sie innerhalb einer Gruppe Objekte auswählen.

Schritt 61. Klicken Sie mit dem **Auswahl- Werkzeug** (V) auf die Linie.
Schritt 62 und 63. Aktivieren Sie das **Schere- Werkzeug** (C) und trenne Sie die Linie mit einem Klick an den markierten Stellen (siehe Abbildung).

Schritt 65. Stellen Sie für das folgende Objekt (siehe Abbildung) die Flächenfarbe „Grau" ein.

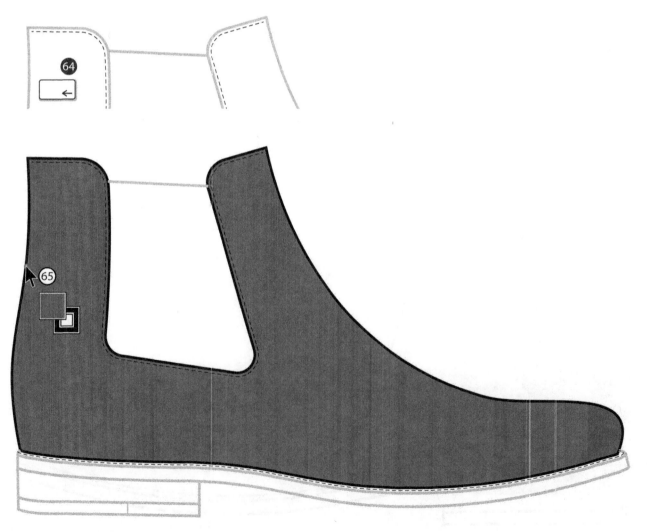

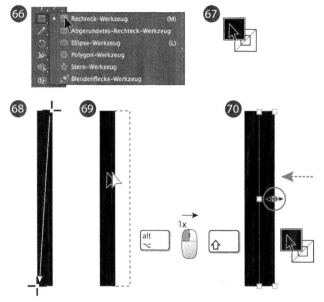

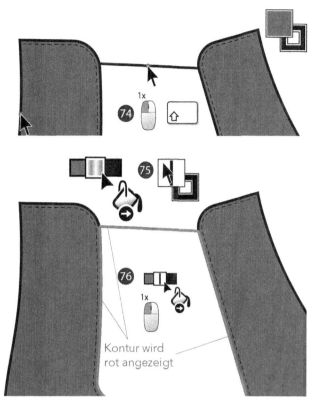

Schritt 66. Aktivieren Sie das **Rechteck-Werkzeug** (M)
Schritt 67. Stellen Sie die Konturfarbe „ohne" und Flächenfarbe „Schwarz" ein.
Schritt 68. Erstellen Sie mit dem **Rechteck-Werkzeug** (M) ein Rechteck.
Schritt 69. Betätigen Sie die **alt** Taste (gedrückt halten), dann ziehen Sie das Objekt mit dem Mauszeiger bei gedrückter linken Maustaste nach rechts und betätigen Sie zusätzlich die **Shift** Taste (auch gedrückt halten). Am Ziel lassen Sie **zuerst** die Maustaste, dann die **Shift** und **alt** Taste los.
Schritt 70. Betätigen Sie die V Taste (Auswahl- Werkzeug) und ziehen Sie an dem mittleren Rechteck nach links um das kopierte Objekt zu transformieren.
Schritt 71. Stellen Sie für das kopierte Objekt die Flächenfarbe „grau" ein.
Schritt 72. Wählen Sie mit dem **Auswahl- Werkzeug** (V) beide Objekte aus.

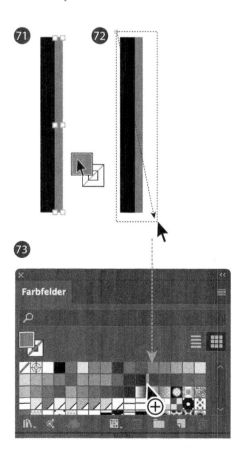

Schritt 73.
Möglichkeit 1:
Öffnen Sie das „Farbfelder" Bedienfeld: **Fenster > Farbfelder** und ziehen Sie beide Objekte in das Bedienfeld (Drag&Drop Verfahren). Es erschein ein Pluszeichen neben dem Pfeil, dann lassen Sie die Maustaste los. Sie sehen die Vorschau Ihres Musters.

Möglichkeit 2:
Ziehen Sie mit dem **Auswahl- Werkzeug** (V) einen Auswahlrahmen um die beiden Objekte. Dann aktivieren Sie den Befehl **Objekt > Muster > Erstellen**.
Klicken Sie anschließend oben auf „Fertig".

Schritt 74. Klicken Sie mit dem **Auswahl- Werkzeug** (V) bei gedrückter **Shift** Taste beiden Objekte an.
Schritt 75. Aktivieren Sie das **Interaktiv-malen-Werkzeug** (K). Stellen Sie als Flächenfarbe das erstellte Muster ein.

Schritt 76. Dann klicken Sie auf die Fläche (die Kontur wird dabei rot angezeigt).
**Dann betätigen Sie den Befehl Objekt>Umwandeln (im Dialogfeld „Objekt", „Fläche", „Kontur" aktivieren).
Und zweimal nacheinander den Befehl Objekt>Gruppierung aufheben. Dadurch wird die „Interaktive-Malgruppe" aufgehoben und Sie können das Muster ganz normal bearbeiten.**

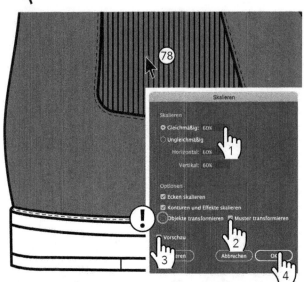

Schritt 77. Betätigen Sie die V Taste (Auswahl- Werkzeug) und klicken Sie auf die leere Zeichenfläche um die Auswahl aufzuheben.

Schritt 78. Wählen Sie mit dem **Auswahl- Werkzeug** (V) das Muster aus, doppelklicken Sie auf das **Skalieren- Werkzeug** (S) und stellen Sie folgende Einstellungen im Dialogfeld ein (siehe Abbildung) um das Muster zu verkleinern (die Option „Objekte transformieren" schalten Sie dabei aus).

Schritt 79. Klicken Sie mit dem **Auswahl- Werkzeug** (V) bei gedrückter **Shift** Taste mehrere Objekte an.

Schritt 80. Aktivieren Sie das **Interaktiv-malen-Werkzeug** (K) und stellen Sie die Flächenfarbe z.B. „Khaki" ein.

Schritt 81. Dann klicken Sie auf die Flächen mit der linken Maustaste (die Kontur wird dabei rot angezeigt).

❗ Achten Sie darauf, dass es keine Lücken zwischen der Linien gibt, da sonst das Färben mit Interaktiv-malen-Werkzeug nicht funktionieren wird.

Dann betätigen Sie den Befehl Objekt>Umwandeln (im Dialogfeld „Objekt", „Fläche", „Kontur" aktivieren).

Und zweimal nacheinander den Befehl Objekt>Gruppierung aufheben. Dadurch wird die „Interaktive-Malgruppe" aufgehoben und Sie können das Muster ganz normal bearbeiten.

Schritt 82. Betätigen Sie die V Taste (Auswahl- Werkzeug) und klicken Sie auf die leere Zeichenfläche um die Auswahl aufzuheben.

Schritt 83. Erstellen Sie mit dem **Zeichenstift-Werkzeug** (P) eine neue Linie.

Schritt 84. Erstellen Sie mit dem **Zeichenstift-Werkzeug** (P) eine neue Linie.

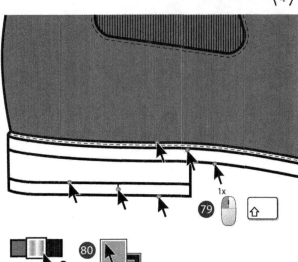

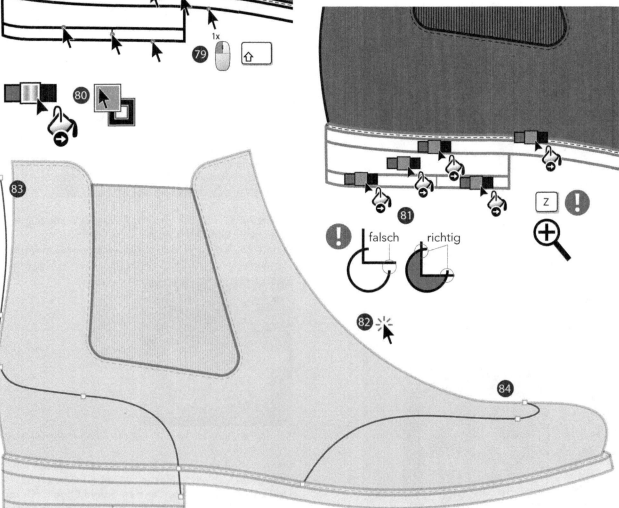

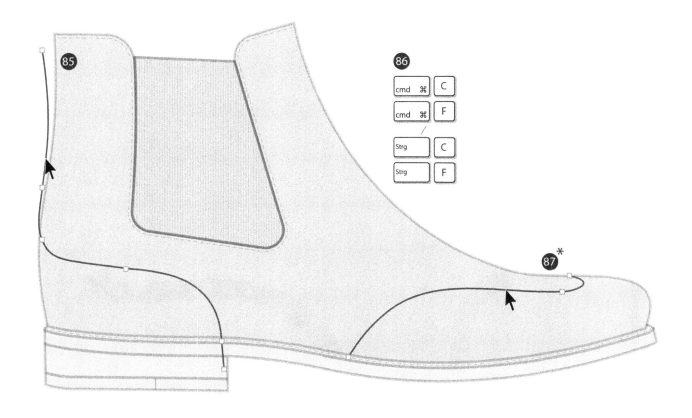

Schritt 85. Klicken Sie auf die Linie mit dem **Auswahl-Werkzeug** (V).
Schritt 86. Und betätigen Sie den Kurztastenbefehl **cmd+C / Strg+C** (Kopieren) und den Kurztastenbefehl **cmd+F / Strg+F** (Davor einfügen).

Schritt 87. Wiederholen Sie die Schritte 85 und 86.
Schritt 88. Klicken Sie auf die kopierte Linie mit dem **Auswahl- Werkzeug** (V).
Schritt 89. Und stellen Sie für die Kopie „Konturstärke" auf 16 pt ein.
Schritt 90. Wiederholen Sie die Schritte 88 und 89.

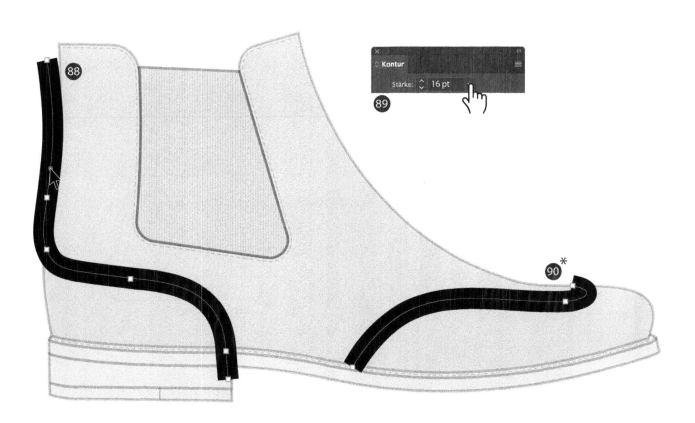

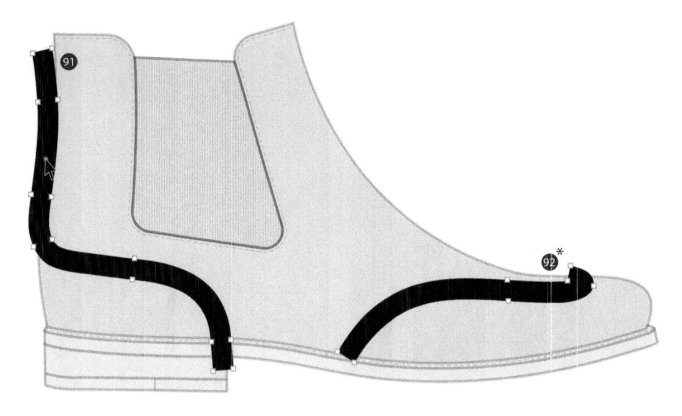

Schritt 91. Klicken Sie auf die Linie mit dem **Auswahl-Werkzeug** (V) und wählen Sie **Objekt>Umwandeln,** im Dialogfeld deaktivieren Sie „Fläche" und aktivieren Sie „Kontur", dann mit „OK" bestätigen. Anschließend betätigen Sie die Taste **D** um die „Fläche" weiss und „Kontur" schwarz einzustellen.
Schritt 92. Wiederholen Sie den Schritt 91.
Schritt 93. Schalten Sie jetzt für beide Objekte die Flächenfarbe aus (vorher mit dem **Auswahl- Werkzeug** (V) das jeweilige Objekt auswählen).

Schritt 94. Klicken Sie mit dem **Auswahl- Werkzeug** (V) auf das Objekt und wählen Sie jetzt **Objekt>Pfad>Pfad verschieben…** ,geben Sie beim Versatz z.B. 1mm ein. Linienecken auf „Gehrung" und Gehrungsgrenze auf 4 belassen, dann mit „Ok" bestätigen. **Vergessen Sie nicht, dass der Abstand des Versatzes von der Größe der Zeichnung abhängt!**
Schritt 95. Wiederholen Sie den Schritt 94 für das andere Objekt.

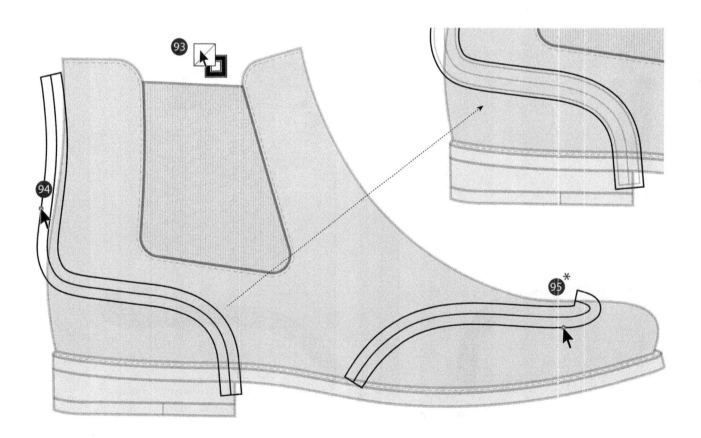

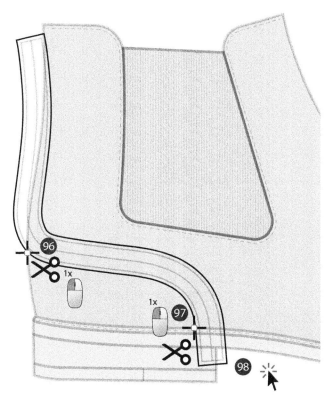
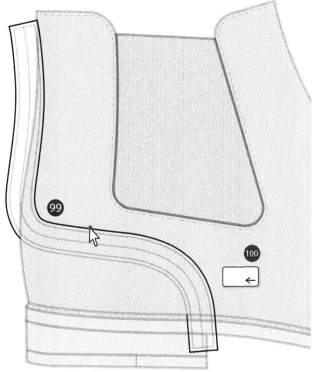

Schritt 96 und 97. Aktivieren Sie das **Schere- Werkzeug** (C) und klicken Sie auf die Linie um an diesen Stellen die Linie zu trennen.
Schritt 98. Betätigen Sie die **V** Taste (Auswahl- Werkzeug) und klicken Sie auf die leere Zeichenfläche um die Auswahl aufzuheben.
Schritt 99. Es kann sein, dass nach dem Trennen die getrennten Linien gruppiert werden, deshalb wählen Sie mit dem **Direktauswahl- Werkzeug** (A) die überflüssige Linie aus.
Schritt 100. Und betätigen Sie anschließend die **Rückschritttaste** um diese Linie zu löschen.

Schritt 101. Trennen Sie mit dem **Schere- Werkzeug** (C) die anderen Linien an den markierten Stellen.
Arbeiten Sie dabei mit der Pfadansicht (**Vorschau>Pfadansicht**) und dem **Zoom-Werkzeug** (Z) für eine präzise Auswahl.
Löschen Sie anschließend mit dem **Direktauswahl- Werkzeug** (A) die überflüssigen Linien.
Schritte 102 und 103. Wiederholen Sie zuerst die Schritte 96 bis 100 für das Objekt.
Schritte 104 und 105. Dann trennen Sie mit dem **Schere- Werkzeug** (C) die anderen Linien an den markierten Stellen.
Arbeiten Sie dabei auch mit der Pfadansicht (**Fenster>Pfadansicht**) und dem **Zoom-Werkzeug** (Z).
Und löschen Sie anschließend mit dem **Direktauswahl- Werkzeug** (A) die überflüssigen Linien.

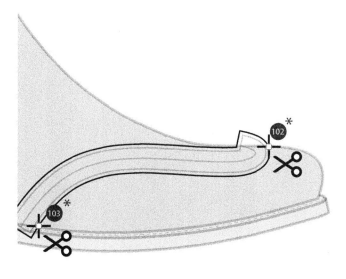

Accessoires - Digital Zeichnen mit Adobe Illustrator | 107

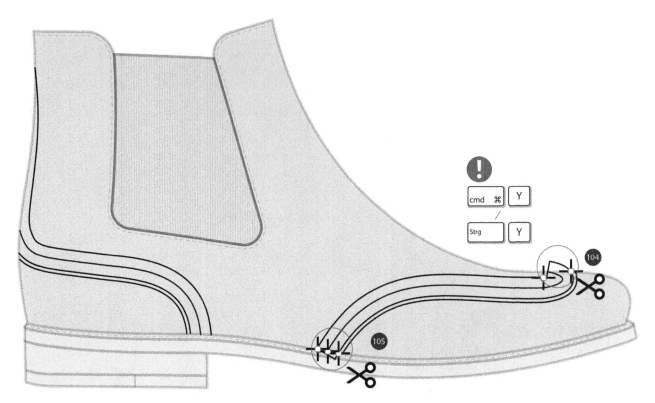

Schritt 106. Erstellen Sie zwei Musterpinsel-Rapporte für die Perforation (siehe Seite 151 und 152). Und weisen Sie den Rapport der jeweiligen Linie zu (siehe Abbildung), dafür wählen Sie zuerst mit dem **Auswahl- Werkzeug** (V) die jeweilige Linie aus und betätigen Sie im Bedienfeld „Pinsel" **Fenster>Pinsel** den passenden Musterpinsel.

Öffnen Sie anschließend das Bedienfeld **Kontur (Fenster>-Kontur)** und ändern Sie die Stärke der Linie (z.B. auf 0,5pt oder 0,25 pt einstellen), dadurch wird der Rapport verkleinert.

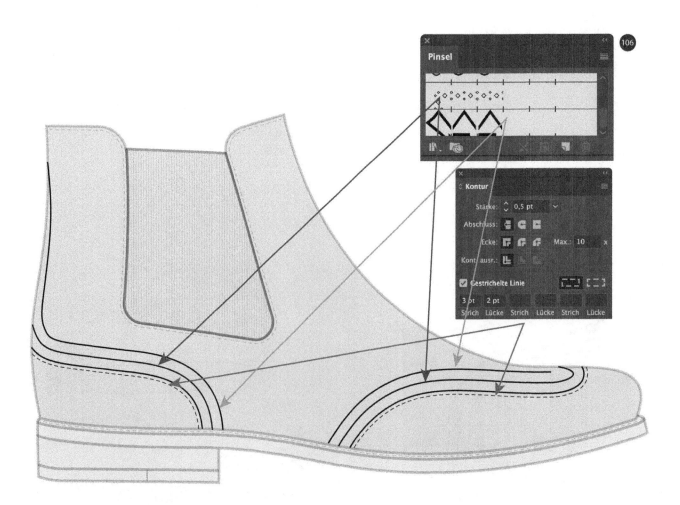

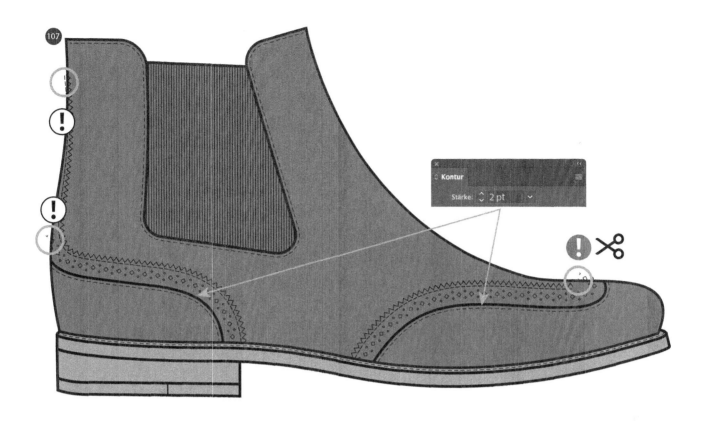

Schritt 107. Falls die einzelnen Pfade nach der Anwendung des Musterpinsels zu lang sind, trennen Sie es mit dem **Schere- Werkzeug** (C) an den markierten Stellen und löschen Sie die überflüssigen Fragmente.

Schritt 108. Sie können auch mit dem **Direktauswahl-Werkzeug** (A) die einzelnen Ankerpunkte anklicken und den Pfad korrigieren, falls die Enden des Pfades überstehen.

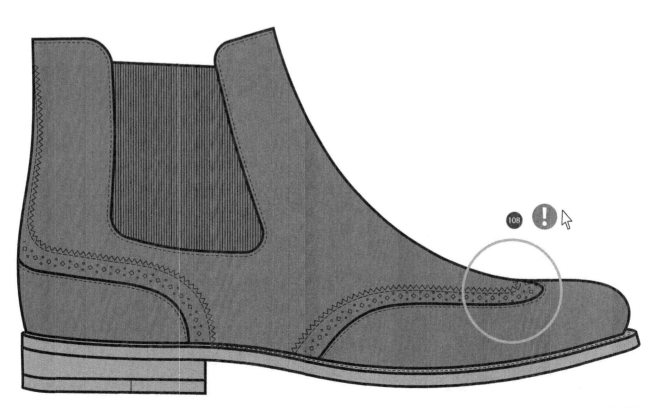

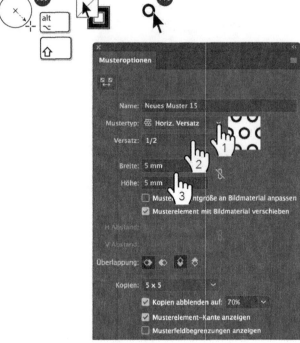

Schritt 109. Aktivieren Sie das **Ellipse-Werkzeug** (L), halten Sie die **alt** und **Shift** Taste gedrückt und erstellen Sie einen Kreis. Deaktivieren Sie die Flächenfarbe des Ojektes.

Schritt 110. Wählen Sie das Objekt mit dem **Auswahl-Werkzeug** (V) aus und wählen Sie **Objekt>Muster>Erstellen**. Im Dialogfeld stellen Sie folgende Einstellungen ein (siehe Abbildung). **Beachten Sie dass „Breite" und „Höhe" von der Größe des gezeichneten Kreises abhängt, deshalb probieren Sie andere Werte aus, falls das Ergebnis nicht mit der Abbildung übereinstimmt.**

Schritt 111. Klicken Sie anschließend auf „Fertig". Das Muster wurde zu den „Farbfeldern" (**Fenster>Farbfelder**) hinzugefügt.

Schritt 112. Klicken Sie mit dem **Auswahl- Werkzeug** (V) bei gedrückter **Shift** Taste auf beide Objekte um diese auszuwählen.

Schritt 113. Aktivieren Sie das **Interaktiv-malen-Werkzeug** (K). Stellen Sie als Flächenfarbe das erstellte Muster ein (**Fenster>Farbfelder**).

Schritt 114. Dann klicken Sie auf die Fläche Maustaste (die Kontur wird dabei rot angezeigt).

Dann betätigen Sie den Befehl Objekt>Umwandeln (im Dialogfeld „Objekt", „Fläche", „Kontur" aktivieren).

Und zweimal nacheinander den Befehl Objekt>Gruppierung aufheben. Dadurch wird die „Interaktive-Malgruppe" aufgehoben und Sie können das Muster ganz normal bearbeiten.

Schritt 115. Betätigen Sie die V Taste (Auswahl- Werkzeug) und klicken Sie auf die leere Zeichenfläche um die Auswahl aufzuheben.

Schritt 116. Wählen Sie mit dem **Auswahl- Werkzeug** (V) das Muster aus.

Schritt 117. Doppelklicken Sie auf das **Skalieren- Werkzeug** (S) und stellen Sie im Dialogfeld folgende Einstellungen ein (siehe Abbildung) um das Muster zu verkleinern (die Option „Objekte transformieren" schalten Sie dabei aus).

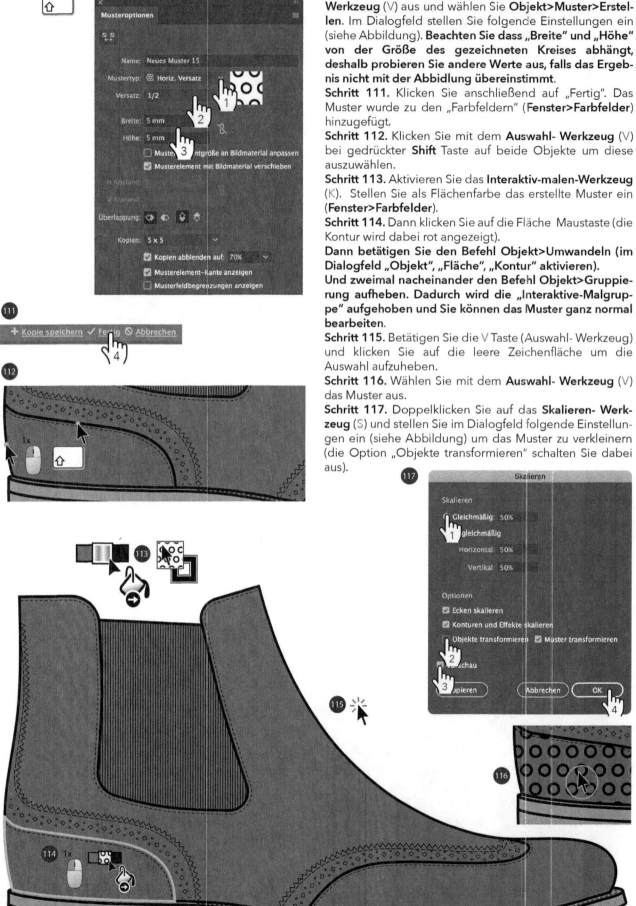

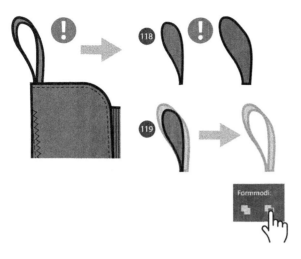

Schritt 119. Zeichnen Sie mit dem **Zeichenstift-Werkzeug** (P) ein weiteres geschlossenes (!) Objekt (etwas kleiner). Platzieren Sie die beiden Objekte übereinander und klicken Sie im Bedienfeld „Pathfinder" (**Fenster>Pathfinder**) oben links auf „Vorderes Objekt abziehen".

Schritt 120. Zeichnen Sie mit dem **Zeichenstift-Werkzeug** (P) ein neues geschlossenes (!) Objekt. Und betätigen Sie anschließend den Befehl **Objekt>Anordnen>In den Hintergrund** um das Objekt in den Hintergrund zu verschieben.

Zum Schluss können Sie alle Objekte mit dem **Auswahl-Werkzeug** (V) auswählen und mit dem Tastenkurzbefehl **cmd+G / Strg+G** gruppieren.

Damit ist das Projekt abgeschlossen.

Schritt 118. Zeichnen Sie mit dem **Zeichenstift-Werkzeug** (P) ein neues geschlossenes (!) Objekt.

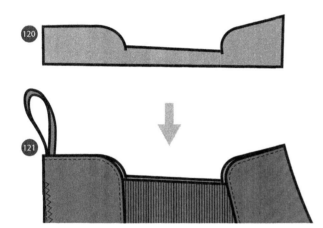

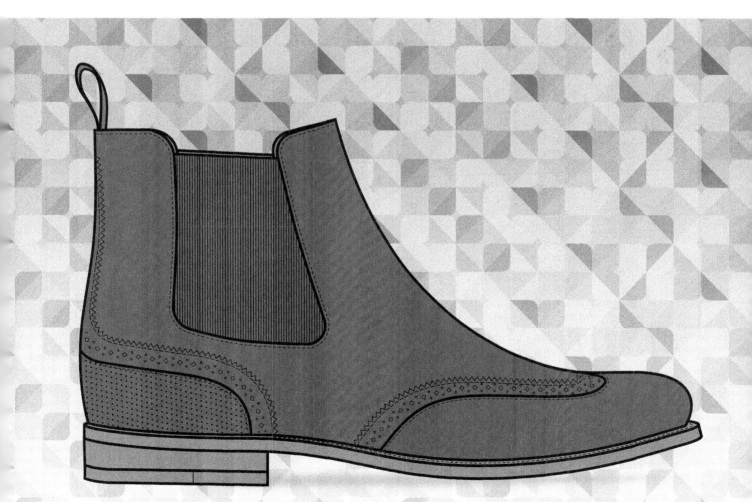

Accessoires - Digital Zeichnen mit Adobe Illustrator | **111**

8.10 TUTORIAL: SCHAL

VORAUSSETZUNGEN

-Stellen Sie im Werkzeugbedienfeld Konturfarbe „schwarz" und Flächenfarbe „ohne" ein.

-Stellen Sie im Kontur-Bedienfeld (**Fenster > Kontur**) die Konturstärke auf **1pt** bis **2pt** ein.

Aktivieren Sie folgende Einstellungen: **Ansicht > Lineale >Lineale einblenden, Ansicht > Hilfslinien > Hilfslinien einblenden, Ansicht > Hilfslinien > Hilfslinien sperren, Ansicht > Intelligente Hilfslinien, Ansicht > An Punkt ausrichten.**

-Benutzen Sie am besten als Vorlage eine Skizze. (Diese können Sie auch unter www.dimitridesign.org/tutorials downloaden). Vorlage platzieren: (siehe Seite 45).

Schritte 1 und 2. Erstellen Sie mit dem **Zeichenstift-Werkzeug** (P) zwei geschlossene Objekte (siehe Abbildung).
Schritt 3. Wählen Sie mit dem **Auswahl- Werkzeug** (V) beide Objekte aus.
Schritt 4. Stellen Sie für beide Objekte die Flächenfarbe „Grau" ein.
Schritt 5. Klicken Sie im Bedienfeld „Pathfinder" (**Fenster>Pathfinder**) oben links auf „Vorderes Objekt abziehen".
Schritt 6. Betätigen Sie die **V** Taste (Auswahl- Werkzeug) und klicken Sie auf die leere Zeichenfläche um die Auswahl aufzuheben und den Zeichnenvorgang abzuschließen. Alternativ können Sie den Kurztastenbefehl **cmd+Shift+A / Strg+Shift+A** aktivieren.
Schritt 7. Aktivieren Sie das **Zeichenstift-Werkzeug** (P) und erstellen Sie einzelne Linien die aus mehreren Ankerpunkten bestehen (siehe Abbildung).

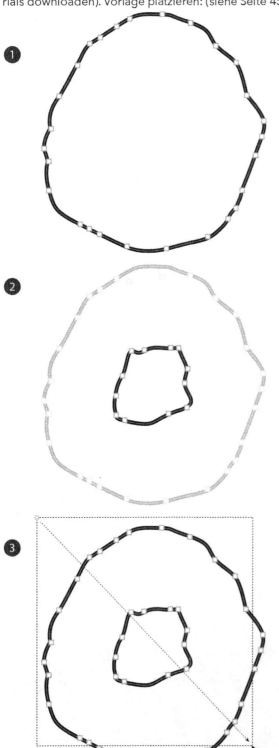
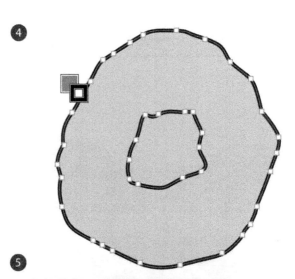

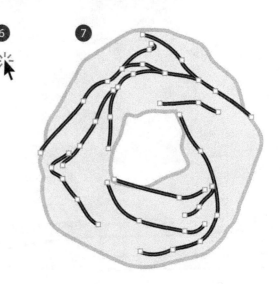

Schritt 8. Klicken Sie mit dem **Auswahl- Werkzeug** (V) auf einzelne Linie um diese auszuwählen und ändern Sie den „Profil" (siehe Abbildung) im „Kontur" Bedienfeld (**Fenster>Kontur**). Falls diese Option nicht sichtbar ist, klicken Sie auf „weitere Optionen" , dann „Optionen einblenden".

Schritt 9. Betätigen Sie die **V** Taste (Auswahl- Werkzeug) und klicken Sie auf die leere Zeichenfläche um die Auswahl aufzuheben und den Zeichenvorgang abzuschließen.

Schritt 10. Erstellen Sie mit dem **Zeichenstift-Werkzeug** (P) zwei geschlossene Objekte (siehe Abbildung).
Schritt 11. Wählen Sie mit dem **Auswahl- Werkzeug** (V) beide Objekte aus.
Schritt 12. Stellen Sie für beide Objekte die Flächenfarbe „Grau" ein.

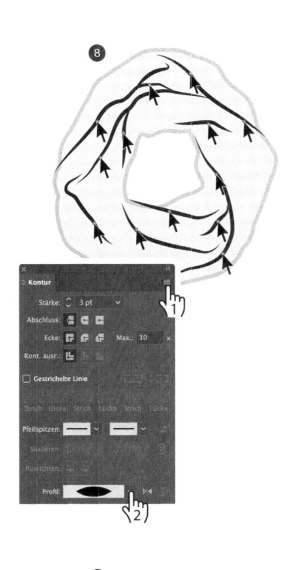
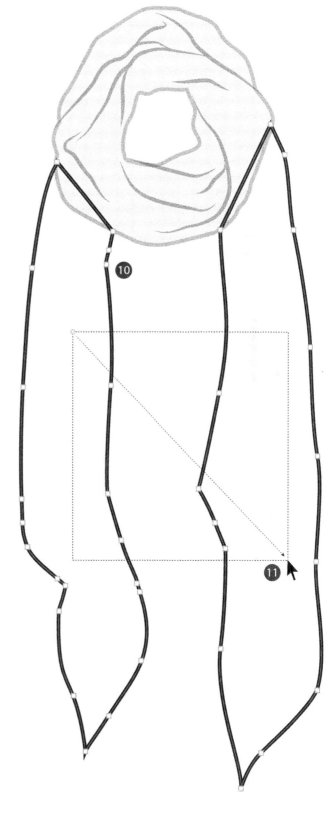
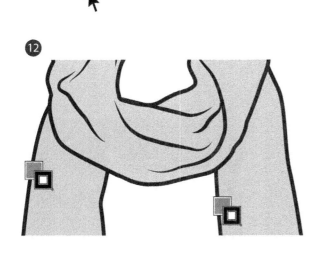

Schritt 13. Aktivieren Sie das **Zeichenstift-Werkzeug** (P) und erstellen Sie einzelne Linien die aus mehreren Ankerpunkten bestehen (siehe Abbildung).

Schritt 14. Klicken Sie mit dem **Auswahl- Werkzeug** (V) auf einzelne Linie um diese auszuwählen und ändern Sie den „Profil" im „Kontur" Bedienfeld (**Fenster>Kontur**). Falls diese Option nicht sichtbar ist, klicken Sie auf „weitere Optionen", dann „Optionen einblenden".

Schritt 15. Bei manchen Zeichnungen ist es sinnvoll die Objekte mit einem Flächenmuste erst dann zu füllen, wenn die Zeichnung vollendet ist, damit beim Zeichnen klare Übersicht über das ganze Objekt nicht verloren geht.

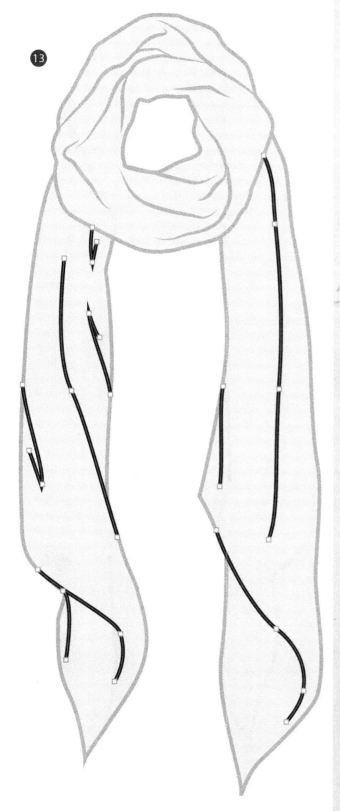
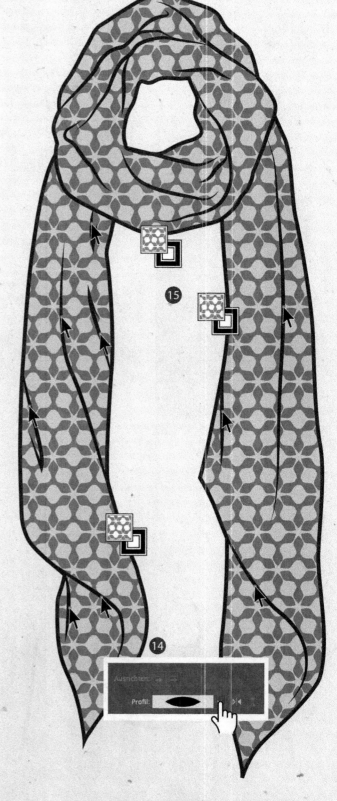

8.11 TUTORIAL: RING

VORAUSSETZUNGEN

-Stellen Sie im Werkzeugbedienfeld Konturfarbe „schwarz" und Flächenfarbe „ohne" ein.

-Stellen Sie im Kontur-Bedienfeld (**Fenster > Kontur**) die Konturstärke auf **1pt** bis **2pt** ein.

Aktivieren Sie folgende Einstellungen: **Ansicht > Lineale >Lineale einblenden, Ansicht > Hilfslinien > Hilfslinien einblenden, Ansicht > Hilfslinien > Hilfslinien sperren, Ansicht > Intelligente Hilfslinien, Ansicht > An Punkt ausrichten.**

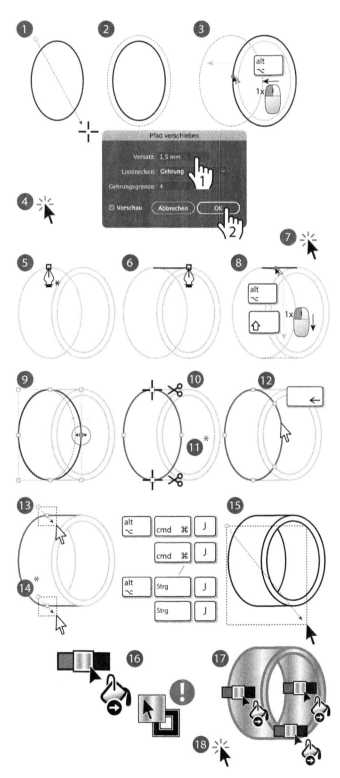

Schritt 1. Aktivieren Sie das **Ellipse-Werkzeug** (L) und erstellen Sie eine Ellipse.
Schritt 2. Wählen Sie **Objekt>Pfad>Pfad verschieben...** und geben Sie beim Versatz z.B. 1,5 mm ein. **Der Versatzabstand hängt immer von der Größe der Zeichnung ab.** Linienecken auf „Gehrung" und Gehrungsgrenze auf 4 belassen, dann mit „Ok" bestätigen.
Schritt 3. Kopieren Sie das Objekt bei gedrückter **alt** Taste (das Objekt ziehen, dann am Zielort **zuerst** die linke Maustaste loslassen und erst dann die **alt** Taste).
Schritt 4. Betätigen Sie die **V** Taste (Auswahl- Werkzeug) und klicken Sie auf die leere Zeichenfläche um die Auswahl aufzuheben.
Schritte 5 und 6. Aktivieren Sie das **Zeichenstift-Werkzeug** (P) und erstellen Sie eine Linie bestehend aus zwei Ankerpunkten (Maustaste drücken und loslassen).
Schritt 7. Betätigen Sie die **V** Taste (Auswahl- Werkzeug) und klicken Sie auf die leere Zeichenfläche um die Auswahl aufzuheben.
Schritt 8. Kopieren Sie die Linie bei gedrückter **alt** Taste (am Zielort **zuerst** die linke Maustaste loslassen und erst dann die **alt** Taste).
Schritt 9. Klicken Sie mit dem **Auswahl- Werkzeug** (V) auf das Objekt. Betätigen Sie die **V** Taste (Auswahl- Werkzeug) und ziehen Sie an dem mittleren weißen Rechteck nach rechts um das Objekt zu transformieren.
Schritt 10 und 11. Trennen Sie mit dem **Schere- Werkzeug** (C) die Ellipse an den markierten Stellen.
Arbeiten Sie dabei mit der Pfadansicht (**Fenster>Pfadansicht**) und dem **Zoom-Werkzeug** (Z) für eine präzise Auswahl.
Schritt 12. Klicken Sie mit dem **Direktauswahl- Werkzeug** (A) auf den getrennten Pfad und betätigen Sie mehrmals die **Rückschritttaste** um diesen zu löschen.
Schritt 13. Ziehen Sie mit dem **Direktauswahl- Werkzeug** (A) bei gedrückter linken Maustaste einen Auswahlrahmen. Dadurch wird jeweils ein Endpunkt von jedem Pfad ausgewählt. Betätigen Sie dann den Kurztastenbefehl **alt+cmd+J /alt+Strg+J**. Im Bedienfeld „Durchschnitt berechnen" stellen Sie die Option auf „Beide" ein, dadurch werden die Punkte exakt übereinander gelegt (Vertikal und Horizontal) und betätigen Sie dann den Kurztastenbefehl **cmd+J / Strg+J** (Zusammenfügen). Zwei Pfade wurden zu einem Pfad zusammengefügt.
Schritt 14. Wiederholen Sie den Schritt 13.
Schritt 15. Wählen Sie mit dem **Auswahl- Werkzeug** (V) alle Objekte aus.
Schritt 16. Aktivieren Sie das **Interaktiv-malen-Werkzeug** (K) und stellen Sie für die Flächenfarbe einen Metallverlauf ein (**Fenster>Farbfeldbibliotheken>Verläufe>Metalle**).
Schritt 17. Dann klicken Sie auf die inneren Bereiche der Objekte (die Kontur wird dabei rot angezeigt).
Achten Sie darauf dass es keine Lücken zwischen der Linien gibt, da sonst das Einfärben mit Interaktiv-malen-Werkzeug nicht funktionieren wird.
Dann betätigen Sie den Befehl Objekt>Umwandeln (im Dialogfeld „Objekt", „Fläche", „Kontur" aktivieren).
Und zweimal nacheinander den Befehl Objekt>Gruppierung aufheben. Dadurch wird die „Interaktive-Malgruppe" aufgehoben und Sie können die Objekte ganz normal bearbeiten.
Schritt 18. Betätigen Sie die **V** Taste (Auswahl- Werkzeug) und klicken Sie auf die leere Zeichenfläche um die Auswahl aufzuheben.

Accessoires - Digital Zeichnen mit Adobe Illustrator

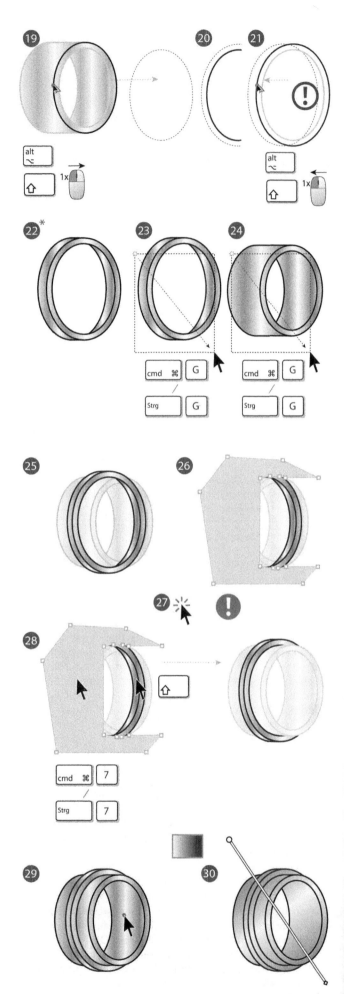

Schritt 19. Klicken Sie mit dem **Auswahl- Werkzeug** (**V**) auf die Ellipse und kopieren Sie das Objekt bei gedrückter **alt** und **Shift** Taste (das Objekt ziehen, dann am Zielort zuerst die linke Maustaste loslassen und erst dann die **alt** Taste).

Schritt 20. Wählen Sie **Objekt>Pfad>Pfad verschieben...** und geben Sie beim Versatz z.B. 1,5 mm ein. Linienecken auf „Gehrung" und Gehrungsgrenze auf 4 belassen, dann mit „Ok" bestätigen.

Schritt 21. Kopieren Sie nochmal das Objekt bei gedrückter **alt** und **Shift** Taste.

Schritt 22. Wiederholen Sie die Schritte 15 bis 17.

Schritt 23. Wählen Sie mit dem **Auswahl- Werkzeug** (V) alle Objekte aus und betätigen Sie den Tastenkurzbefehl **cmd+G / Strg+G** um diese Objekte zu gruppieren.

Schritt 24. Gruppieren Sie auch nach dem gleichen Prinzip das am Anfang erstellte Objekt.

Schritt 25. Platzieren Sie beide Objekte übereinander (siehe Abbildung).

Schritte 26. Aktivieren Sie das **Zeichenstift-Werkzeug** (P) und erstellen Sie ein Objekt so wie in der Abbildung (dieses Objekte wird als Schnittmaske verwendet).

Schritt 27. Betätigen Sie die V Taste (Auswahl- Werkzeug) und klicken Sie auf die leere Zeichenfläche um die Auswahl aufzuheben.

Schritt 28. Klicken Sie mit dem **Auswahl- Werkzeug** (V) bei gedrückter **Shift** Taste auf beide Objekte um diese auszuwählen und betätigen Sie anschließend den Tastenkurzbefehl **cmd+7 / Strg+7** um eine Schnittmaske zu erstellen.

Schritt 29. Klicken Sie mit dem **Auswahl- Werkzeug** (V) auf die gruppierten Objekte um diese auszuwählen.

Schritt 30. Aktivieren Sie jetzt das **Verlaufwerkzeug** (G) (Werkzeugleiste) und ziehen Sie den Mauszeiger bei gedrückter linken Maustaste diagonal um die Verlaufsrichtung zu ändern.

VIDEO TUTORIAL ZU DIESER ÜBUNG
WWW.DIMITRIDESIGN.ORG/TUTORIALS

FEHLER-CHECKLISTE SIEHE
WWW.DIMITRIDESIGN.ORG/TUTORIALS

8.12 TUTORIAL: SNEAKERS

VORAUSSETZUNGEN

-Stellen Sie im Werkzeugbedienfeld Konturfarbe „schwarz" und Flächenfarbe „ohne" ein.

-Stellen Sie im Kontur-Bedienfeld (**Fenster > Kontur**) die Konturstärke auf **1pt** bis **2pt** ein.
-Aktivieren Sie folgende Einstellungen **Ansicht > Lineale >Lineale einblenden**, **Ansicht > Hilfslinien > Hilfslinien sperren**, **Ansicht > Intelligente Hilfslinien** und **Ansicht > An Punkt ausrichten**.
-Benutzen Sie am besten als Vorlage eine Skizze. (Diese können Sie auch unter www.dimitridesign.org/tutorials downloaden). Vorlage platzieren: (siehe Seite 45).

Schritt 1. Aktivieren Sie das **Zeichenstift-Werkzeug** (P) und erstellen Sie den ersten Ankerpunkt (Maustaste drücken und loslassen).
Schritt 2. Erstellen Sie einen weiteren Ankerpunkt (Maustaste gedrückt halten), halten Sie jetzt zusätzlich die **Shift** Taste gedrückt (90° Winkel) und ziehen Sie den Griffpunkt nach rechts, dann **zuerst** die Maustaste loslassen und erst dann die **Shift** Taste.
Schritt 3. Erstellen Sie einen weiteren Ankerpunkt (Maustaste gedrückt halten), halten Sie jetzt zusätzlich die **Shift** Taste gedrückt (90° Winkel) und ziehen Sie den Griffpunkt nach rechts, dann **zuerst** die Maustaste loslassen und erst dann die **Shift** Taste.
Schritt 4. Erstellen Sie einen weiteren Ankerpunkt (Maustaste drücken und loslassen, nicht ziehen!).
Schritt 5. Erstellen Sie einen weiteren Ankerpunkt (Maustaste gedrückt halten), halten Sie zusätzlich die **Shift** Taste gedrückt und ziehen Sie den Griffpunkt nach rechts, dann **zuerst** die Maustaste loslassen und erst dann die **Shift** Taste.
Schritt 6. Erstellen Sie einen weiteren Ankerpunkt nach dem gleichen Prinzip.
Schritt 7. Erstellen Sie einen weiteren Ankerpunkt (den Griffpunkt diagonal nach links oben ziehen).

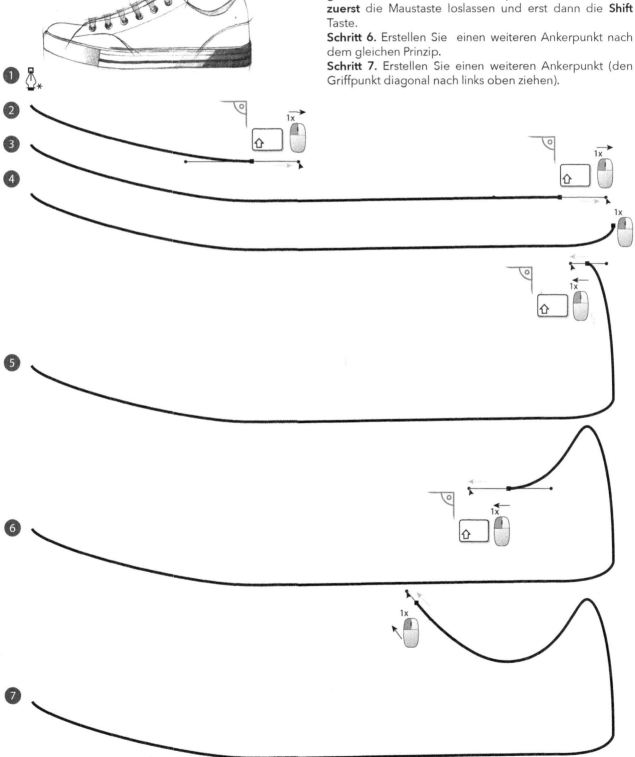

Schritt 8. Erstellen Sie einen weiteren Ankerpunkt (den Griffpunkt diagonal nach links unten ziehen).
Schritt 9. Erstellen Sie einen weiteren Ankerpunkt (den Griffpunkt diagonal nach links unten ziehen).
Schritt 10. Erstellen Sie einen weiteren Ankerpunkt (den Griffpunkt diagonal nach links unten ziehen).

Schritt 11. Klicken Sie auf den letzten Ankerpunkt um eine Ecke zu erstellen.
Schritt 12. Erstellen Sie einen weiteren Ankerpunkt (den Griffpunkt diagonal nach links oben ziehen).
Schritt 13. Klicken Sie auf den Ankerpunkt bei gedrückter **alt** Taste und ziehen Sie den Griffpunkt diagonal nach unten links, dadurch wird das Objekt geschlossen.

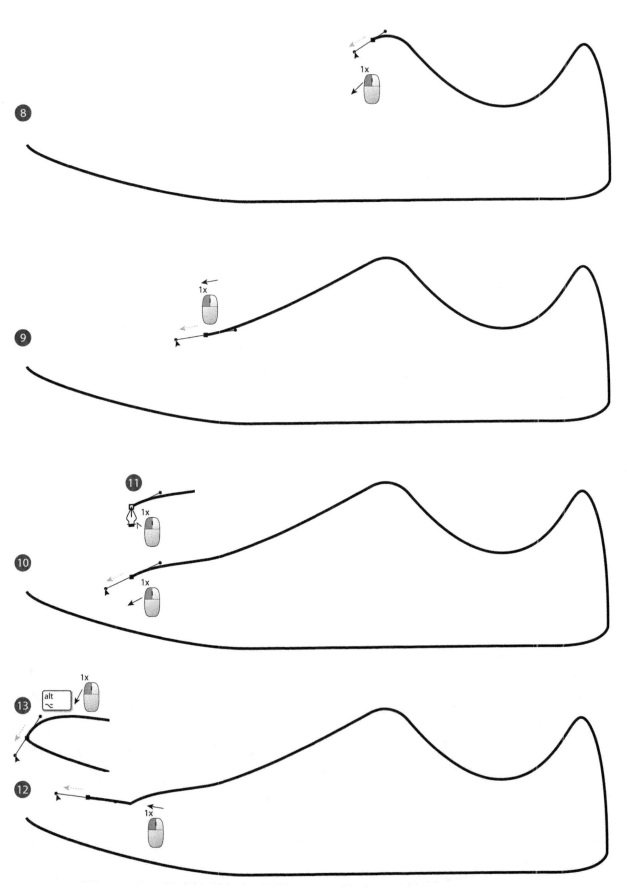

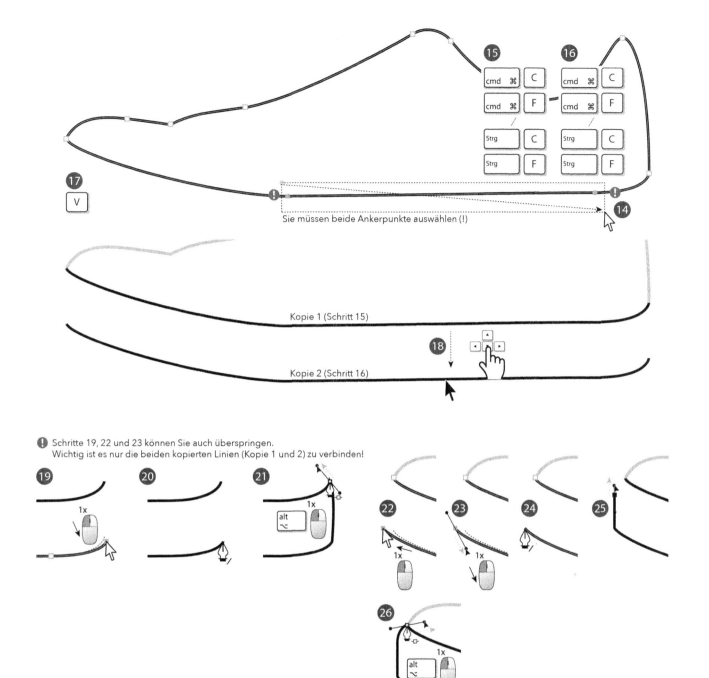

Schritt 14. Ziehen Sie mit dem **Direktauswahl- Werkzeug** (A) einen Auswahlrahmen um zwei Ankerpunkte (siehe Abbildung).

Schritt 15. Und aktivieren Sie den Kurztastenbefehl **cmd+C / Strg+C** (Kopieren) und den Kurztastenbefehl **cmd+F / Strg+F** (Davor einfügen).

Schritt 16. Aktivieren Sie nochmal den Kurztastenbefehl **cmd+C / Strg+C** (Kopieren) und den Kurztastenbefehl **cmd+F / Strg+F** (Davor einfügen) um eine zweite Kopie des Objektes zu erstellen.

Schritt 17. Betätigen Sie die V Taste (Auswahl- Werkzeug).

Schritt 18. Und betätigen Sie mehrmals die abwärts Pfeiltaste um die Linie nach unten zu verschieben.

Schritt 19. Klicken Sie mit dem **Direktauswahl- Werkzeug** (A) auf den letzten Ankerpunkt und ziehen Sie mit der Maus an dem Pfad um diesen etwas zu verschieben (siehe Abbildung).

Schritt 20. Klicken Sie mit dem **Zeichenstift-Werkzeug** (P) auf den Ankerpunkt um an diesem Pfad weiterzuzeichnen.

Schritt 21. Klicken Sie auf den Ankerpunkt der zweiten Linie bei gedrückter **alt** Taste und ziehen Sie den Griffpunkt diagonal nach oben links, dadurch werden beide Objekte verbunden.

Schritt 22. Klicken Sie mit dem **Direktauswahl- Werkzeug** (A) auf den Ankerpunkt um diesen auszuwählen und verschieben Sie die Linie nach links.

Schritt 23. Und ziehen Sie an dem Griffpunkt um die Linie etwas zu korrigieren (siehe Abbildung).

Schritt 24. Klicken Sie mit dem **Zeichenstift-Werkzeug** (P) auf den Ankerpunkt um an diesem Pfad weiterzuzeichnen.

Schritt 25. Erstellen Sie einen weiteren Ankerpunkt (den Griffpunkt nach oben ziehen).

Schritt 26. Klicken Sie auf den Ankerpunkt bei gedrückter **alt** Taste und ziehen Sie den Griffpunkt diagonal nach rechts, dadurch wird das Objekt geschlossen.

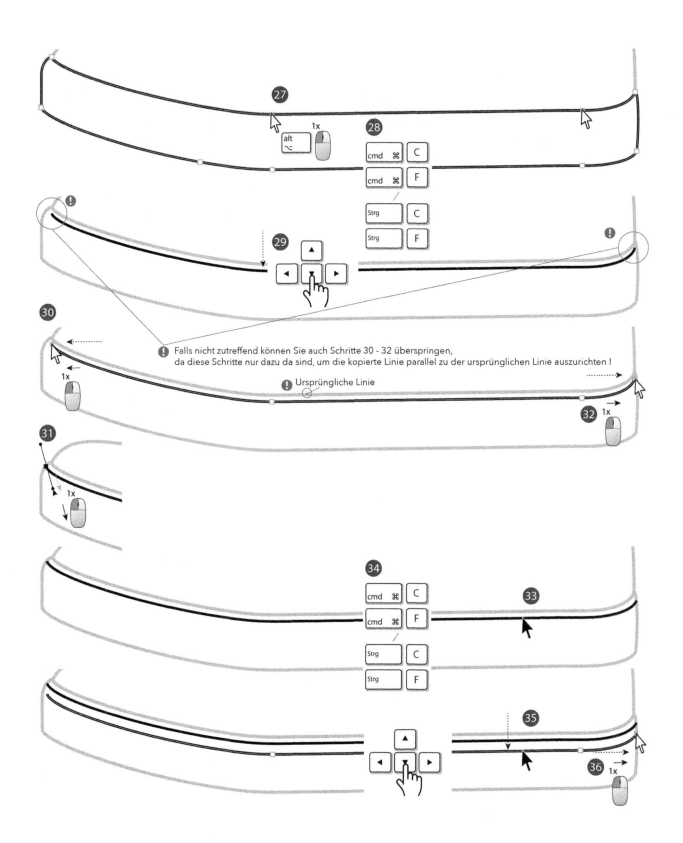

Schritt 27. Klicken Sie mit dem **Direktauswahl- Werkzeug** (A) bei gedrückter **Shift** Taste auf beide Ankerpunkte um einen Fragment der Linie auszuwählen.
Schritt 28. Und aktivieren Sie den Kurztastenbefehl **cmd+C** / **Strg+C** (Kopieren) und den Kurztastenbefehl **cmd+F** / **Strg+F** (Davor einfügen).
Schritt 29. Und betätigen Sie mehrmals die abwärts Pfeiltaste um die kopierte Linie nach unten zu verschieben.
Schritt 30. Klicken Sie mit dem **Direktauswahl- Werkzeug** (A) auf den Ankerpunkt um diesen auszuwählen und verschieben Sie die Linie nach links.
Schritt 31. Ziehen Sie dann an dem Griffpunkt um die Linie etwas zu korrigieren (siehe Abbildung).

Schritt 32. Klicken Sie mit dem **Direktauswahl- Werkzeug** (A) auf den Ankerpunkt um diesen auszuwählen und transformieren Sie die Linie nach rechts.
Schritt 33. Wählen Sie mit dem **Auswahl- Werkzeug** (V) die Linie aus.
Schritt 34. Und aktivieren Sie den Kurztastenbefehl **cmd+C** / **Strg+C** (Kopieren) und den Kurztastenbefehl **cmd+F** / **Strg+F** (Davor einfügen).
Schritt 35. Betätigen Sie mehrmals die abwärts Pfeiltaste um die kopierte Linie nach unten zu verschieben.
Schritt 36. Klicken Sie mit dem **Direktauswahl- Werkzeug** (A) auf den Ankerpunkt um diesen auszuwählen und tranformieren Sie die Linie nach rechts.

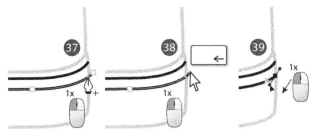

❗ Falls nicht zutreffend können Sie auch Schritte 36 - 39 überspringen, da diese Schritte nur dazu da sind, um die kopierte Linie parallel zu der ursprünglichen Linie auszurichten !

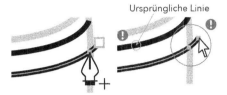

Schritt 37. Klicken Sie mit dem **Zeichenstift-Werkzeug** (P) exakt auf den Pfad um einen weiteren Ankerpunkt zu erstellen (neben dem Mauszeiger erscheint ein Pluszeichen).
Schritt 38. Klicken Sie mit dem **Direktauswahl- Werkzeug** (A) auf den Ankerpunkt um diesen auszuwählen und betätigen Sie die **Rückschritttaste** um ein Fragment des Pfades zu löschen.
Schritt 39. Korrigieren Sie die Linie mit dem **Zeichenstift-Werkzeug** (P) (siehe Abbildung).
Schritt 40. Wählen Sie mit dem **Auswahl- Werkzeug** (V) die Linie aus.
Schritt 41. Und aktivieren Sie den Kurztastenbefehl **cmd+C / Strg+C** (Kopieren) und den Kurztastenbefehl **cmd+F / Strg+F** (Davor einfügen).

Schritt 42. Betätigen Sie mehrmals die abwärts Pfeiltaste um die Linie nach unten zu verschieben.
Schritt 43. Stellen Sie im „Kontur" Bedienfeld (**Fenster>Kontur**) die Konturstärke auf 6 pt ein. **Vergessen Sie nicht, dass dieser Wert von der Größe der Zeichnung abhängt.**
Schritt 44. Aktivieren Sie das **Zeichenstift-Werkzeug** (P) und erstellen Sie eine Linie bestehend aus zwei Ankerpunkten.
Schritt 45. Betätigen Sie den Kurztastenbefehl **cmd+2 / Strg+2** (alternativ wählen Sie **Objekt>Sperren>Auswahl**) um das Objekt zu sperren.

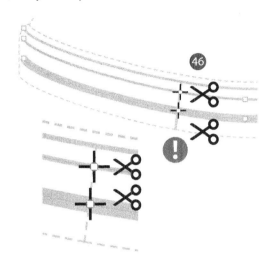

Schritt 46. Aktivieren Sie das **Schere- Werkzeug** (C) und trenne Sie die Linien mit einem Klick an den markierten Stellen (siehe Abbildung).

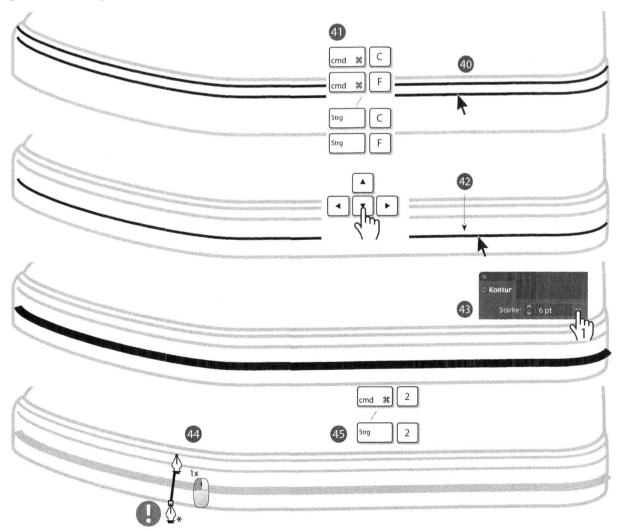

Schritt 47. Wählen Sie mit dem **Direktauswahl- Werkzeug** (A) die überflüssigen Linien aus und betätigen Sie die **Rückschritttaste** um diese Linien zu löschen.

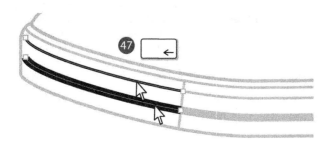
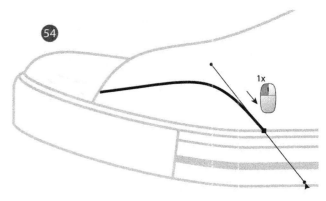

Schritt 48. Klicken Sie auf die Linie mit dem **Auswahl-Werkzeug** (V) und wählen Sie **Objekt>Umwandeln,** im Dialogfeld deaktivieren Sie „Fläche" und aktivieren Sie „Kontur", dann mit „OK" bestätigen. Die Kontur wird dadurch in eine Fläche umgewandelt.

Schritt 49. Klicken Sie mit dem **Zeichenstift-Werkzeug** (P) exakt auf den Pfad um einen neuen Ankerpunkt zu erstellen (neben dem Mauszeiger erscheint ein Pluszeichen).

Schritt 50. Klicken Sie mit dem **Direktauswahl- Werkzeug** (A) auf den Ankerpunkt um diesen auszuwählen und betätigen Sie die **Rückschritttaste** um ein Fragment des Objektes zu löschen.

Schritte 51 und 52. Aktivieren Sie das **Zeichenstift-Werkzeug** (P) und erstellen Sie eine Linie bestehend aus zwei Ankerpunkten.

Schritt 53. Betätigen Sie die V Taste (Auswahl- Werkzeug) und klicken Sie auf die leere Zeichenfläche um die Auswahl aufzuheben.

Schritte 54 und 55. Aktivieren Sie das **Zeichenstift-Werkzeug** (P) und erstellen Sie eine weitere Linie bestehend aus zwei Ankerpunkten.

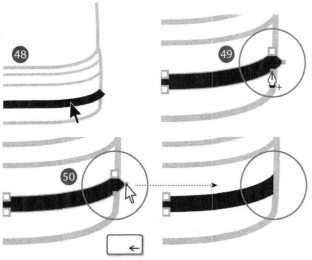
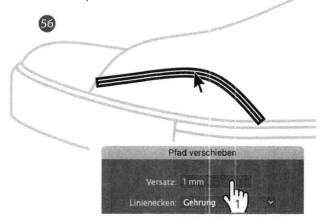

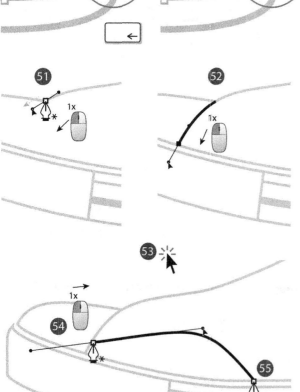

Schritt 56. Wählen Sie jetzt **Objekt>Pfad>Pfad verschieben...** und geben Sie beim Versatz z.B. 1mm ein. Das Objekt wird nach Außen verschoben.

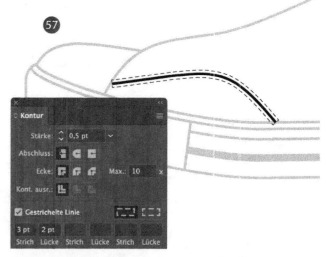

Schritt 57. Stellen Sie im „Kontur" Bedienfeld (**Fenster>Kontur**) die Stärke auf 0,5pt oder 0,75pt ein. Aktivieren Sie „Gestrichelte Linie", geben Sie bei „Strich" 2pt und „Lücke" 1pt ein. Falls die Option „Gestrichelte Linie" nicht sichtbar ist, klicken Sie auf „weitere Optionen", dann „Optionen einblenden".

Schritt 58. Klicken Sie mit dem **Direktauswahl- Werkzeug** (A) auf die Zwischenlinie und betätigen Sie die **Rückschritttaste** um diesen Fragment des Objektes zu löschen.

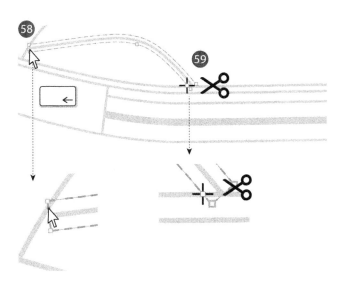

Schritt 59. Aktivieren Sie das **Schere- Werkzeug** (C) und trenne Sie die Linien mit einem Klick an der markierten Stelle (siehe Abbildung).

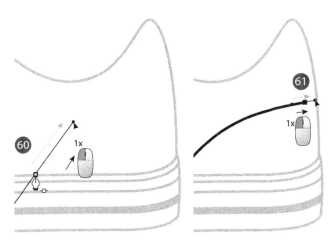

Schritt 60. Aktivieren Sie das **Zeichenstift-Werkzeug** (P) und erstellen Sie einen Ankerpunkt (den Griffpunkt diagonal nach rechts oben ziehen).
Schritt 61. Erstellen Sie einen weiteren Ankerpunkt (den Griffpunkt diagonal nach rechts ziehen).
Schritt 62. Erstellen Sie einen weiteren Ankerpunkt (den Griffpunkt nach oben ziehen).
Schritt 63. Betätigen Sie die **V** Taste (Auswahl- Werkzeug) und klicken Sie auf die leere Zeichenfläche um die Auswahl aufzuheben.

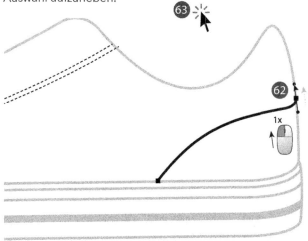

Schritt 64. Wählen Sie mit dem **Auswahl- Werkzeug** (V) die Linie aus. Und aktivieren Sie den Kurztastenbefehl **cmd+C / Strg+C** (Kopieren) und den Kurztastenbefehl **cmd+F / Strg+F** (Davor einfügen). Verschieben Sie die kopierte Linie nach unten.
Stellen Sie Stärke im „Kontur" Bedienfeld (**Fenster>Kontur**) auf 0,5pt oder 0,75pt ein. Aktivieren Sie „Gestrichelte Linie", geben Sie bei „Strich" 2pt und „Lücke" 1pt ein. Falls die Option „Gestrichelte Linie" nicht sichtbar ist, klicken Sie auf „weitere Optionen" ▤ , dann „Optionen einblenden".

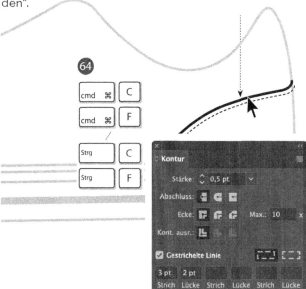

Schritt 65. Wiederholen Sie den Schritt 64 um eine weitere Kopie der Linie zu erstellen.
Schritt 66. Aktivieren Sie das **Schere- Werkzeug** (C) und trenne Sie die Linien mit einem Klick an den markierten Stellen (siehe Abbildung). Wählen Sie anschließend mit dem **Direktauswahl- Werkzeug** (A) die überflüssigen Linien aus und betätigen Sie mehrmals die **Rückschritttaste** um diese Linien zu löschen.

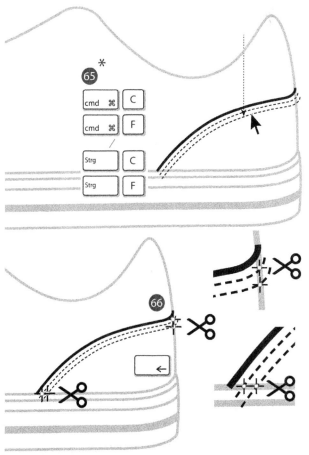

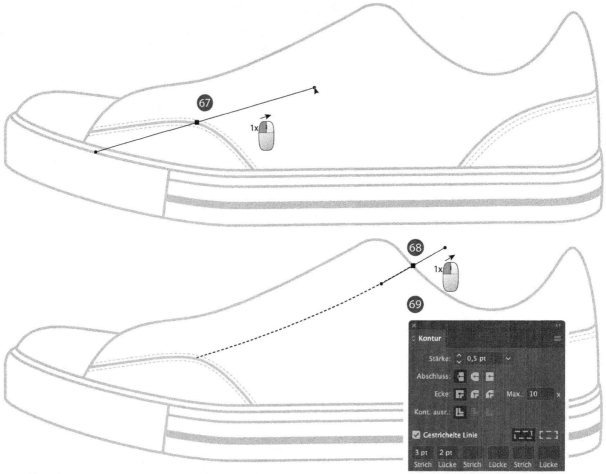

Schritte 67 und 68. Aktivieren Sie das **Zeichenstift-Werkzeug** (P) und erstellen Sie eine weitere Linie bestehend aus zwei Ankerpunkten (den Griffpunkt jeweils diagonal nach rechts oben ziehen).
Schritte 69. Stellen Sie die Konturstärke (**Fenster>Kontur**) auf 0,5pt oder 0,75pt ein. Aktivieren Sie „Gestrichelte Linie", geben Sie bei „Strich" 2pt und „Lücke" 1pt ein.

Schritt 70. Wählen Sie mit dem **Auswahl- Werkzeug** (V) die Linie aus. Und aktivieren Sie den Kurztastenbefehl **cmd+C / Strg+C** (Kopieren) und den Kurztastenbefehl **cmd+F / Strg+F** (Davor einfügen).
Verschieben Sie die kopierte Linie nach unten.
Schritt 71. Aktivieren Sie das **Schere- Werkzeug** (C) und trenne Sie die Linie mit einem Klick an der markierten Stelle (siehe Abbildung). Wählen Sie anschließend mit dem **Direktauswahl- Werkzeug** (V) die überflüssige Linie aus und betätigen Sie die **Rückschritttaste** um diese Linie zu löschen.

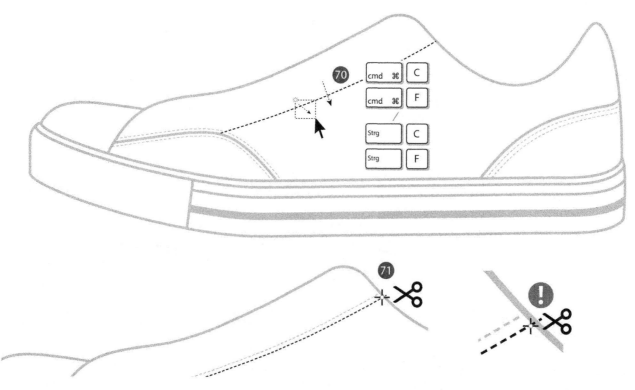

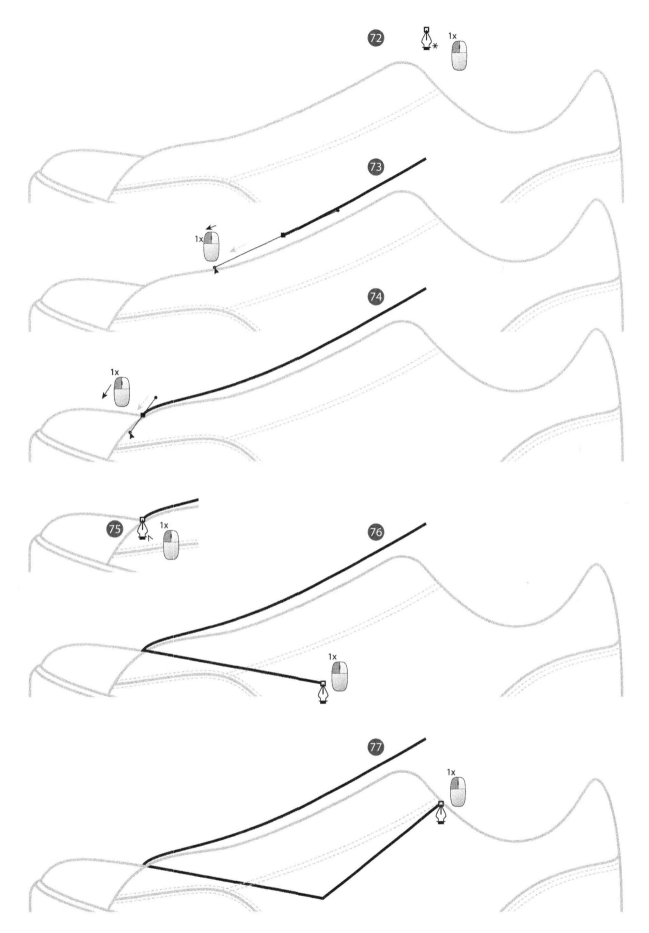

Schritt 72. Beginnen Sie mit dem **Zeichenstift-Werkzeug** (P) eine neue Linie zu zeichnen (Maustaste drücken und loslassen).
Schritt 73. Erstellen Sie einen Ankerpunkt (den Griffpunkt diagonal nach links unten ziehen).
Schritt 74. Erstellen Sie einen weiteren Ankerpunkt (den Griffpunkt diagonal nach links unten ziehen).

Schritt 75. Klicken Sie auf den letzten Ankerpunkt um eine Ecke zu erstellen.
Schritt 76. Erstellen Sie einen weiteren Punkt (Maustaste drücken und loslassen, nicht ziehen!).
Schritt 77. Erstellen Sie einen weiteren Punkt (Maustaste drücken und loslassen, nicht ziehen!).

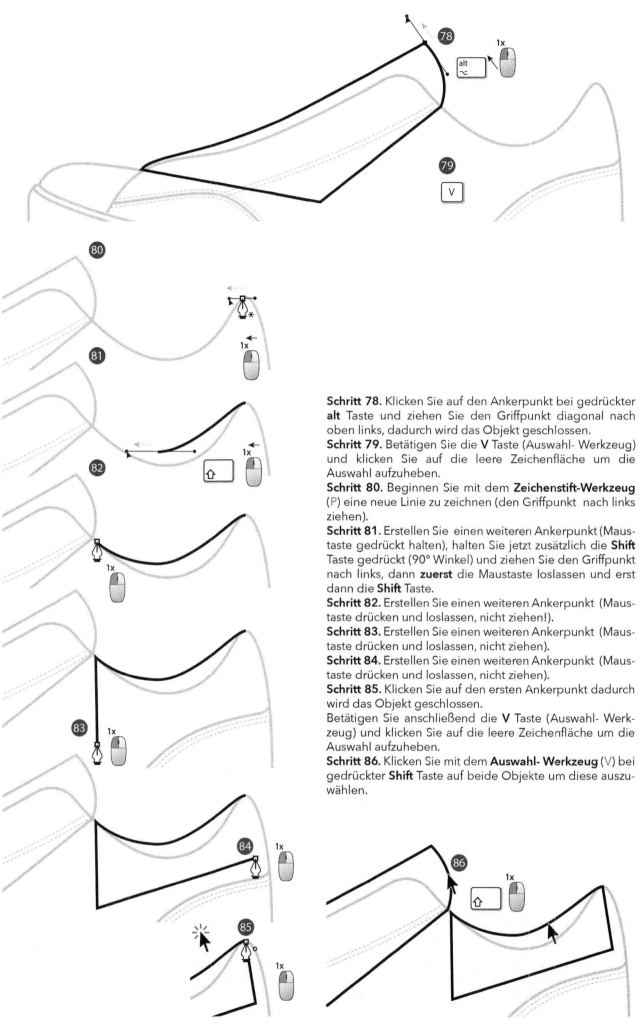

Schritt 78. Klicken Sie auf den Ankerpunkt bei gedrückter **alt** Taste und ziehen Sie den Griffpunkt diagonal nach oben links, dadurch wird das Objekt geschlossen.
Schritt 79. Betätigen Sie die **V** Taste (Auswahl- Werkzeug) und klicken Sie auf die leere Zeichenfläche um die Auswahl aufzuheben.
Schritt 80. Beginnen Sie mit dem **Zeichenstift-Werkzeug** (P) eine neue Linie zu zeichnen (den Griffpunkt nach links ziehen).
Schritt 81. Erstellen Sie einen weiteren Ankerpunkt (Maustaste gedrückt halten), halten Sie jetzt zusätzlich die **Shift** Taste gedrückt (90° Winkel) und ziehen Sie den Griffpunkt nach links, dann **zuerst** die Maustaste loslassen und erst dann die **Shift** Taste.
Schritt 82. Erstellen Sie einen weiteren Ankerpunkt (Maustaste drücken und loslassen, nicht ziehen!).
Schritt 83. Erstellen Sie einen weiteren Ankerpunkt (Maustaste drücken und loslassen, nicht ziehen).
Schritt 84. Erstellen Sie einen weiteren Ankerpunkt (Maustaste drücken und loslassen, nicht ziehen).
Schritt 85. Klicken Sie auf den ersten Ankerpunkt dadurch wird das Objekt geschlossen.
Betätigen Sie anschließend die **V** Taste (Auswahl- Werkzeug) und klicken Sie auf die leere Zeichenfläche um die Auswahl aufzuheben.
Schritt 86. Klicken Sie mit dem **Auswahl- Werkzeug** (V) bei gedrückter **Shift** Taste auf beide Objekte um diese auszuwählen.

Schritt 87. Wählen Sie mit dem **Auswahl- Werkzeug** (V) alle Objekte aus und aktivieren Sie den Kurztastenbefehl **cmd+2 / Strg+2** (alternativ wählen Sie „Objekt>Sperren>Auswahl") um diese Objekte zu sperren.

Schritt 88. Aktivieren Sie das **Ellipse-Werkzeug** (L), halten Sie die **alt** und **Shift** Taste gedrückt und erstellen Sie einen Kreis. Stellen Sie für das Objekt die Flächenfarbe grau ein. Arbeiten Sie immer bei Erstellung von kleineren Objekten mit dem **Zoomwerkzeug** (Z).

Schritt 89. Betätigen Sie die **V** Taste (Auswahl- Werkzeug) und klicken Sie auf die leere Zeichenfläche um die Auswahl aufzuheben.

Schritt 90. Wählen Sie jetzt **Objekt>Pfad>Pfad verschieben...** und geben Sie beim Versatz z.B. -2mm ein. Linienecken auf „Gehrung" und Gehrungsgrenze auf 4 belassen, dann mit „Ok" bestätigen. **Vergessen Sie nicht, dass der Wert für den Versatz von der Größe der Zeichnung abhängt!**

Schritt 91. Klicken Sie mit dem **Auswahl- Werkzeug** (V) bei gedrückter **Shift** Taste auf beide Objekte um diese auszuwählen. Ändern Sie die Konturstärke und klicken Sie im Bedienfeld „Pathfinder" (**Fenster>Pathfinder**) oben links auf „Vorderes Objekt abziehen".

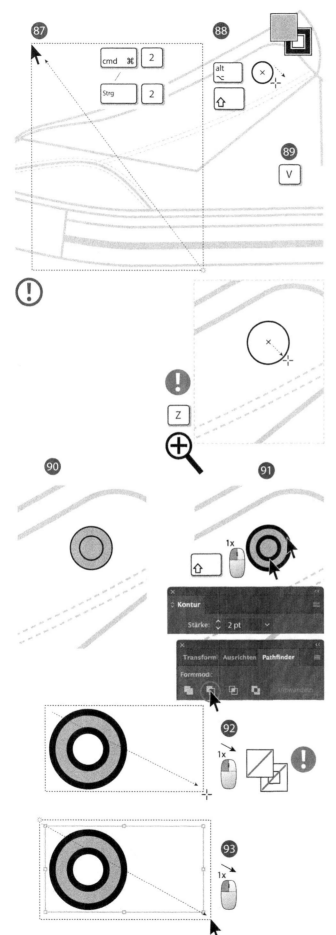
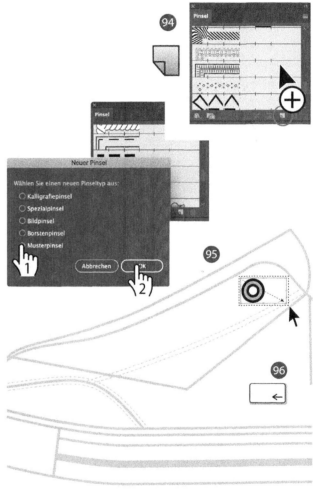

Schritt 92. Erstellen Sie mit dem **Rechteck-Werkzeug** (M) ein Rechteck. Schalten Sie dabei die Kontur und Flächenfarbe aus!

Schritt 93. Wählen Sie mit dem **Auswahl- Werkzeug** (V) beide Objekte aus.

Schritt 94. Dann öffnen Sie das Bedienfeld **Pinsel (Fenster>Pinsel)** und ziehen Sie die Objekte in das Bedienfeld „Pinsel" (Drag&Drop Verfahren) oder alternativ klicken Sie auf das Symbol „Neu", dann im Dialogfeld aktivieren Sie „Musterpinsel", bestätigen Sie anschließend die Eingaben mit „OK". Im „Musterpinsel-Optionen" Dialogfeld bestätigen Sie die Einstellungen mit „OK".

Schritt 95. Wählen Sie mit dem **Auswahl- Werkzeug** (V) die ursprünglichen Objekte aus.

Schritt 96. Und betätigen Sie die **Rückschritttaste** um diese Objekte zu löschen.

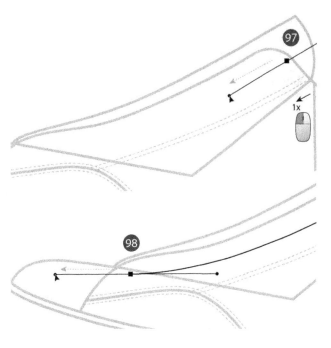

Schritt 100. Wählen Sie mit dem **Auswahl- Werkzeug** (V) die Linie aus.

Schritt 101. Weisen Sie den Rapport der Linie zu (siehe Abbildung), dafür wählen Sie zuerst mit dem **Auswahl-Werkzeug** (V) die Linie aus und betätigen Sie im Bedienfeld „Pinsel" **Fenster>Pinsel** den Musterpinsel.
Öffnen Sie anschließend das Bedienfeld **Kontur (Fenster>-Kontur)** und ändern Sie die Stärke der Linie (z.B. auf 0,5pt oder 0,25 pt einstellen), sodass die Objekte die richtige Form annehmen.

Schritt 102. Aktivieren Sie den Kurztastenbefehl **alt+cmd+2 / alt+Strg+2** (alternativ wählen Sie „Objekt>Alle entsperren") um alle Objekte zu entsperren.

Schritt 103. Betätigen Sie die **V** Taste (Auswahl- Werkzeug) und klicken Sie auf die leere Zeichenfläche um die Auswahl aufzuheben.

Schritte 104 und 105. Wählen Sie zuerst mit dem **Auswahl-Werkzeug** (V) alle Objekte aus und betätigen Sie den Kurztastenbefehl **cmd+2 / Strg+2** (alternativ wählen Sie „Objekt>Sperren>Auswahl") um diese Objekte zu sperren. Erstellen Sie dann mit dem **Zeichenstift-Werkzeug** (P) eine neue Linie die aus zwei Ankerpunkten besteht (deaktivieren Sie dabei die Flächenfarbe!).

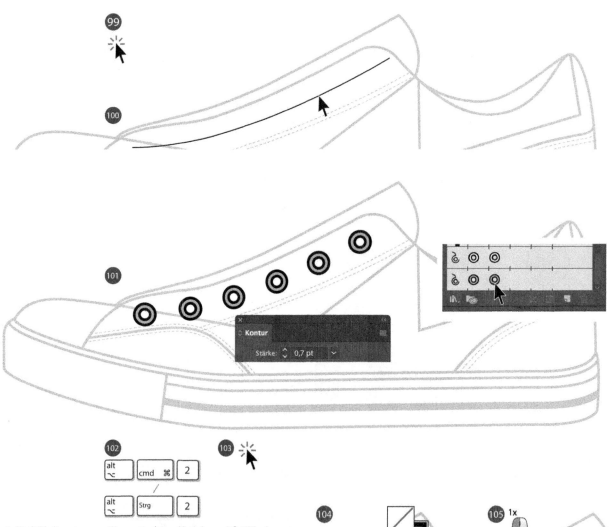

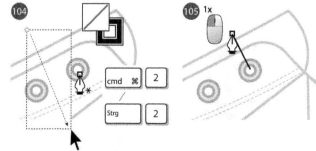

Schritt 97. Beginnen Sie mit dem **Zeichenstift-Werkzeug** (P) eine neue Linie zu zeichnen (den Griffpunkt diagonal nach links unten ziehen).

Schritt 98. Erstellen Sie einen Ankerpunkt (den Griffpunkt nach links ziehen).

Schritt 99. Betätigen Sie die **V** Taste (Auswahl- Werkzeug) und klicken Sie auf die leere Zeichenfläche um die Auswahl aufzuheben und den Zeichenvorgang abzuschließen.

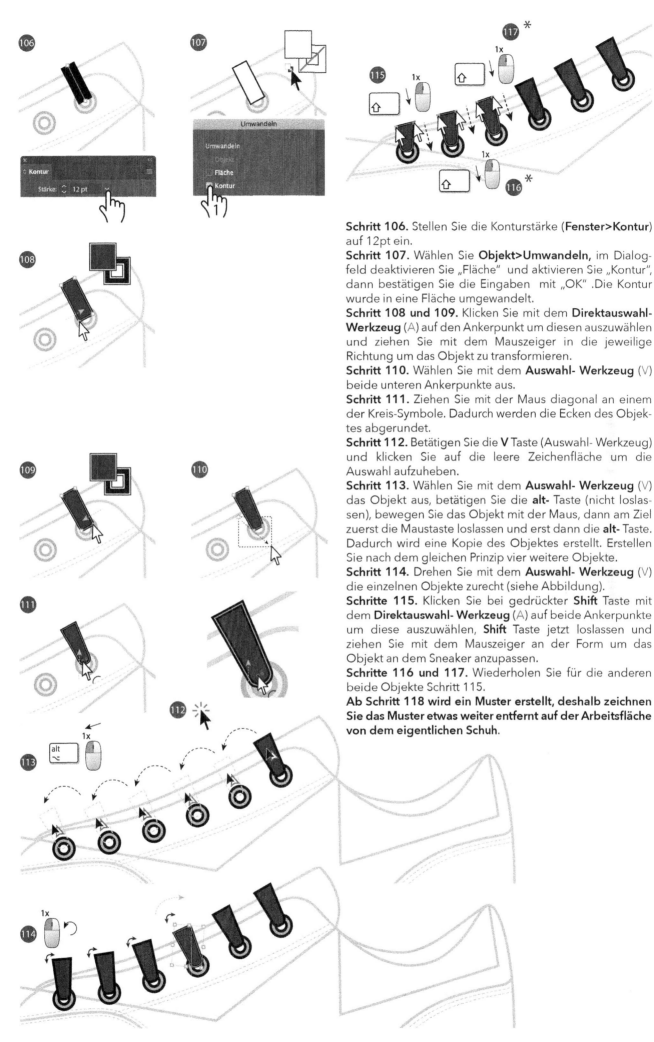

Schritt 106. Stellen Sie die Konturstärke (**Fenster>Kontur**) auf 12pt ein.
Schritt 107. Wählen Sie **Objekt>Umwandeln,** im Dialogfeld deaktivieren Sie „Fläche" und aktivieren Sie „Kontur", dann bestätigen Sie die Eingaben mit „OK" .Die Kontur wurde in eine Fläche umgewandelt.
Schritt 108 und 109. Klicken Sie mit dem **Direktauswahl-Werkzeug** (A) auf den Ankerpunkt um diesen auszuwählen und ziehen Sie mit dem Mauszeiger in die jeweilige Richtung um das Objekt zu transformieren.
Schritt 110. Wählen Sie mit dem **Auswahl- Werkzeug** (V) beide unteren Ankerpunkte aus.
Schritt 111. Ziehen Sie mit der Maus diagonal an einem der Kreis-Symbole. Dadurch werden die Ecken des Objektes abgerundet.
Schritt 112. Betätigen Sie die **V** Taste (Auswahl- Werkzeug) und klicken Sie auf die leere Zeichenfläche um die Auswahl aufzuheben.
Schritt 113. Wählen Sie mit dem **Auswahl- Werkzeug** (V) das Objekt aus, betätigen Sie die **alt-** Taste (nicht loslassen), bewegen Sie das Objekt mit der Maus, dann am Ziel zuerst die Maustaste loslassen und erst dann die **alt-** Taste. Dadurch wird eine Kopie des Objektes erstellt. Erstellen Sie nach dem gleichen Prinzip vier weitere Objekte.
Schritt 114. Drehen Sie mit dem **Auswahl- Werkzeug** (V) die einzelnen Objekte zurecht (siehe Abbildung).
Schritte 115. Klicken Sie bei gedrückter **Shift** Taste mit dem **Direktauswahl- Werkzeug** (A) auf beide Ankerpunkte um diese auszuwählen, **Shift** Taste jetzt loslassen und ziehen Sie mit dem Mauszeiger an der Form um das Objekt an dem Sneaker anzupassen.
Schritte 116 und 117. Wiederholen Sie für die anderen beide Objekte Schritt 115.
Ab Schritt 118 wird ein Muster erstellt, deshalb zeichnen Sie das Muster etwas weiter entfernt auf der Arbeitsfläche von dem eigentlichen Schuh.

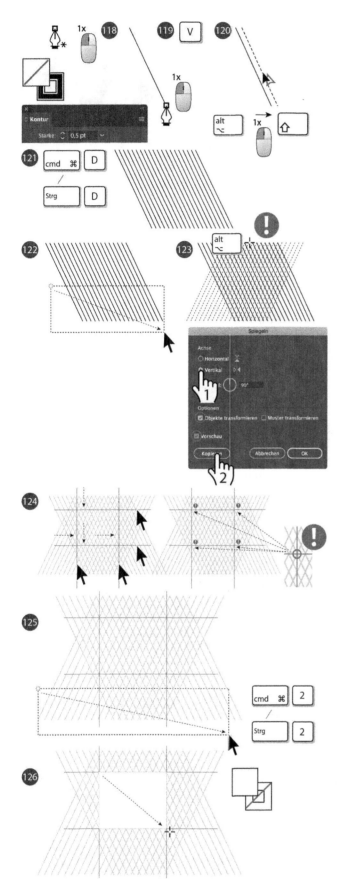
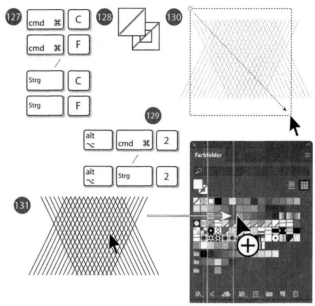

Schritt 121. Aktivieren Sie anschließend den Kurztastenbefehl **cmd+D / Strg+D** (Erneut transformieren), dadurch werden mehrere Dupikate mit dem gleichen Abstand erstellt.

Schritt 122. Wählen Sie mit dem **Auswahl- Werkzeug** (V) alle Objekte aus.

Schritt 123. Aktivieren Sie das **Spiegeln-Werkzeug** (O). Positionieren Sie den Mauszeiger wie in der Abbildung dargestellt, drücken Sie die **alt** Taste (alt Taste gedrückt halten) und betätigen Sie die linke Maustaste (drücken und loslassen). Es wird das Bedienfeld des Spiegeln-Werkzeuges geöffnet (**alt** Taste jetzt loslassen).
Aktivieren Sie die Option „Vertikal", dann „Vorschau", schauen Sie ob alles stimmt und klicken Sie auf „Kopieren". Es wird ein gespiegeltes Duplikat erstellt.

Schritt 124. Platzieren Sie vier Hilfslinien. Achten Sie auf die Genauigkeit beim Platzieren der Hilfslinien, diese Hilfslinien dienen später als Rapport eingrenzenden Rahmen.

Schritte 125. Wählen Sie zuerst mit dem **Auswahl- Werkzeug** (V) alle Objekte aus und betätigen Sie den Kurztastenbefehl **cmd+2 / Strg+2** (alternativ wählen Sie „Objekt>Sperren>Auswahl") um diese Objekte zu sperren.

Schritt 126. Erstellen Sie mit dem **Rechteck-Werkzeug** (M) ein Rechteck, wählen Sie dann **Objekt>Anordnen>In den Hintergrund** um das Objekt in den Hintergrund zu verschieben.
Stellen Sie für das Objekt die Flächenfarbe „weiss" ein und schalten Sie die Kontur aus.

Schritt 127. Aktivieren Sie den Kurztastenbefehl **cmd+C / Strg+C** (Kopieren) und den Kurztastenbefehl **cmd+F / Strg+F** (Davor einfügen) um eine Kopie (!) des Rechtecks zu erstellen.

Schritt 128. Schalten Sie für diese **Kopie** die Flächen- und Konturfarbe aus und wählen Sie **Objekt>Anordnen>In den Hintergrund** um das Objekt als Rapport(!) einzustellen.

Schritt 129. Aktivieren Sie den Kurztastenbefehl **alt+cmd+2 / alt+Strg+2** (alternativ wählen Sie „Objekt>Alle entsperren") um alle Objekte zu entsperren.

Schritt 130. Wählen Sie mit dem **Auswahl- Werkzeug** (V) alle Objekte aus.

Schritt 131. Öffnen Sie das „Farbfelder" Bedienfeld: **Fenster > Farbfelder** und ziehen Sie alle Objekte in das Bedienfeld (Drag&Drop Verfahren). Es erschein ein Pluszeichen neben dem Pfeil, dann lassen Sie die Maustaste los. Sie sehen die Vorschau Ihres Musters.
Muster 1 wurde fertiggestellt.

Schritt 118. Erstellen Sie mit dem **Zeichenstift-Werkzeug** (P) eine neue Linie bestehend aus zwei Ankerpunkten.

Schritt 119. Betätigen Sie die **V** Taste (Auswahl- Werkzeug).

Schritt 120. Aktivieren Sie die **alt**- Taste (nicht loslassen), bewegen Sie das Objekt mit dem Mauszeiger nach rechts und halten Sie zusätzlich die **Shift**- Taste (90° Winkel) gedrückt, dann am Ziel zuerst die Maustaste loslassen und erst dann die **alt**- und **Shift**- Taste. Dadurch wird die erste Kopie des Objektes erstellt.

Schritt 133. Schalten Sie die Pfadansicht (**Ansicht>Pfadansicht**) ein und wählen Sie mit dem **Auswahl-Werkzeug** (V) das Rechteck im Hintergrund aus, Pfadansicht jetzt ausschalten (**Ansicht>GPU Vorschau**).

Schritt 134. Stellen Sie für das ausgewählte „weiße" Rechteck die Hintergrundfarbe „grau" ein.

Schritt 135. Wählen Sie mit dem **Auswahl- Werkzeug** (V) alle Objekte aus.

Schritt 136. Wiederholen Sie den Schritt 131. **Muster 2 wurde fertiggestellt.**

Schritt 137. Klicken Sie mit dem **Direktauswahl- Werkzeug** (A) auf den Pfad um ein Fragment der Linie auszuwählen. Und aktivieren Sie den Kurztastenbefehl **cmd+C / Strg+C** (Kopieren) und den Kurztastenbefehl **cmd+F / Strg+F** (Davor einfügen), verschieben Sie die kopierte Linie und stellen Sie die Konturstärke (**Fenster>Kontur**) auf 0,5pt oder 0,75pt ein. Aktivieren Sie „Gestrichelte Linie", geben Sie bei „Strich" 2pt und „Lücke" 1pt ein. Wiederholen Sie nochmal den ganzen Vorgang um eine zweite Kopie zu erstellen.

Schritt 138. Trennen Sie mit dem **Schere- Werkzeug** (C) die überstehende Linien an den markierten Stellen und löschen die die getrennten Fragmente mit dem **Direktauswahl- Werkzeug** (A).

Arbeiten Sie dabei mit der Pfadansicht (**Vorschau>Pfadansicht**) und dem **Zoom-Werkzeug** (Z) für eine präzise Auswahl.

Schritt 139. Wählen Sie mit dem **Auswahl- Werkzeug** (V) folgende Objekte aus (siehe Abbildung).

Schritt 140. Aktivieren Sie das **Interaktiv-malen-Werkzeug** (K).

Schritt 141. Stellen Sie als Flächenfarbe „**Muster 1**" ein (**Fenster>Farbfelder**).

Schritt 142. Dann klicken Sie auf die Fläche mit der Maustaste (die Kontur wird dabei rot angezeigt). ❗ Achten Sie darauf, dass es keine Lücken zwischen der Linien gibt, da sonst das Färben mit Interaktiv-malen-Werkzeug nicht funktionieren wird.

Dann betätigen Sie den Befehl Objekt>Umwandeln (im Dialogfeld „Objekt", „Fläche", „Kontur" aktivieren).

Und zweimal nacheinander den Befehl Objekt>Gruppierung aufheben. Dadurch wird die „Interaktive-Malgruppe" aufgehoben und Sie können das Muster ganz normal bearbeiten.

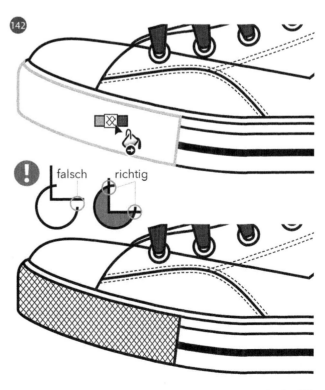

Schritt 132. Arbeiten Sie weiter mit dem Netzmuster was Sie gerade erstellt haben weiter um den zweiten Muster aus diesen Objekten zu erstellen: Stellen Sie für jede zweite Linie die Konturfarbe „grau" ein.

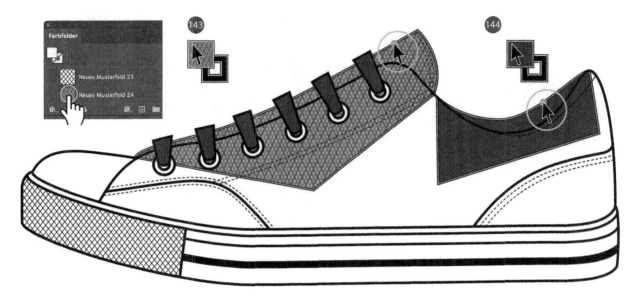

Schritt 143. Wählen Sie mit dem **Auswahl- Werkzeug** (V) das Objekt aus und stellen Sie als Flächenfarbe „**Muster 2**" ein (**Fenster>Farbfelder**).

Schritt 144. Wählen Sie mit dem **Auswahl- Werkzeug** (V) das Objekt aus und stellen Sie die Flächenfarbe „grau" ein. Dann verschieben Sie mit dem Befehl **Objekt>Anordnen>In den Hintergrund** das Objekt in den Hintergrund.

Schritt 145. Wiederholen Sie Schritt 143 für das andere Objekt.

Schritt 146. Falls Ihnen das Muster zu groß erscheint, wählen Sie mit dem **Auswahl- Werkzeug** (V) das Objekt aus, doppelklicken Sie auf das **Skalieren- Werkzeug** (S) und stellen Sie folgende Einstellungen im Dialogfeld ein (siehe Abbildung) um das Muster zu verkleinern (die Option „Objekte transformieren" schalten Sie dabei aus). Damit ist das Projekt abgeschlossen.

VIDEO TUTORIAL ZU DIESER ÜBUNG
WWW.DIMITRIDESIGN.ORG/TUTORIALS

FEHLER-CHECKLISTE SIEHE
WWW.DIMITRIDESIGN.ORG/TUTORIALS

8.13 TUTORIAL: SCHUHSOHLE
VORAUSSETZUNGEN

-Stellen Sie im Werkzeugbedienfeld Konturfarbe „schwarz" und Flächenfarbe „ohne" ein.

-Stellen Sie im Kontur-Bedienfeld (**Fenster > Kontur**) die Konturstärke auf **1pt** bis **2pt** ein.

Aktivieren Sie folgende Einstellungen: **Ansicht > Lineale >Lineale einblenden, Ansicht > Hilfslinien > Hilfslinien einblenden, Ansicht > Hilfslinien > Hilfslinien sperren, Ansicht > Intelligente Hilfslinien, Ansicht > An Punkt ausrichten.**

Schritt 1. Aktivieren Sie das **Zeichenstift-Werkzeug** (P) und erstellen Sie den ersten Ankerpunkt (linke Maustaste gedrückt halten und den Griffpunkt diagonal nach oben ziehen, dann Maustaste loslassen).

Schritt 2. Erstellen Sie einen weiteren Ankerpunkt (den Griffpunkt diagonal nach rechts ziehen).

Schritt 3. Erstellen Sie einen weiteren Ankerpunkt (den Griffpunkt nach rechts ziehen).

Schritt 4. Erstellen Sie einen weiteren Ankerpunkt (Maustaste gedrückt halten), halten Sie jetzt zusätzlich die **Shift** Taste gedrückt (90° Winkel) und ziehen Sie den Griffpunkt nach unten, dann **zuerst** die Maustaste loslassen und erst dann die **Shift** Taste.

Schritt 5. Erstellen Sie einen weiteren Ankerpunkt (den Griffpunkt diagonal nach links ziehen).

Schritt 6. Erstellen Sie einen weiteren Ankerpunkt (den Griffpunkt diagonal nach links oben ziehen).

Schritt 7. Klicken Sie auf den ersten Ankerpunkt bei gedrückter **alt** Taste und ziehen Sie den Griffpunkt diagonal nach oben, dadurch wird das Objekt geschlossen.

Schritt 8. Betätigen Sie die **V** Taste (Auswahl- Werkzeug) und klicken Sie auf die leere Zeichenfläche um die Auswahl aufzuheben.

Erstellen Sie jetzt einen „Zickzack" Flächemuster (siehe nächsten Schritt).

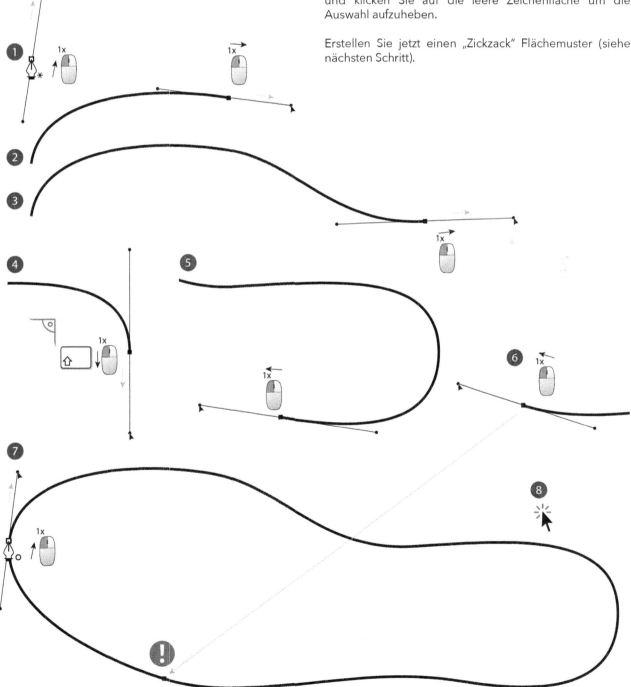

Schritt 9. Aktivieren Sie das **Zeichenstift-Werkzeug** (P).
Schritt 10. Und erstellen Sie eine Linie bestehend aus zwei Punkten.
Schritt 11. Platzieren Sie eine vertikale Hilfslinie (siehe Abbildung).
Schritt 12. Betätigen Sie die **V** Taste (Auswahl- Werkzeug) und klicken Sie auf die leere Zeichenfläche um die Auswahl aufzuheben und den Zeichenvorgang abzuschließen.
Schritt 13. Klicken Sie auf die Linie mit dem **Zeichenstift-Werkzeug** (P).
Schritt 14. Aktivieren Sie das **Spiegeln-Werkzeug** (O). Positionieren Sie den Cursor auf der vertikalen Hilfslinie, drücken Sie die **alt** Taste (alt Taste gedrückt halten) und betätigen Sie die linke Maustaste (drücken und loslassen). Es wird das Bedienfeld des Spiegeln-Werkzeuges geöffnet. Aktivieren Sie die Option „Vertikal", dann „Vorschau", schauen Sie ob alles stimmt und klicken Sie auf „Kopieren". Es wird ein gespiegeltes Duplikat erstellt.

Schritt 18. Ziehen Sie mit dem **Auswahl- Werkzeug** (V) um das Objekt einen Auswahlrahmen.

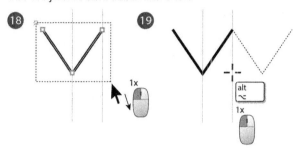

Schritt 19. Aktivieren Sie das **Spiegeln-Werkzeug** (O). Positionieren Sie den Cursor auf der vertikalen Hilfslinie, drücken Sie die **alt** Taste (alt Taste gedrückt halten) und betätigen Sie die linke Maustaste (drücken und loslassen). Es wird das Bedienfeld des Spiegeln-Werkzeuges geöffnet. Aktivieren Sie die Option „Vertikal", dann „Vorschau", schauen Sie ob alles stimmt und klicken Sie auf „Kopieren". Es wird ein gespiegeltes Duplikat erstellt.

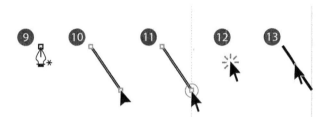

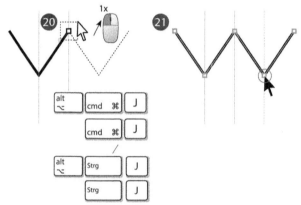

Schritt 15. Ziehen Sie mit dem **Direktauswahl- Werkzeug** (A) einen Auswahlrahmen um beide Ankerpunkte.
Dadurch wird jeweils ein Endpunkt von jeder Linie ausgewählt. Aktivieren Sie den Kurztastenbefehl **alt+cmd+J /alt+Strg+J** (Durchschnitt berechnen). Im Bedienfeld stellen Sie die Option auf „Beide" ein, dadurch werden die Punkte exakt übereinander gelegt (Vertikal und Horizontal) und aktivieren Sie den Kurztastenbefehl **cmd+J / Strg+J** (Zusammenfügen).

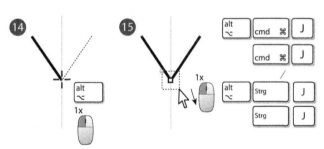

Schritt 16. Im Bedienfeld „Kontur" (**Fenster>Kontur**) aktivieren Sie bei „Ecke" **Gehrungsecken**.
Schritt 17. Platzieren Sie eine weitere vertikale Hilfslinie (siehe Abbildung).

Schritt 20. Ziehen Sie mit dem **Direktauswahl- Werkzeug** (A) bei gedrückter Maustaste einen Auswahlrahmen.
Dadurch wird jeweils ein Endpunkt von jeder Linie ausgewählt. Aktivieren Sie den Kurztastenbefehl **alt+cmd+J /alt+Strg+J** (Durchschnitt berechnen). Im Bedienfeld stellen Sie die Option auf „Beide" ein, dadurch werden die Punkte exakt übereinander gelegt (Vertikal und Horizontal) und aktivieren Sie den Kurztastenbefehl **cmd+J / Strg+J** (Zusammenfügen).
Schritt 21. Platzieren Sie eine weitere vertikale Hilfslinie (siehe Abbildung).

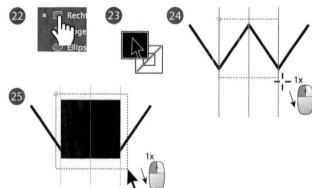

Schritt 22. Aktivieren Sie das **Rechteck-Werkzeug** (M).
Schritt 23. Stellen Sie im Werkzeugbedienfeld Konturfarbe „ohne" und Flächenfarbe „schwarz" ein.
Schritt 24. Aktivieren Sie das **Rechteck-Werkzeug** (M) und erstellen Sie ein Rechteck (siehe Abbildung). Dieser Rahmen grenzt den Rapport ein.
Schritt 25. Ziehen Sie mit dem **Auswahl- Werkzeug** (V) um alle Objekte einen Auswahlrahmen.

Schritt 26. Aktivieren Sie den Kurztastenbefehl **cmd+7 / Strg+7** (**Objekt>Schnittmaske>Erstellen**).

Schritt 27. Aktivieren Sie den Befehl **Objekt>Umwandeln** ("Fläche" und „Kontur" aktivieren).
Schritt 28. Dann öffnen Sie das „Pathfinder" (**Fenster>Pathfinder**) Bedienfeld und aktivieren Sie „Überlappungsbereich entfernen".

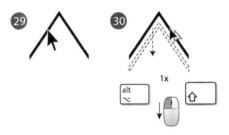

Schritt 29. Wählen Sie mit dem **Auswahl- Werkzeug** (V) das Objekt aus.
Schritt 30. Aktivieren Sie die **alt-** Taste (nicht loslassen), bewegen Sie das Objekt mit dem Mauszeiger nach unten und halten Sie zusätzlich die **Shift-** Taste (90° Winkel) gedrückt, dann am Ziel **zuerst** die Maustaste loslassen und erst dann die **alt-** und **Shift-** Taste. Dadurch wird die erste Kopie des Objektes erstellt.

Schritt 31. Aktivieren Sie anschließend mehrmals den Kurztastenbefehl **cmd+D / Strg+D** (Erneut transformieren), dadurch werden mehrere Dupikate mit dem gleichen Abstand erstellt.

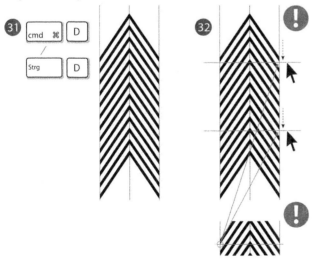

Schritt 32. Platzieren Sie zwei weitere Hilfslinien. Achten Sie auf die Genauigkeit beim Platzieren der Hilfslinien (siehe Abbildung).
Schritt 33. Erstellen Sie mit dem **Rechteck-Werkzeug** (M) entlang der Hilfslinien ein Rechteck.
Schalten Sie dabei für das Rechteck die Flächenfarbe und Konturfarbe aus.
Wählen Sie anschließend **Objekt>Anordnen>In den Hintergrund** um das Objekt in den Hintergrund zu verschieben und als Rapport eingrenzenden Rahmen einzustellen.

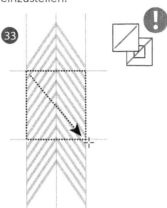

Bevor Sie fortfahren überprüfen Sie ob die Hilfslinien gesperrt sind (Ansicht>Hilfslinien>Hilfslinien sperren).
Schritt 34. Ziehen Sie mit dem **Auswahl- Werkzeug** (V) um alle Objekte einen Auswahlrahmen.

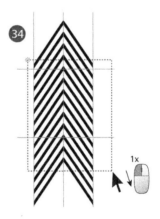

Schritt 35. Öffnen Sie das „Farbfelder" Bedienfeld: **Fenster > Farbfelder** und ziehen Sie alle Objekte in das Bedienfeld (Drag&Drop Verfahren). Es erschein ein Pluszeichen neben dem Pfeil, dann lassen Sie die Maustaste los. Sie sehen die Vorschau Ihres Musters.

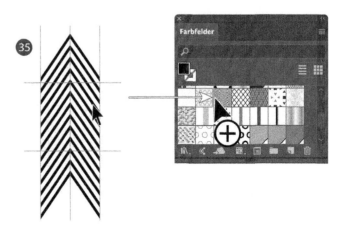

Schritt 36. Klicken Sie mit dem **Auswahl- Werkzeug** (V) auf das Objekt und betätigen Sie den Befehl **Objekt>Pfad>Pfad verschieben...** und geben Sie beim Versatz z.B. -2mm ein. Das Objekt wird nach Innen verschoben.

Schritt 37. Stellen Sie für das Objekt als Flächenfarbe das „Zickzack" Muster ein (**Fenster>Farbfelder**).

Schritt 38. Doppelklicken Sie auf das **Drehen- Werkzeug** (R) und stellen Sie im Dialogfeld folgende Einstellungen ein (siehe Abbildung) um das Muster um 90° zu drehen (die Option „Objekte transformieren" schalten Sie dabei aus).

Schritt 39. Doppelklicken Sie jetzt auf das **Skalieren- Werkzeug** (S) und stellen Sie im Dialogfeld folgende Einstellungen ein (siehe Abbildung) um das Muster zu verkleinern (die Option „Objekte transformieren" schalten Sie dabei aus).

Damit ist das Projekt abgeschlossen.

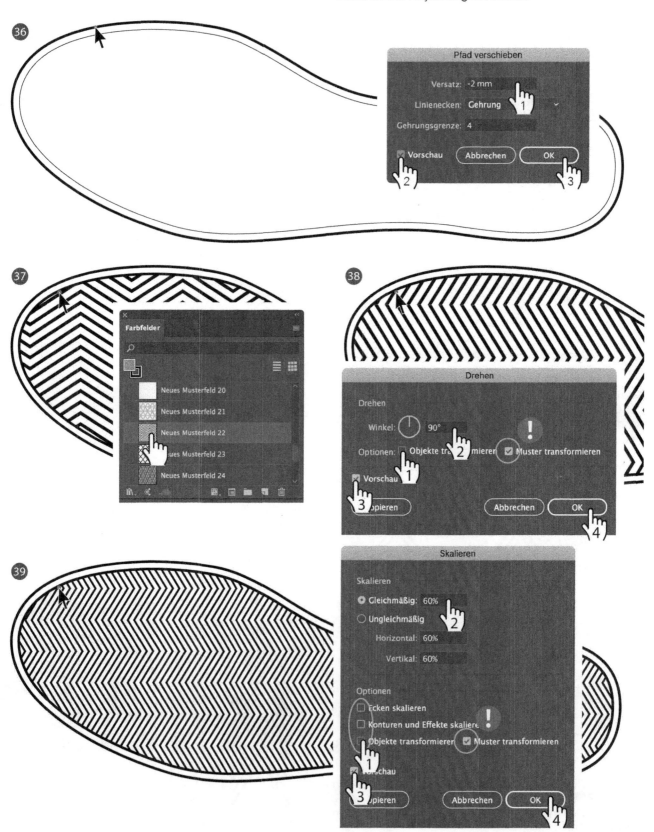

8.14 TUTORIAL: PANAMA HUT

VORAUSSETZUNGEN

-Stellen Sie im Werkzeugbedienfeld Konturfarbe „schwarz" und Flächenfarbe „ohne" ein.

-Stellen Sie im Kontur-Bedienfeld (**Fenster > Kontur**) die Konturstärke auf **1pt** bis **2pt** ein.

Aktivieren Sie folgende Einstellungen: **Ansicht > Lineale >Lineale einblenden, Ansicht > Hilfslinien > Hilfslinien einblenden, Ansicht > Hilfslinien > Hilfslinien sperren, Ansicht > Intelligente Hilfslinien, Ansicht > An Punkt ausrichten.**

-Benutzen Sie am besten als Vorlage eine Skizze.
(Diese können Sie auch unter www.dimitridesign.org/tutorials downloaden). Vorlage platzieren: (siehe Seite 45).

Schritt 1. Erstellen Sie mit dem **Zeichenstift-Werkzeug** (P) ein geschlossenes Objekt (siehe Abbildung).
Schritt 2. Betätigen Sie die **V** Taste (Auswahl- Werkzeug) und klicken Sie auf die leere Zeichenfläche um die Auswahl aufzuheben und den Zeichnenvorgang abzuschließen. Alternativ können Sie den Kurztastenbefehl **cmd+Shift+A / Strg+Shift+A** aktivieren.
Schritt 3. Erstellen Sie mit dem **Zeichenstift-Werkzeug** (P) ein weiteres Objekt.
Schritt 4. Aktivieren Sie das **Zeichenstift-Werkzeug** (P) und beginnen Sie eine neue Linie zu zeichnen (den Griffpunkt diagonal nach links unten ziehen).
Schritt 5. Erstellen Sie einen weiteren Ankerpunkt (den Griffpunkt diagonal nach links unten ziehen).
Schritt 6. Erstellen Sie einen weiteren Ankerpunkt (den Griffpunkt diagonal nach links oben ziehen).

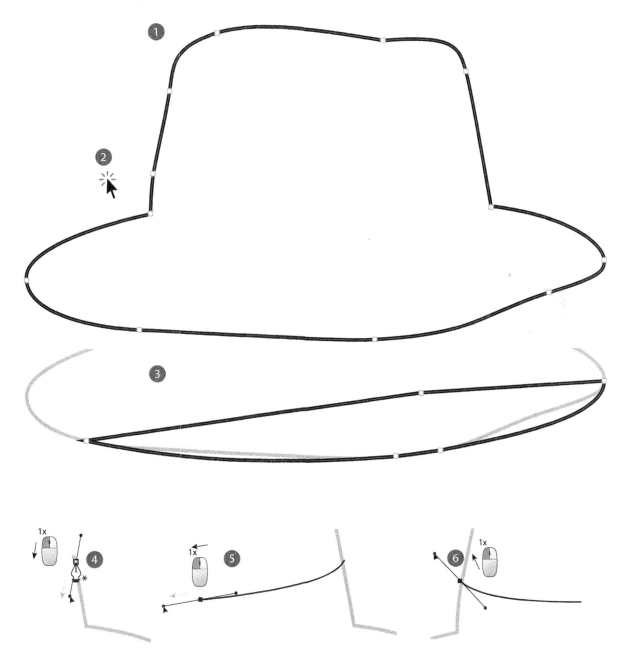

Schritt 7. Betätigen Sie die **V** Taste (Auswahl- Werkzeug) und klicken Sie auf die leere Zeichenfläche um die Auswahl aufzuheben und den Zeichenvorgang abzuschließen.

Schritt 8. Klicken Sie mit dem **Auswahl- Werkzeug** (V) auf den Pfad um diesen auszuwählen.

Schritt 9. Und aktivieren Sie den Kurztastenbefehl **cmd+C / Strg+C** (Kopieren) und den Kurztastenbefehl **cmd+F / Strg+F** (Davor einfügen). Betätigen Sie mehrmals die abwärts Pfeiltaste um die kopierte Linie zu verschieben.

Schritt 10. Transformieren Sie mit dem **Auswahl-Werkzeug** (V) bei gedrückter **alt** Taste an dem mittleren weißen Rechteck das Objekt nach Außen.

Schritt 11. Klicken Sie mit dem **Zeichenstift-Werkzeug** (P) auf den Ankerpunkt um an der Linie weiter zuzeichnen.

Schritt 12. Klicken Sie auf den Ankerpunkt der anderen Linie um die beiden Linien zu verbinden.

Schritt 13 und 14. Wiederholen Sie die Schritte 11 und 12.

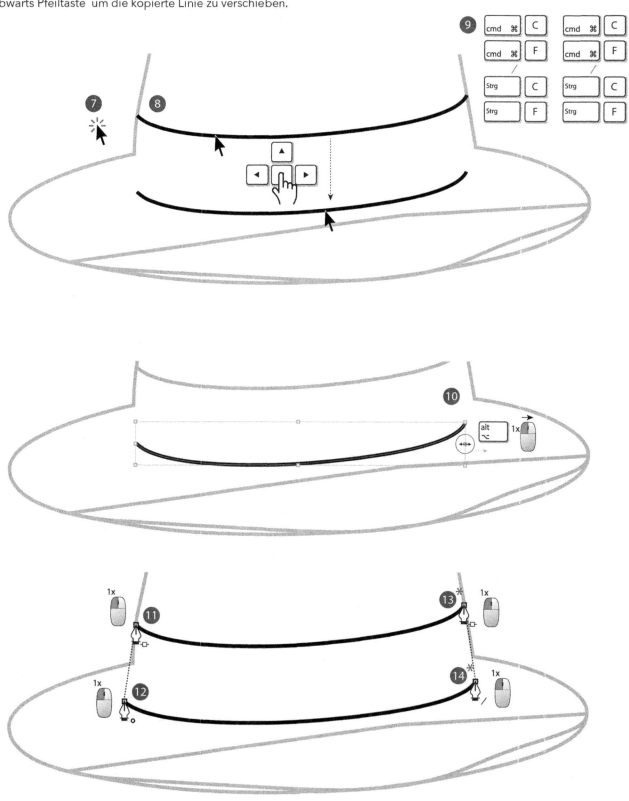

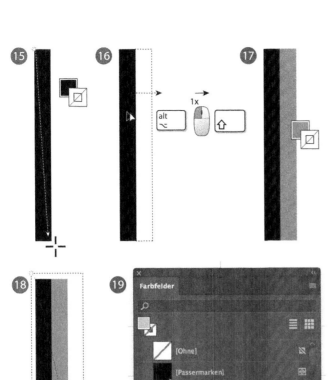

Schritt 15. Erstellen Sie mit dem **Rechteck-Werkzeug** (M) ein Rechteck (deaktivieren Sie die Konturfarbe und stellen Sie Flächenfarbe „Schwarz" ein).

Schritt 16. Aktivieren Sie das **Auswahl- Werkzeug** (V), betätigen Sie die **alt** Taste (gedrückt halten), ziehen Sie das Objekt mit dem Mauszeiger bei gedrückter Maustaste nach rechts und betätigen Sie zusätzlich die **Shift** Taste (auch gedrückt halten). Am Ziel lassen Sie **zuerst** die Maustaste los und erst dann die **Shift** und **alt** Taste.

Schritt 17. Stellen Sie für das kopierte Objekt die Flächenfarbe „Grau" ein.

Schritt 18. Wählen Sie mit dem **Auswahl- Werkzeug** (V) beide Objekte aus.

Schritt 19.
Möglichkeit 1:
Öffnen Sie das „Farbfelder" Bedienfeld: **Fenster > Farbfelder** und ziehen Sie beide Objekte in das Bedienfeld (Drag&Drop Verfahren). Es erschein ein Pluszeichen neben dem Pfeil, dann lassen Sie die Maustaste los. Sie sehen die Vorschau Ihres Musters.

Möglichkeit 2:
Ziehen Sie mit dem **Auswahl- Werkzeug** (V) einen Auswahlrahmen um beide Objekte. Dann aktivieren Sie den folgenden Befehl **Objekt > Muster > Erstellen**.
Klicken Sie anschließend oben auf „Fertig".

Schritte 20 und 21. Stellen Sie die Flächenfarbe „Grau" ein.

Schritt 22. Stellen Sie als Flächenfarbe das erstellte Muster ein.

Schritte 23 und 24. Erstellen Sie mit dem **Zeichenstift-Werkzeug** (P) eine neue Linie bestehend aus zwei Ankerpunkten (siehe Abbildung).

Schritt 25. Betätigen Sie die V Taste (Auswahl- Werkzeug) und klicken Sie auf die leere Zeichenfläche um die Auswahl aufzuheben und den Zeichnenvorgang abzuschließen.

Schritt 26. Ändern Sie den „Profil" im „Kontur" Bedienfeld (**Fenster>Kontur**). Falls diese Option nicht sichtbar ist, klicken Sie auf „weitere Optionen" ▤ , dann „Optionen einblenden".

Schritt 27. Erstellen Sie mit dem **Zeichenstift-Werkzeug** (P) drei neue Objekte ohne Konturfarbe und mit einer etwas dunkleren Flächenfarbe als der eigentliche Hut (siehe Abbildung).

Schritt 28. Dann aktivieren Sie folgenden Effekt **Effekt>Weichzeichnungsfilter>Gaußscher Weichzeichner**. Im Dialogfeld stellen Sie folgende EInstellungen ein (siehe Abbildung), „Radius" hängt von der Größe der Zeichnung ab.

Schritt 29. Falls der Effekt aus dem letzten Schritt die Falte überdeckt, aktivieren Sie die Pfadansicht **cmd+Y / Strg+Y** , klicken Sie mit dem **Auswahl- Werkzeug** (V) auf die Linie und aktivieren Sie den Befehl **Objekt>Anordnen>In den Vordergrund**. Danach schalten Sie die Pfadansicht mit **cmd+Y / Strg+Y** wieder aus.

Somit ist das Projekt abgeschlossen.

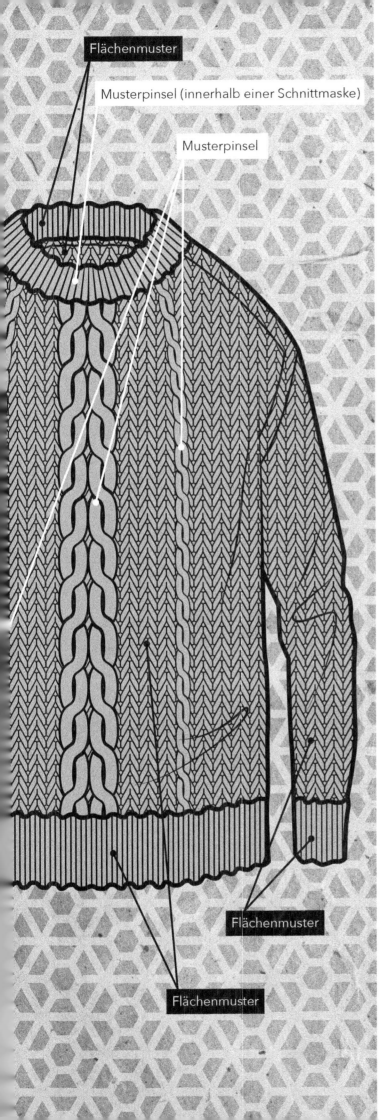

9.0 TUTORIAL: MUSTERPINSEL

Musterpinsel werden sehr oft in technischen Zeichnungen für Darstellung von z.B. Overlock-Naht, Doppelte-Steppnaht, Zickzackstich, Blindstich, Smock-Falten usw. eingesetzt.

Der Musterpinsel besteht aus verschiedenen Kacheln. Für die Seiten, die innere Ecke, die äußere Ecke, den Anfang und das Ende des Musterspinsels können verschiedene Kacheln eingestellt werden. Um ein Musterpinsel zu erstellen, definieren Sie zunächst das Bild, das als Kante verwendet werden soll. Wenn Sie die Kante in das **Pinselbedienfeld** (F5) ziehen, wird das Musterpinseloptionen-Dialogfeld geöffnet, wo Sie die übrigen vier Kacheln generieren können.

Im Dialogfeld „Musterpinseloptionen" wird mithilfe eines Beispielpfades in der Vorschau der Pinsel anzeigen. Sie haben auch die Möglichkeit die Kacheln zu ändern (Dropdown-Menü) und den Effekt in der Vorschau anzeigen.

MUSTERPINSEL ERSTELLEN

1. Ziehen Sie das Objekt (Rapport) in das **Pinselbedienfeld** (F5) oder klicken Sie auf das Symbol „Neu"
2. Wählen Sie die Option „Musterpinsel" aus.
3. Im Dialogfeld „Musterpinseloptionen" besteht die Möglichkeit jeweils eine Kachel für die äußere Ecke, die Seite, die innere Ecke, den Start und das Ende auszuwählen.

Automatische Ecken:
Dialogfeld „Musterpinseloptionen"

Automatisch zentriert

Automatisch als Slice

Automatisch dazwischen einfügen

Automatische Überlappung

Accessoires - Digital Zeichnen mit Adobe Illustrator | 141

9.1 TUTORIAL: DOPPELTE STEPPNAHT

VORAUSSETZUNGEN

-Stellen Sie im Werkzeugbedienfeld Konturfarbe „ohne" und Flächenfarbe „schwarz" ein.

-Aktivieren Sie folgende Einstellungen: **Ansicht > Lineale >Lineale einblenden, Ansicht > Hilfslinien > Hilfslinien einblenden, Ansicht > Hilfslinien > Hilfslinien sperren, Ansicht > Intelligente Hilfslinien, Ansicht > An Punkt ausrichten.**

Schritt 1. Aktivieren Sie das **Rechteck-Werkzeug** (M) und erstellen Sie ein Rechteck.
Schritt 2. Betätigen Sie die V Taste (Auswahl-Werkzeug).
Schritt 3. Klicken Sie mit dem **Auswahl- Werkzeug** (V) auf das Objekt, aktivieren Sie zusätzlich die **alt-** Taste (nicht loslassen), bewegen Sle das Objekt mit der Maus nach unten und aktivieren Sie zusätzlich die **Shift-** Taste (auch nicht loslassen), dann zuerst die Maustaste loslassen und erst dann die Tastaturtasten. Dadurch wird eine Kopie des Objektes erstellt.
Schritt 4. Ziehen Sie mit dem **Auswahl- Werkzeug** (V) einen Auswahlrahmen um beide Objekte.
Schritt 5. Aktivieren Sie den Kurztastenbefehl cmd+C / Strg+C (Kopieren) und cmd+F / Strg+F (Davor einfügen).
Schritt 6. Betätigen Sie die V Taste (Auswahl-Werkzeug) und transformieren Sie die beiden Objekt-Kopien (linke Maustaste drücken und an dem mittleren Rechteck ziehen, siehe Abbildung).

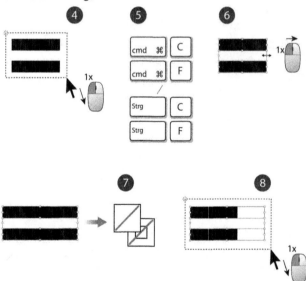

Schritt 7. Schalten Sie die Kontur und Flächenfarbe für diese beiden Objekte (Kopien) aus.
Schritt 8. Ziehen Sie um mit dem **Auswahl- Werkzeug** (V) einen Auswahlrahmen um alle Objekte.
Schritt 9. Dann öffnen Sie das Bedienfeld **Pinsel (Fenster>Pinsel)** und ziehen Sie die Objekte in das Bedienfeld „Pinsel" (Drag&Drop Verfahren) oder alternativ klicken Sie auf das Symbol „Neu", dann im Optionsfenster aktivieren Sie „Musterpinsel", bestätigen Sie die Eingaben mit „OK" und im „Musterpinsel- Optionen" Dialogfeld nochmal mit „OK" bestätigen.

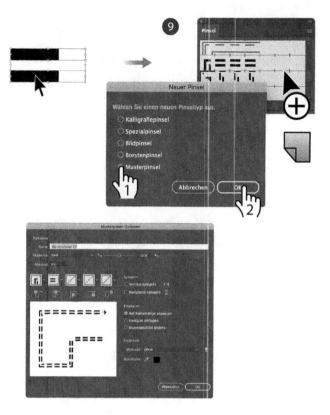

Schritt 10. Aktivieren Sie das **Zeichenstift-Werkzeug** (P) und erstellen Sie eine Linie bestehend aus zwei Punkten.
Schritt 11. Weisen Sie der Linie den Musterpinsel zu. (dafür aktivieren Sie im Bedienfeld „Pinsel" **Fenster>Pinsel** den jeweiligen Musterpinsel).

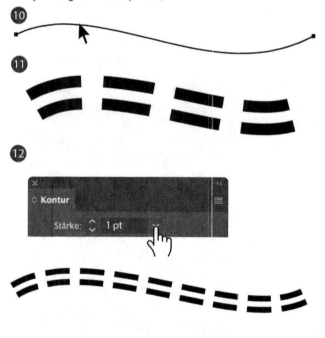

Schritt 12. Öffnen Sie das Bedienfeld **Kontur (Fenster>-Kontur)** und ändern Sie die Stärke der Linie (z.B. auf 0,5 pt einstellen),dadurch wird der Rapport verkleinert.
Schritt 13. Dann im Bedienfeld **Pinsel (Fenster>Pinsel)** aktivieren Sie „Musterpinsel-Optionen" (siehe Abbildung). Bei „Abstand" haben Sie die Möglichkeit Abstände zwischen den Rapportelementen zu vergrößern (siehe Abbildung).

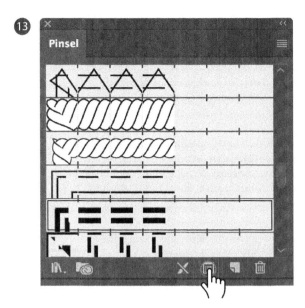

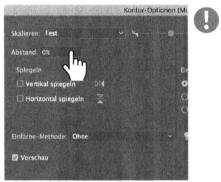

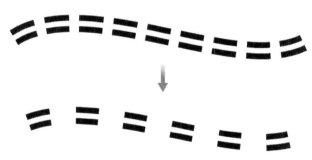

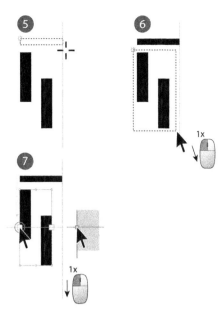

Schritt 1. Aktivieren Sie das **Rechteck-Werkzeug** (M) und erstellen Sie ein Rechteck.
Schritt 2. Betätigen Sie die V Taste (Auswahl-Werkzeug).
Schritt 3. Klicken Sie mit dem **Auswahl- Werkzeug** (V) auf das Objekt, aktivieren Sie zusätzlich die **alt-** Taste (nicht loslassen), bewegen Sie das Objekt mit der Maus diagonal nach unten rechts, dann lassen Sie zuerst die Maustaste los und erst dann die **alt-** Taste. Dadurch wird eine Kopie des Objektes erstellt.
Schritt 4. Platzieren Sie eine vertikale Hilfslinie.
Schritt 5. Erstellen Sie ein neues Rechteck.
Schritt 6. Ziehen Sie mit dem **Auswahl- Werkzeug** (V) einen Auswahlrahmen um beide Objekte.
Schritt 7. Platzieren Sie eine horizontale Hilfslinie direkt auf den mittleren weißen Rechteck (siehe Abbildung).
Schritt 8. Klicken Sie mit dem **Auswahl- Werkzeug** (V) auf das Objekt.
Schritt 9. Aktivieren Sie das **Spiegeln-Werkzeug** (O). Positionieren Sie den Cursor auf der horizontalen Hilfslinie, drücken Sie die **alt-** Taste (alt Taste gedrückt halten) und betätigen Sie die linke Maustaste (drücken und loslassen). Es wird das Bedienfeld des Spiegeln-Werkzeuges geöffnet. Aktivieren Sie die Option „Horizontal", dann „Vorschau", schauen Sie ob alles stimmt und klicken Sie auf „Kopieren". Es wird ein gespiegeltes Duplikat erstellt.

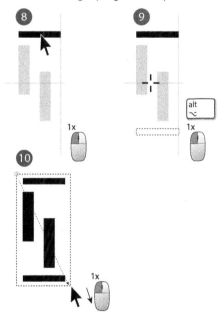

9.2 TUTORIAL: REISSVERSCHLUSS 1
VORAUSSETZUNGEN

-Stellen Sie im Werkzeugbedienfeld Flächenfarbe „schwarz" und Konturfarbe „ohne" ein.

-Aktivieren Sie folgende Einstellungen: **Ansicht > Lineale >Lineale einblenden, Ansicht > Hilfslinien > Hilfslinien einblenden, Ansicht > Hilfslinien > Hilfslinien sperren, Ansicht > Intelligente Hilfslinien, Ansicht > An Punkt ausrichten.**

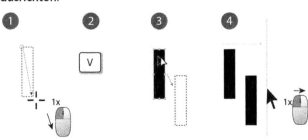

Schritt 10. Ziehen Sie mit dem **Auswahl- Werkzeug** (V) einen Auswahlrahmen um alle Objekte.

9.3 TUTORIAL: EINFASSUNG (BINDING)
VORAUSSETZUNGEN

-Stellen Sie im Werkzeugbedienfeld Flächenfarbe „schwarz" und Konturfarbe „ohne" ein.

-Aktivieren Sie folgende Einstellungen: **Ansicht > Lineale >Lineale einblenden, Ansicht > Hilfslinien > Hilfslinien einblenden, Ansicht > Hilfslinien > Hilfslinien sperren, Ansicht > Intelligente Hilfslinien, Ansicht > An Punkt ausrichten.**

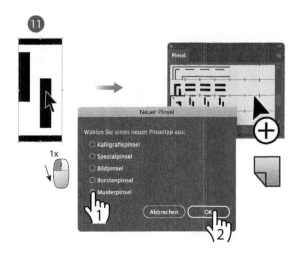

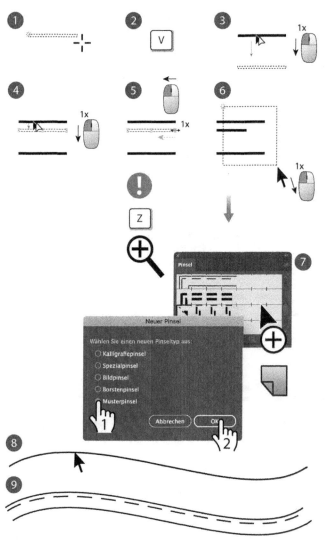

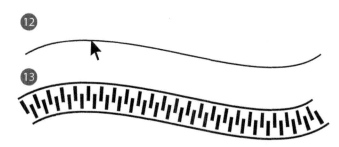

Schritt 1. Aktivieren Sie das **Rechteck-Werkzeug** (M) und erstellen Sie ein Rechteck.
Schritt 2. Betätigen Sie die V Taste (Auswahl-Werkzeug).
Schritt 3. Klicken Sie mit dem **Auswahl- Werkzeug** (V) auf das Objekt, aktivieren Sie die **alt-** Taste (nicht loslassen), bewegen Sie das Objekt mit der Maus nach unten und aktivieren Sie zusätzlich die **Shift-** Taste (auch nicht loslassen), dann zuerst die Maustaste loslassen und erst dann die Tastaturtasten. Dadurch wird eine Kopie des Objektes erstellt.
Schritt 4. Wiederholen Sie Schritt 3 (siehe Abbildung).
Schritt 5. Transformieren Sie das Objekt (siehe Abbildung) mit dem **Auswahl- Werkzeug** (V). Arbeiten Sie dabei zusätzlich mit dem **Zoom-Werkzeug** (Z) für eine präzise Auswahl.
Schritt 6. Ziehen Sie mit dem **Auswahl- Werkzeug** (V) einen Auswahlrahmen um alle Objekte.

Schritt 11. Dann öffnen Sie das Bedienfeld **Pinsel (Fenster>Pinsel)** und ziehen Sie die Objekte in das Bedienfeld „Pinsel" (Drag&Drop Verfahren) oder alternativ klicken Sie auf das Symbol „Neu" , dann im Dialogfeld aktivieren Sie „Musterpinsel", dann mit „OK" bestätigen. Im „Musterpinsel-Optionen" Dialogfeld die Einstellungen auch mit „OK" bestätigen.
Schritt 12. Aktivieren Sie das **Zeichenstift-Werkzeug** (P) und erstellen Sie eine Linie bestehend aus zwei Punkten.
Schritt 13. Weisen Sie der Linie den Musterpinsel zu. (dafür aktivieren Sie im Bedienfeld „Pinsel" **Fenster>Pinsel** den jeweiligen Musterpinsel).

VIDEO TUTORIAL ZU DIESER ÜBUNG
WWW.DIMITRIDESIGN.ORG/TUTORIALS

FEHLER-CHECKLISTE SIEHE
WWW.DIMITRIDESIGN.ORG/TUTORIALS

Schritt 7. Dann öffnen Sie das Bedienfeld **Pinsel (Fenster>Pinsel)** und ziehen Sie die Objekte in das Fenster „Pinsel" (Drag&Drop Verfahren) oder alternativ klicken Sie auf das Symbol „Neu", dann im Dialogfeld aktivieren Sie „Musterpinsel", dann mit „OK" bestätigen. Im „Musterpinsel-Optionen" Dialogfeld die Einstellungen auch mit „OK" bestätigen.

Schritt 8. Aktivieren Sie das **Zeichenstift-Werkzeug** (P) und erstellen Sie eine Linie bestehend aus zwei Punkten.

Schritt 9. Weisen Sie der Linie den Musterpinsel zu. (dafür aktivieren Sie im Bedienfeld „Pinsel" **Fenster>Pinsel** den jeweiligen Musterpinsel).

9.4 TUTORIAL: REISSVERSCHLUSS 2
VORAUSSETZUNGEN

-Stellen Sie im Werkzeugbedienfeld Konturfarbe „schwarz" und Flächenfarbe „ohne" ein.

-Stellen Sie im Kontur-Bedienfeld (**Fenster > Kontur**) die Konturstärke auf **1pt** bis **2pt** ein.

-Aktivieren Sie folgende Einstellungen: **Ansicht > Lineale >Lineale einblenden, Ansicht > Hilfslinien > Hilfslinien einblenden, Ansicht > Hilfslinien > Hilfslinien sperren, Ansicht > Intelligente Hilfslinien, Ansicht > An Punkt ausrichten.**

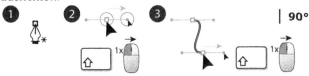

Schritt 1. Aktivieren Sie das **Zeichenstift-Werkzeug** (P) und erstellen Sie einen Ankerpunkt (Maustaste nicht loslassen).

Schritt 2. Aktivieren Sie zusätzlich die **Shift** Taste (90° Winkel), **Shift** Taste auch gedrückt halten und ziehen Sie den Griffpunkt nach rechts, dann zuerst die Maustaste loslassen und dann die **Shift** Taste.

Schritt 3. Erstellen Sie einen weiteren Anckerpunkt (Maustaste nicht loslassen), aktivieren Sie zusätzlich die **Shift** Taste (90° Winkel), **Shift** Taste auch gedrückt halten und ziehen Sie den Griffpunkt nach rechts, dann zuerst die Maustaste loslassen und dann die **Shift** Taste.

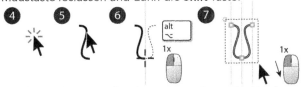

Schritt 4. Betätigen Sie die V Taste (Auswahl- Werkzeug) und klicken Sie auf die leere Zeichenfläche um die Auswahl aufzuheben und den Zeichnenvorgang abzuschließen. Alternativ können Sie den Kurztastenbefehl cmd+Shift+A / Strg+Shift+A aktivieren.

Schritt 5. Klicken Sie auf die Linie mit dem **Auswahl-Werkzeug** (V).

Schritt 6. Platzieren Sie eine vertikale Hilfslinie. Aktivieren Sie das **Spiegeln-Werkzeug** (O). Positionieren Sie den Cursor auf der vertikalen Hilfslinie, drücken Sie die **alt** Taste (alt Taste gedrückt halten) und betätigen Sie die linke Maustaste (drücken und loslassen). Es wird das Bedienfeld des Spiegeln-Werkzeuges geöffnet. Aktivieren Sie die Option „Vertikal", dann „Vorschau", schauen Sie ob alles stimmt und klicken Sie auf „Kopieren". Es wird ein gespiegeltes Duplikat erstellt.

Schritt 7. Ziehen Sie mit dem dem **Auswahl- Werkzeug** (V) einen Auswahlrahmen um alle Objekte.

Schritt 8. Dann öffnen Sie das Bedienfeld **Pinsel (Fenster>Pinsel)** und ziehen Sie die Objekte in das Bedienfeld „Pinsel" (Drag&Drop Verfahren) oder alternativ klicken Sie auf das Symbol „Neu", dann im Dialogfeld aktivieren Sie „Musterpinsel", dann mit „OK" bestätigen. Im „Musterpinsel-Optionen" Dialogfeld die Einstellungen auch mit „OK" bestätigen.

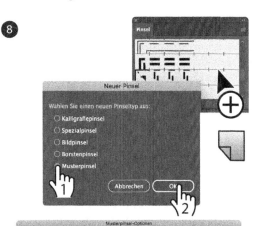

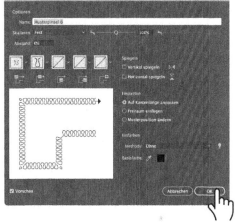

Schritt 9. Aktivieren Sie das **Zeichenstift-Werkzeug** (P) und erstellen Sie eine Linie bestehend aus zwei Punkten.

Schritt 10. Weisen Sie der Linie den Musterpinsel zu. (dafür aktivieren Sie im Bedienfeld „Pinsel" **Fenster>Pinsel** den jeweiligen Musterpinsel).

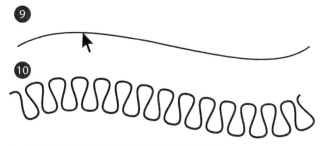

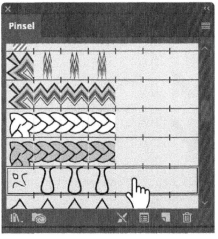

9.5 TUTORIAL: ZICKZACK RAPPORT

VORAUSSETZUNGEN

-Stellen Sie im Werkzeugbedienfeld Konturfarbe „schwarz" und Flächenfarbe „ohne" ein.

-Stellen Sie im Kontur-Bedienfeld (**Fenster > Kontur**) die Konturstärke auf **1pt** bis **2pt** ein.
-Aktivieren Sie folgende Einstellungen: **Ansicht > Lineale >Lineale einblenden, Ansicht > Hilfslinien > Hilfslinien einblenden, Ansicht > Hilfslinien > Hilfslinien sperren, Ansicht > Intelligente Hilfslinien, Ansicht > An Punkt ausrichten.**

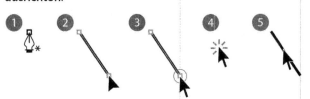

Schritt 1. Aktivieren Sie das **Zeichenstift-Werkzeug** (P).
Schritt 2. Und erstellen Sie eine Linie bestehend aus zwei Punkten.
Schritt 3. Platzieren Sie eine vertikale Hilfslinie (siehe Abbildung).
Schritt 4. Betätigen Sie die V Taste (Auswahl- Werkzeug) und klicken Sie auf die leere Zeichenfläche um die Auswahl aufzuheben und den Zeichnenvorgang abzuschließen.
Schritt 5. Klicken Sie auf die Linie mit dem **Zeichenstift-Werkzeug** (P).
Schritt 6. Aktivieren Sie das **Spiegeln-Werkzeug** (O). Positionieren Sie den Cursor auf der vertikalen Hilfslinie, drücken Sie die **alt-** Taste (alt Taste gedrückt halten) und betätigen Sie die linke Maustaste (drücken und loslassen). Es wird das Bedienfeld des Spiegeln-Werkzeuges geöffnet. Aktivieren Sie die Option „Vertikal", dann „Vorschau", schauen Sie ob alles stimmt und klicken Sie auf „Kopieren". Es wird ein gespiegeltes Duplikat erstellt.

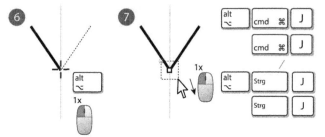

Schritt 7. Ziehen Sie mit dem **Direktauswahl- Werkzeug** (A) einen Auswahlrahmen um beide Ankerpunkte.
Dadurch wird jeweils ein Endpunkt von jeder Linie ausgewählt. Aktivieren Sie den Kurztastenbefehl alt+cmd+J /alt+Strg+J (Durchschnitt berechnen). Im Bedienfeld stellen Sie die Option auf „Beide" ein, dadurch werden die Punkte exakt übereinander gelegt (Vertikal und Horizontal) und aktivieren Sie den Kurztastenbefehl cmd+J / Strg+J (Zusammenfügen).

Schritt 8. Im Bedienfeld „Kontur" (**Fenster>Kontur**) aktivieren Sie bei „Ecke" **Gehrungsecken**.
Schritt 9. Platzieren Sie eine weitere vertikale Hilfslinie (siehe Abbildung).

Schritt 10. Wählen Sie mit dem **Auswahl- Werkzeug** (V) alle Objekte aus.

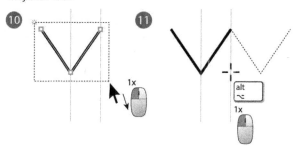

Schritt 11. Aktivieren Sie das **Spiegeln-Werkzeug** (O). Positionieren Sie den Cursor auf der vertikalen Hilfslinie, drücken Sie die **alt** Taste (alt Taste gedrückt halten) und betätigen Sie die linke Maustaste (drücken und loslassen). Es wird das Bedienfeld des Spiegeln-Werkzeuges geöffnet. Aktivieren Sie die Option „Vertikal", dann „Vorschau", schauen Sie ob alles stimmt und klicken Sie auf „Kopieren". Es wird ein gespiegeltes Duplikat erstellt.

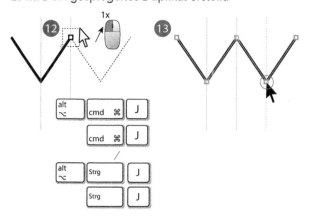

Schritt 12. Ziehen Sie mit dem **Direktauswahl- Werkzeug** (A) bei gedrückter linken Maustaste einen Auswahlrahmen. Dadurch wird jeweils ein Endpunkt von jeder Linie ausgewählt. Aktivieren Sie den Kurztastenbefehl alt+cmd+J /alt+Strg+J (Durchschnitt berechnen). Im Bedienfeld stellen Sie die Option auf „Beide" ein, dadurch werden die Punkte exakt übereinander gelegt (Vertikal und Horizontal) und aktivieren Sie den Kurztastenbefehl cmd+J / Strg+J (Zusammenfügen).
Schritt 13. Platzieren Sie eine weitere vertikale Hilfslinie (siehe Abbildung).

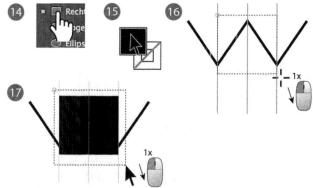

Schritt 14. Aktivieren Sie das **Rechteck-Werkzeug** (M),
Schritt 15. Stellen Sie im Werkzeugbedienfeld Konturfarbe „ohne" und Flächenfarbe „schwarz" ein.
Schritt 16. Erstellen Sie mit dem **Rechteck-Werkzeug** (M) ein Rechteck (siehe Abbildung). Dieser Rahmen grenzt den Rapport ein.
Schritt 17. Wählen Sie mit dem **Auswahl- Werkzeug** (V) alle Objekte aus.

Schritt 18. Aktivieren Sie den Kurztastenbefehl **cmd+7 / Strg+7** (**Objekt>Schnittmaske>Erstellen**).

Schritt 19. Aktivieren Sie den Befehl **Objekt>Umwandeln** ("Fläche" und „Kontur" aktivieren, dann mit „OK" bestätigen).

Schritt 20. Dann öffnen Sie das „Pathfinder" Bedienfeld (**Fenster>Pathfinder**) und aktivieren Sie „Überlappungsbereich entfernen".

Schritt 21. Klicken Sie mit dem **Auswahl- Werkzeug** (V) auf das Objekt.

Schritt 22. Dann öffnen Sie das Bedienfeld **Pinsel** (**Fenster>Pinsel**) und ziehen Sie die Objekte in das Bedienfeld „Pinsel" (Drag&Drop Verfahren) oder alternativ klicken Sie auf das Symbol „Neu", dann im Dialogfeld aktivieren Sie „Musterpinsel", dann mit „OK" bestätigen. Im „Musterpinsel-Optionen" Fenster die Einstellungen auch mit „OK" bestätigen.

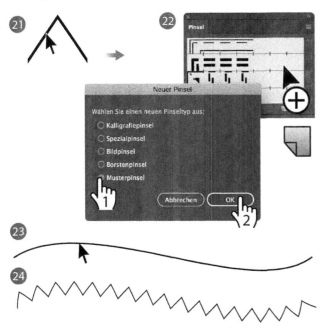

Schritt 23. Aktivieren Sie das **Zeichenstift-Werkzeug** (P) und erstellen Sie eine Linie bestehend aus zwei Punkten.

Schritt 24. Weisen Sie der Linie den Musterpinsel zu (dafür aktivieren Sie im Bedienfeld „Pinsel" **Fenster>Pinsel** den jeweiligen Musterpinsel).

FEHLER-CHECKLISTE SIEHE
WWW.DIMITRIDESIGN.ORG/TUTORIALS

9.6 TUTORIAL: OVERLOCKNAHT

VORAUSSETZUNGEN

-Stellen Sie im Werkzeugbedienfeld Konturfarbe „schwarz" und Flächenfarbe „ohne" ein.

-Stellen Sie im Kontur-Bedienfeld (**Fenster > Kontur**) die Konturstärke auf **1pt** bis **2pt** ein.

-Aktivieren Sie folgende Einstellungen: **Ansicht > Lineale >Lineale einblenden, Ansicht > Hilfslinien > Hilfslinien einblenden, Ansicht > Hilfslinien > Hilfslinien sperren, Ansicht > Intelligente Hilfslinien, Ansicht > An Punkt ausrichten.**

Erstellen Sie zuerst die Objektgruppe (Rapport) aus der vorherigen Übung.

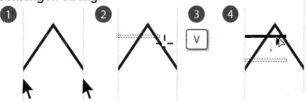

Schritt 1. Platzieren Sie zwei vertikale Hilfslinien.
Schritt 2. Aktivieren Sie das **Rechteck-Werkzeug** (M) und erstellen Sie ein Rechteck.
Schritt 3. Betätigen Sie die **V** Taste (Auswahl-Werkzeug).
Schritt 4. Klicken Sie mit dem **Auswahl- Werkzeug** (V) auf das Objekt, aktivieren Sie die **alt-** Taste (nicht loslassen), bewegen Sie das Objekt mit der Maus nach unten und aktivieren Sie zusätzlich die **Shift-** Taste (auch nicht loslassen), dann zuerst die Maustaste loslassen und erst dann die **alt-** und **Shift-** Taste. Dadurch wird eine Kopie des Objektes erstellt.

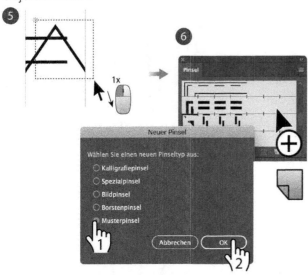

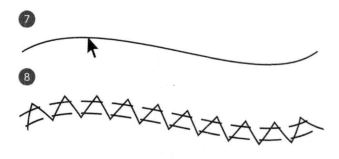

Schritt 5. Ziehen Sie mit dem **Auswahl- Werkzeug** (V) einen Auswahlrahmen um alle Objekte.

Schritt 6. Dann öffnen Sie das Bedienfeld **Pinsel (Fenster>Pinsel)** und ziehen Sie die Objekte in das Bedienfeld „Pinsel" (Drag&Drop Verfahren) oder alternativ klicken Sie auf das Symbol „Neu", dann im Dialogfeld aktivieren Sie „Musterpinsel", dann mit „OK" bestätigen. Im „Musterpinsel-Optionen" Dialogfeld die Einstellungen auch mit „OK" bestätigen.
Schritt 7. Aktivieren Sie das **Zeichenstift-Werkzeug** (P) und erstellen Sie eine Linie bestehend aus zwei Punkten.
Schritt 8. Weisen Sie der Linie den Musterpinsel zu (dafür aktivieren Sie im Bedienfeld „Pinsel" **Fenster>Pinsel** den jeweiligen Musterpinsel).

9.7 TUTORIAL: SEIL

VORAUSSETZUNGEN

-Stellen Sie im Werkzeugbedienfeld Konturfarbe „schwarz" und Flächenfarbe „ohne" ein.

-Stellen Sie im Kontur-Bedienfeld (**Fenster > Kontur**) die Konturstärke auf **1pt** bis **2pt** ein.

-Aktivieren Sie folgende Einstellungen: **Ansicht > Lineale >Lineale einblenden, Ansicht > Hilfslinien > Hilfslinien einblenden, Ansicht > Hilfslinien > Hilfslinien sperren, Ansicht > Intelligente Hilfslinien, Ansicht > An Punkt ausrichten.**

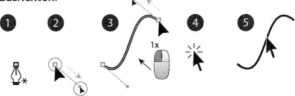

Schritt 1. Aktivieren Sie das **Zeichenstift-Werkzeug** (P) und erstellen Sie einen Ankerpunkt (Maustaste gedrückt halten).
Schritt 2. Ziehen Sie den Griffpunkt diagonal nach rechts unten, dann lassen Sie die linke Maustaste los.
Schritt 3. Erstellen Sie einen weiteren Ankerpunkt (Maustaste gedrückt halten) und ziehen Sie den Griffpunkt diagonal nach links oben, dann die Maustaste loslassen. **Die Grifflinien sollten parallel liegen (nach Augenmaß).**
Schritt 4. Betätigen Sie die V Taste (Auswahl- Werkzeug) und klicken Sie auf die leere Zeichenfläche um die Auswahl aufzuheben und den Zeichenvorgang abzuschließen.
Schritt 5. Wählen Sie mit dem **Auswahl- Werkzeug** (V) das Objekt aus.

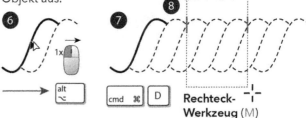

Schritt 6. Aktivieren Sie die **alt-** Taste (nicht loslassen), bewegen Sie das Objekt mit der Maus nach rechts und aktivieren Sie zusätzlich die **Shift-** Taste (auch nicht loslassen), dann **zuerst** die Maustaste loslassen und erst dann die Tastaturtasten. Dadurch wird eine Kopie des Objektes erstellt.
Schritt 7. Aktivieren Sie anschließend den Kurztastenbefehl **cmd+D / Strg+D** (Erneut transformieren), dadurch werden mehrere Dupikate mit dem gleichen Abstand erstellt.
Schritt 8. Aktivieren Sie das **Rechteck-Werkzeug** (M) und erstellen Sie ein Rechteck (siehe Abbildung). Dieser Rahmen grenzt den Rapport ein.

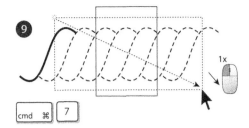

Schritt 9. Ziehen Sie mit dem **Auswahl- Werkzeug** (V) einen Auswahlrahmen um alle Objekte und aktivieren Sie den Kurztastenbefehl **cmd+7 / Strg+7** (**Objekt>Schnittmaske>Erstellen**).

Schritt 10. Aktivieren Sie den Befehl **Objekt>Umwandeln** („Fläche" und „Kontur" aktivieren, dann mit „OK" bestätigen), dann öffnen Sie das „Pathfinder" Bedienfeld (**Fenster>Pathfinder**) und aktivieren Sie „Überlappungsbereich entfernen".

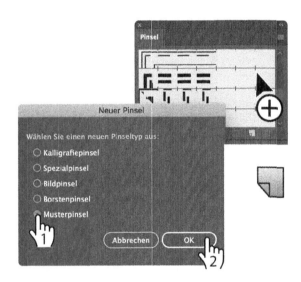

Schritt 11. Dann öffnen Sie das Bedienfeld **Pinsel** (**Fenster>Pinsel**) und ziehen Sie die Objekte in das Bedienfeld „Pinsel" (Drag&Drop Verfahren) oder alternativ klicken Sie auf das Symbol „Neu", dann aktivieren Sie im Dialogfeld „Musterpinsel" und bestätigen Sie die Eingaben mit „OK". Im „Musterpinsel-Optionen" Dialogfeld die Einstellungen auch mit „OK" bestätigen.

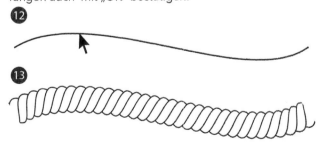

Schritt 12. Aktivieren Sie das **Zeichenstift-Werkzeug** (P) und erstellen Sie eine Linie bestehend aus zwei Punkten.
Schritt 13. Weisen Sie der Linie den Musterpinsel zu (dafür aktivieren Sie im Bedienfeld „Pinsel" **Fenster>Pinsel** den jeweiligen Musterpinsel).

9.8 TUTORIAL: KETTE
VORAUSSETZUNGEN
-Stellen Sie im Werkzeugbedienfeld Konturfarbe „schwarz" und Flächenfarbe „ohne" ein.

-Stellen Sie im Kontur-Bedienfeld (**Fenster > Kontur**) die Konturstärke auf **1pt** bis **2pt** ein.
-Aktivieren Sie folgende Einstellungen: **Ansicht > Lineale >Lineale einblenden, Ansicht > Hilfslinien > Hilfslinien einblenden, Ansicht > Hilfslinien > Hilfslinien sperren, Ansicht > Intelligente Hilfslinien, Ansicht > An Punkt ausrichten.**

Schritt 1. Aktivieren Sie das **Abgerundetes-Rechteck-Werkzeug** und erstellen Sie ein abgerundetes Rechteck.
Schritt 2. Betätigen Sie die **V** Taste (Auswahl-Werkzeug).
Schritt 3. Aktivieren Sie den Befehl **Objekt>Pfad>Pfad verschieben...** ,geben Sie -2mm ein und bestätigen Sie die Eingaben mit „OK". (Die Größe des „Versatzes" hängt von der Objektgröße ab.
Schritt 4. Aktivieren Sie das **Abgerundetes-Rechteck-Werkzeug** und erstellen Sie ein weiteres abgerundetes Rechteck.
Schritt 5. Wählen Sie mit dem **Auswahl-Werkzeug** (V) alle drei Objekte aus und stellen Sie die Flächenfarbe „Grau" ein.

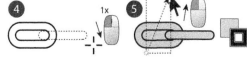

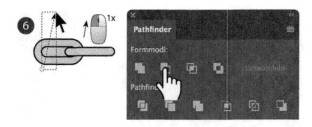

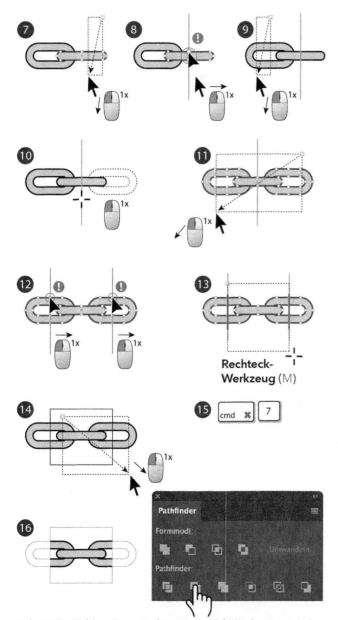

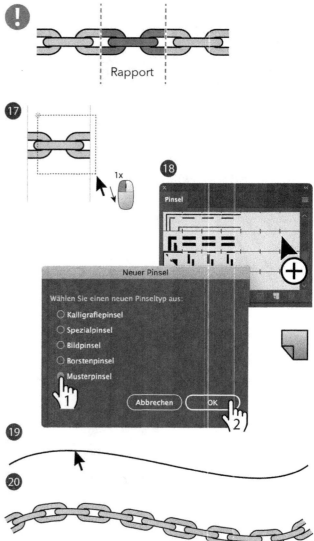

Schritt 6. Wählen Sie mit dem **Auswahl-Werkzeug** (V) beide Objekte aus, dann öffnen Sie das „Pathfinder" Bedienfeld (**Fenster>Pathfinder**) und aktivieren Sie „Vorderes Objekt abziehen".

Schritt 7. Wählen Sie mit dem **Auswahl-Werkzeug** (V) das Objekt aus.
Schritt 8. Und platzieren Sie eine vertikale Hilfslinie exakt auf den mittleren weißen Rechteck (siehe Abbildung).
Schritt 9. Wählen Sie mit dem **Auswahl-Werkzeug** (V) das Objekt aus.
Schritt 10. Aktivieren Sie das **Spiegeln-Werkzeug** (O). Positionieren Sie den Cursor auf der vertikalen Hilfslinie, drücken Sie die **alt** Taste (alt Taste gedrückt halten) und betätigen Sie die linke Maustaste (drücken und loslassen). Es wird das Bedienfeld des Spiegeln-Werkzeuges geöffnet. Aktivieren Sie die Option „Vertikal", dann „Vorschau", schauen Sie ob alles stimmt und klicken Sie auf „Kopieren". Es wird ein gespiegeltes Duplikat erstellt.

Schritt 11. Wählen Sie mit dem **Auswahl-Werkzeug** (V) alle drei Objekte aus.
Schritt 12. Und platzieren Sie weitere vertikale Hilfslinien (siehe Abbildung).
Schritt 13. Aktivieren Sie das **Rechteck-Werkzeug** (M) und erstellen Sie ein Rechteck. Dieser Rahmen grenzt den Rapport ein.
Schritt 14. Wählen Sie mit dem **Auswahl-Werkzeug** (V) alle Objekte aus.
Schritt 15. Aktivieren Sie den Kurztastenbefehl **cmd+7 / Strg+7** oder den Befehl (**Objekt>Schnittmaske>Erstellen**).
Schritt 16. Aktivieren Sie den Befehl **Objekt>Umwandeln** („Fläche" und „Kontur" aktivieren, dann mit „OK" bestätigen).
Dann öffnen Sie das „Pathfinder" Bedienfeld (**Fenster>Pathfinder**) und aktivieren Sie „Überlappungsbereich entfernen".
Schritt 17. Wählen Sie mit dem **Auswahl-Werkzeug** (V) das Objekt aus.
Schritt 18. Dann öffnen Sie das Bedienfeld **Pinsel** (**Fenster>Pinsel**) und ziehen Sie die Objekte in das Bedienfeld „Pinsel" (Drag&Drop Verfahren) oder alternativ klicken Sie auf das Symbol „Neu" , dann im Dialogfeld aktivieren Sie „Musterpinsel" und bestätigen Sie die Eingaben mit „OK". Im „Musterpinsel-Optionen" Dialogfeld bestätigen Sie die Einstellungen auch mit „OK".
Schritt 19. Aktivieren Sie das **Zeichenstift-Werkzeug** (P) und erstellen Sie eine Linie bestehend aus zwei Punkten.
Schritt 20. Weisen Sie der Linie den Musterpinsel zu (dafür aktivieren Sie im Bedienfeld „Pinsel" **Fenster>Pinsel** den jeweiligen Musterpinsel).

9.9 TUTORIAL: HANDNAHT

VORAUSSETZUNGEN

-Stellen Sie im Werkzeugbedienfeld Konturfarbe „schwarz" und Flächenfarbe „ohne" ein.

-Stellen Sie im Kontur-Bedienfeld (**Fenster > Kontur**) die Konturstärke auf **1pt** bis **2pt** ein.

-Aktivieren Sie folgende Einstellungen: **Ansicht > Lineale >Lineale einblenden, Ansicht > Hilfslinien > Hilfslinien einblenden, Ansicht > Hilfslinien > Hilfslinien sperren, Ansicht > Intelligente Hilfslinien, Ansicht > An Punkt ausrichten**.

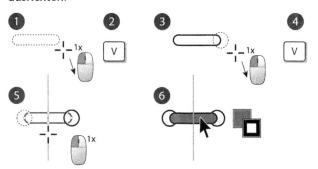

Schritt 1. Aktivieren Sie das **Abgerundetes-Rechteck-Werkzeug** und erstellen Sie ein abgerundetes Rechteck.
Schritt 2. Betätigen Sie die **V** Taste (**Auswahl-Werkzeug**).
Schritt 3. Aktivieren Sie das **Ellipse-Werkzeug** (L), halten Sie die **alt** und **Shift** Taste gedrückt und erstellen Sie einen Kreis.
Schritt 4. Betätigen Sie die **V** Taste (**Auswahl-Werkzeug**).
Schritt 5. Platzieren Sie eine vertikale Hilfslinie.
Aktivieren Sie das **Spiegeln-Werkzeug** (O). Positionieren Sie den Mauszeiger auf der vertikalen Hilfslinie, drücken Sie die **alt** Taste (**alt** Taste nicht loslassen) und betätigen Sie die linke Maustaste (drücken und loslassen). Es wird das Bedienfeld des Spiegeln-Werkzeuges geöffnet (**alt** Taste jetzt loslassen).
Aktivieren Sie die Option „Vertikal", dann „Vorschau", schauen Sie ob alles stimmt und klicken Sie auf „Kopieren". Es wird ein gespiegeltes Duplikat erstellt.
Schritt 6. Stellen Sie für das Objekt die Flächenfarbe „grau " ein.
Schritt 7. Betätigen Sie die **V** Taste (**Auswahl- Werkzeug**) und klicken Sie auf die leere Zeichenfläche um die Auswahl aufzuheben.

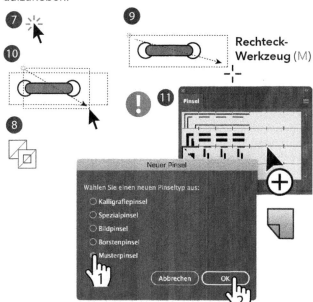

Schritt 8. Aktivieren Sie das **Rechteck-Werkzeug** (M) und schalten Sie die Kontur und Flächenfarbe aus.
Schritt 9. Erstellen Sie jetzt ein Rechteck so wie in der Abbildung dargestellt.
Schritt 10. Wählen Sie mit dem **Auswahl-Werkzeug** (V) alle drei Objekte aus.
Schritt 11. Öffnen Sie das Bedienfeld **Pinsel (Fenster>Pinsel)** und ziehen Sie die Objekte in das Bedienfeld „Pinsel" (Drag&Drop Verfahren) oder alternativ klicken Sie auf das Symbol „Neu", dann stellen Sie im Dialogfeld „Musterpinsel" ein und bestätigen Sie die Eingaben mit „OK". Im „Musterpinsel-Optionen" Dialogfeld bestätigen Sie die Einstellungen auch mit „OK".
Schritt 12. Aktivieren Sie das **Zeichenstift-Werkzeug** (P) und erstellen Sie eine Linie bestehend aus zwei Punkten.
Schritt 13. Weisen Sie der Linie den Musterpinsel zu (aktivieren Sie dafür im Bedienfeld „Pinsel" **Fenster>Pinsel** den jeweiligen Musterpinsel).

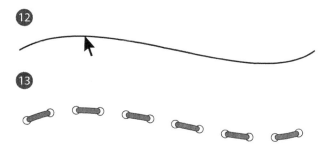

9.10 TUTORIAL: PERFORATION 1

VORAUSSETZUNGEN

-Stellen Sie im Werkzeugbedienfeld Konturfarbe „schwarz" und Flächenfarbe „ohne" ein.

-Stellen Sie im Kontur-Bedienfeld (**Fenster > Kontur**) die Konturstärke auf **1pt** bis **2pt** ein.

-Aktivieren Sie folgende Einstellungen: **Ansicht > Lineale >Lineale einblenden, Ansicht > Hilfslinien > Hilfslinien einblenden, Ansicht > Hilfslinien > Hilfslinien sperren, Ansicht > Intelligente Hilfslinien, Ansicht > An Punkt ausrichten**.

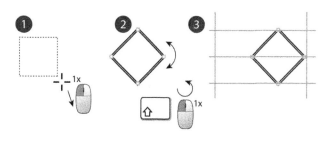

Schritt 1. Aktivieren Sie das **Rechteck-Werkzeug** (M) und erstellen Sie ein Rechteck.
Schritt 2. Klicken Sie mit dem **Auswahl- Werkzeug** (V) auf das Objekt, platzieren Sie den Mauszeiger außerhalb einer Ecke sodass ein Doppelpfeil erscheint, halten Sie jetzt die **Shift** Taste gedrückt und drehen Sie das Objekt um 45° (siehe Abbildung), dann **zuerst** die Maustaste loslassen und erst dann die **Shift** Taste.
Schritt 3. Platzieren Sie fünf Hilfslinien (siehe Abbildung).

Schritt 4. Wiederholen Sie die Schitte 1 bis 3 um ein weiteres Rechteck zu erstellen.

Schritt 5. Aktivieren Sie das **Spiegeln-Werkzeug** (O), positionieren Sie den Mauszeiger auf der horizontalen Hilfslinie, halten Sie die **alt** Taste gedrückt und klicken Sie die linke Maustaste (drücken und loslassen). Es wird das Bedienfeld des Spiegeln-Werkzeuges geöffnet (**alt** Taste jetzt loslassen).

Aktivieren Sie die Option „Horizontal", dann „Vorschau", schauen Sie ob alles stimmt und klicken Sie auf „Kopieren". Es wird ein gespiegeltes Duplikat erstellt.

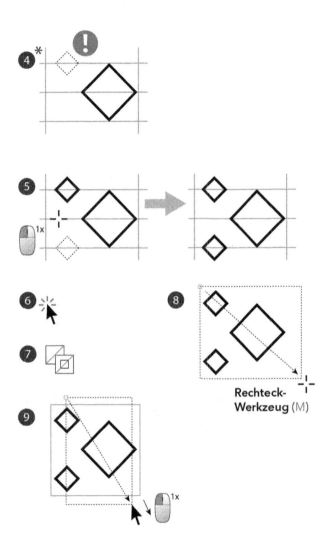

Schritt 6. Betätigen Sie die V Taste (Auswahl- Werkzeug) und klicken Sie auf die leere Zeichenfläche um die Auswahl aufzuheben und den Zeichnenvorgang abzuschließen. Alternativ können Sie den Kurztastenbefehl **cmd+Shift+A / Strg+Shift+A** aktivieren.

Schritt 7. Aktivieren Sie das **Rechteck-Werkzeug** (M) und schalten Sie die Kontur und Flächenfarbe aus.

Schritt 8. Erstellen Sie jetzt ein Rechteck so wie in der Abbildung dargestellt.

Befor Sie weitermachen, überprüfen Sie ob die Hilfslinien gesperrt sind (Ansicht>Hilfslinien..).

Schritt 9. Wählen Sie mit dem **Auswahl-Werkzeug** (V) alle drei Objekte aus.

Schritt 10. Öffnen Sie das Bedienfeld **Pinsel (Fenster>Pinsel)** und ziehen Sie die Objekte in das Bedienfeld „Pinsel" (Drag&Drop Verfahren) oder alternativ klicken Sie auf das Symbol „Neu" , dann stellen Sie im Dialogfeld „Musterpinsel" ein und bestätigen Sie die Eingaben mit „OK". Im „Musterpinsel-Optionen" Dialogfeld bestätigen Sie die Einstellungen auch mit „OK".

Schritt 11. Aktivieren Sie das **Zeichenstift-Werkzeug** (P) und erstellen Sie eine Linie bestehend aus zwei Punkten.

Schritt 12. Weisen Sie der Linie den Musterpinsel zu (aktivieren Sie dafür im Bedienfeld „Pinsel" **Fenster>Pinsel** den jeweiligen Musterpinsel).

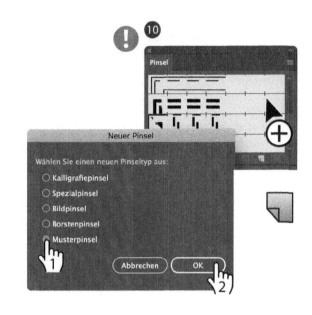

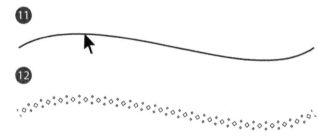

9.11 TUTORIAL: PERFORATION 2

VORAUSSETZUNGEN

-Stellen Sie im Werkzeugbedienfeld Konturfarbe „schwarz" und Flächenfarbe „ohne" ein.

-Stellen Sie im Kontur-Bedienfeld (**Fenster > Kontur**) die Konturstärke auf **1pt** bis **2pt** ein.

-Aktivieren Sie folgende Einstellungen: **Ansicht > Lineale >Lineale einblenden, Ansicht > Hilfslinien > Hilfslinien einblenden, Ansicht > Hilfslinien > Hilfslinien sperren, Ansicht > Intelligente Hilfslinien, Ansicht > An Punkt ausrichten.**

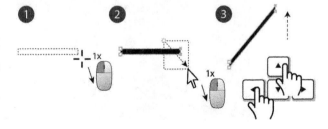

Schritt 1. Aktivieren Sie das **Rechteck-Werkzeug** (M) und erstellen Sie ein Rechteck ohne Kontur und mit der Flächenfarbe „schwarz".
Schritt 2. Ziehen Sie mit dem **Direktauswahl- Werkzeug** (A) einen Auswahlrahmen um beide Ankerpunkte.
Schritt 3. Und betätigen Sie die aufwärts Pfeiltaste oder ziehen Sie bei gedrückter linken Maustaste an einem dieser Ankerpunkte um das Objekt zu transformieren.

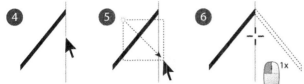

Schritt 4. Platzieren Sie eine vertikale Hilfslinie.
Schritt 5. Wählen Sie dann das Objekt mit dem **Auswahl-Werkzeug** (V) aus.
Schritt 6. Aktivieren Sie das **Spiegeln-Werkzeug** (O), positionieren Sie den Mauszeiger auf der vertikalen Hilfslinie, halten Sie die **alt** Taste gedrückt und klicken Sie die linke Maustaste (drücken und loslassen). Es wird das Bedienfeld des Spiegeln-Werkzeuges geöffnet (**alt** Taste jetzt loslassen).
Aktivieren Sie die Option „Vertikal", dann „Vorschau", schauen Sie ob alles stimmt und klicken Sie auf „Kopieren". Es wird ein gespiegeltes Duplikat erstellt.

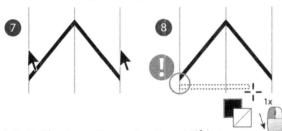

Schritt 7. Platzieren Sie zwei weitere Hilfslinien.
Schritt 8. Aktivieren Sie das **Rechteck-Werkzeug** (M) und erstellen Sie ein Rechteck ohne Kontur und mit Flächenfarbe „schwarz".

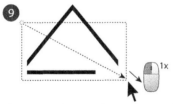

Befor Sie weitermachen, überprüfen Sie ob die Hilfslinien gesperrt sind (Ansicht>Hilfslinien..).
Schritt 9. Wählen Sie mit dem **Auswahl-Werkzeug** (V) alle drei Objekte aus.
Schritt 10. Öffnen Sie das Bedienfeld **Pinsel (Fenster>Pinsel)** und ziehen Sie die Objekte in das Bedienfeld „Pinsel" (Drag&Drop Verfahren) oder alternativ klicken Sie auf das Symbol „Neu" , dann stellen Sie im Dialogfeld „Musterpinsel" ein und bestätigen Sie die Eingaben mit „OK". Im „Musterpinsel-Optionen" Dialogfeld bestätigen Sie die Einstellungen auch mit „OK".
Schritt 11. Aktivieren Sie das **Zeichenstift-Werkzeug** (P) und erstellen Sie eine Linie bestehend aus zwei Punkten.
Schritt 12. Weisen Sie der Linie den Musterpinsel zu, (aktivieren Sie dafür im Bedienfeld „Pinsel" **Fenster>Pinsel** den jeweiligen Musterpinsel).

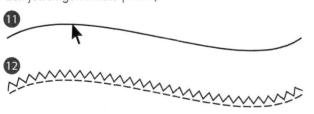

Gestrichelte Linie (Fenster>Kontur) oder Musterpinsel (Fenster>Pinsel)

Flächenmuster (Fenster>Farbfelder)

Musterpinsel

Gestrichelte Linie (Fenster>Kontur) oder Musterpinsel (Fenster>Pinsel)

Flächenmuster (Fenster>Farbfelder)

9.12 TUTORIAL: REISSVERSCHLUSS 3

-Aktivieren Sie folgende Einstellungen: **Ansicht > Lineale >Lineale einblenden, Ansicht > Hilfslinien > Hilfslinien einblenden, Ansicht > Hilfslinien > Hilfslinien sperren, Ansicht > Intelligente Hilfslinien, Ansicht > An Punkt ausrichten.**

1. Musterelement: **Ecke**
2. Musterelement: **Kante**
3. Musterelement: **Anfang**
4. Musterelement: **Ende**

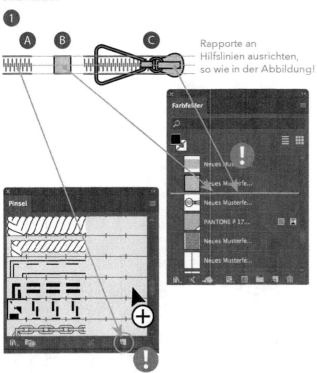

Rapporte an Hilfslinien ausrichten, so wie in der Abbildung!

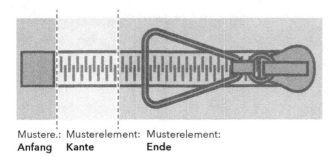

Mustere.: **Anfang**   Musterelement: **Kante**   Musterelement: **Ende**

Schritt 1. Erstellen Sie drei Objektgruppen (A,B,C).

Öffnen Sie das Bedienfeld **Farbfelder (Fenster>Farbfelder)** und ziehen Sie nacheinander die Objektgruppen **B** und **C** in das Bedienfeld „Farbfelder", geben Sie für jede Objektgruppe einen Namen ein (z.B.: „RV1" und „RV2").
Öffnen Sie dann das Bedienfeld **Pinsel (Fenster>Pinsel)** und ziehen Sie Objektgruppe **A** in das Bedienfeld „Pinsel" oder alternativ klicken Sie auf das Symbol „Neu", dann im Dialogfeld aktivieren Sie „Musterpinsel" und bestätigen Sie die Eingaben mit „OK".
Schritt 2. Im „Musterpinsel-Optionen" Dialogfeld wählen Sie folgende Einstellungen aus den jeweiligen „Dropdown-Menüs" (siehe Abbildung ✱ rechts), dann bestätigen Sie die Eingaben mit „OK".
Schritt 3. Aktivieren Sie das **Zeichenstift-Werkzeug** (P) und erstellen Sie eine Linie bestehend aus zwei Punkten.
Schritt 4. Weisen Sie der Linie den Musterpinsel zu (dafür aktivieren Sie im Bedienfeld „Pinsel" **Fenster>Pinsel** den jeweiligen Musterpinsel).

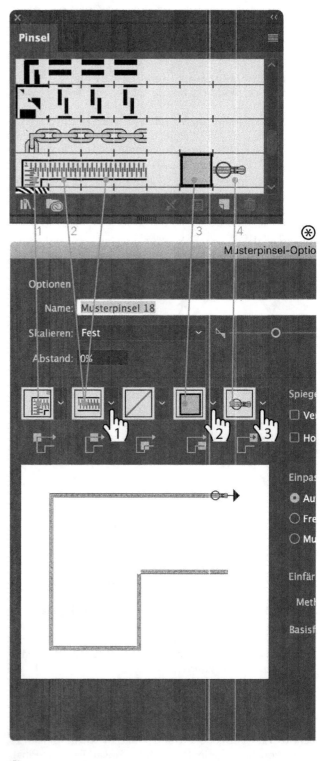

NOTIZEN

NOTIZEN